网络与新媒体系列教材

总主编 周茂君

新媒体内容生产与编辑

杨嫚 编著

西南大学出版社
SWUP 国家一级出版社 全国百佳图书出版单位

图书在版编目(CIP)数据

新媒体内容生产与编辑 / 杨嫚编著. -- 重庆 : 西南大学出版社, 2022.8
网络与新媒体系列教材
ISBN 978-7-5697-1410-4

Ⅰ. ①新… Ⅱ. ①杨… Ⅲ. ①新闻编辑—教材 Ⅳ. ①G213

中国版本图书馆CIP数据核字(2022)第141247号

新媒体内容生产与编辑

XINMEITI NEIRONG SHENGCHAN YU BIANJI

杨　嫚　编著

责任编辑 | 钟小族
责任校对 | 鲁　艺
装帧设计 | 魏显锋　汤　立
排　　版 | 吴秀琴
出版发行 | 西南大学出版社
地　　址 | 重庆市北碚区天生路2号
邮　　编 | 400715
经　　销 | 全国新华书店
印　　刷 | 重庆友源印务有限公司
幅面尺寸 | 185mm×260mm
印　　张 | 16.25
字　　数 | 308千字
版　　次 | 2022年8月　第1版
印　　次 | 2022年8月　第1次印刷
书　　号 | ISBN 978-7-5697-1410-4
定　　价 | 49.00元

本书资源

序言

媒介技术的发展将我们带到了一个众声喧哗、瞬息万变的新媒体时代。面对这个由媒介构建的全新世界，人们的思想观念、生活方式乃至行为举措都在发生着急剧的改变；既为其所迷醉，乐此不疲，又常常感到不知所措和无所适从。新媒体到底是什么？新媒体时代到来又意味着什么？人们如何正确处理好与新媒体的关系？这些问题看似简单，却又真真切切地摆在人们面前，需要我们去面对，去解决。因此，科学地认知、理解和运用新媒体在当下显得尤为重要。

人类社会发展的每一阶段都会有一些新型的媒体出现，它们都会给人们的社会生活带来巨大的改变。这种改变在今天这个新媒体时代表现得尤其明显：受众这一角色转变成了“网众”或“用户”，成了传播的主动参与者，而非此前的被动信息接收者；传播过程不再是单向的，而是双向互动的；传播模式的核心在于数字化和互动性。这一系列改变的背后是网络技术、数字技术和移动通信技术的发展，并由此衍生出多种新媒体形态——以网络媒体、互动性电视媒体、移动媒体为代表的新兴媒体和以楼宇电视、车载移动电视等为代表的户外新型媒体。

由周茂君教授主编的这套网络与新媒体系列教材，就是在移动互联、数字营销、大数据和社会化网络等热点问题层出不穷的背景下，沿着技术、传播、运营和管理的逻辑，对新媒体进行的梳理和把握。从技术层面上看，新媒体是用网络技术、数字技术和移动通信技术搭建起来，进行信息传递与接收的信息交流平台，包括固定终端与移动终端。它具备以新技术为载体、以互动性为核心、以平台化为特色、以人性化为导向等基本特征。从传播层面看，新媒体从四个方面改变着传统媒体固有的传播定位与流程，即传播参与者由过去的受众变成了网众，传播内容由过去的组织生产变成了用户生产，传播过程由过去的一对多传播变成了病毒式扩散传播，传播效果由过去能预期目标变成了无法预估的未知数。这种改变从某种程度上可以说是颠覆性的，传统的“5W”“魔弹论”和“受众”等经典理论已经成为明日黄花。从运营层面看，在技术构筑的新媒体平台之上，各类新媒体开展着各种运营活动。从管理层面看，新媒体管理主要从三个方面着手，即新媒体的政府规制、新媒体伦理和新媒体用户的媒介素养。这样，政府规制对新媒体形成一种外在规范，新媒体伦理从内在方面对从业者形成约束，而媒介素养则对新媒体用户提出要求。

这套网络与新媒体系列教材既有对新媒体的发展轨迹和运行规律的理论归纳，又有对新媒体运营实务的探讨，还有对大量鲜活新媒体案例的点评，切实做到了理论与实务结合、操作与案例相佐，展现出教材作者良好的学术旨趣与功力。希望以这套教材为起点，国内涌现出更多的高质量研究著作和教材，早日迎来网络与新媒体教育、研究的新时代。

是为序。

罗以澄

2022年8月

（罗以澄，全国应用新闻传播学研究会名誉会长、湖北省新闻传播教育学会名誉会长，曾任国务院学位委员会新闻传播学科评议组成员、中国新闻教育学会副会长、中国传播学会副会长。）

前言

关于网络与新媒体，从概念到特征，有各种不一样的看法与表述。其实，网络与新媒体是对网络媒体、数字媒体和移动媒体的总称，是指采用网络技术、数字技术和移动通信技术等新技术进行信息传递与接收的信息交流平台，包括固定终端与移动终端。新技术、互动性、平台化、数据和算法，是解读网络与新媒体时代的重要关键词。

以新技术为引领，是指网络与新媒体的运营以新技术为基础。新技术的应用与普及，不仅为网络与新媒体的诞生提供了技术支持，同时也为其运营提供了信息载体，使得信息能以超时空、融媒体、高保真的形式传播出去。可以说，网络与新媒体的所有特征，均建立在新技术提供的技术可能性的基础之上。

互动性是网络与新媒体的本质特征。传统媒体时代信息的流动都是单向的，而网络与新媒体却突破了这一局限。它从根本上改变了信息的传播模式，也从根本上改变了传者与受众之间的关系。传播参与者以一个相对平等的地位进行信息交流，媒体以往的告知功能演变为如今的互动沟通。这种沟通不仅体现在媒体与用户之间，还体现在用户与用户之间。可以说，网络与新媒体的这一特征，不仅对传统媒体，而且对整个社会都产生了深远的影响。

平台化是网络与新媒体的主要特色。借助信息交换平台，传统媒体与新媒体逐渐走向融合——网络与新媒体以其包容性的技术优势，接纳与汇聚了传统媒体的媒介属性；而报刊、广播、电视等传统媒体则在适应新的媒体环境，与新技术形式相互渗透、融合之后，获得了二次发展。

数据，是网络与新媒体时代最重要的生产要素，是新媒体平台和传统媒体平台开展业务运营的基础性前提。平台运营的基础是基于用户数据的大数据挖掘与分析，有了数据的加持，媒体平台无论用户运营，还是内容运营，抑或是活动运营，才会做到有的放矢、精准无比。

算法推送是网络与新媒体时代同传统媒体时代的重要分野。传统媒体不管受众是谁、有什么实际需求，往往习惯于居高临下的“自说自话”，极易造成“鸡对鸭说”的无奈结果；而网络与新媒体平台则采用人工智能技术，基于算法、算力、运算法则和大数据，早早将目标用户“锁定”，针对其新需求和隐性需求，选妥内容并适时推送。

修订、重新编写这套网络与新媒体系列教材，出于三方面的考虑：

其一，修订、重编教材要跟上网络与新媒体专业发展的步伐。20世纪90年代末国内只有少数几家“先知先觉”的新闻传播院校在新闻学系开办“网络新闻方向”或者“网络传播方向”，一般将它命名为“传播学专业”。其特征一是没有“准生证”，二是专业(方向)定位模糊，这种状况直到2012年教育部将该专业列入高等学校本科招生目录才有所改观。到2022年，已有307家院校招收网络与新媒体专业的本科生[1]，其专业教育已从初创时的“涓涓细流”汇聚成现在的“大江大河”。因此，相关教材的修订、重编必须跟上并适应这种发展态势。

其二，修订、重编教材要顺应网络与新媒体专业渐次规范的潮流。一个专业从无到有，无疑是“草创”；其课程设置与专业定位皆无先例可循，也与“草创”无异；该专业创办以后，国内缺少成套教材，各院校只能选用在市场上销售的散本新媒体书籍作为教材供学生使用，同样是“草创”。因此，出版于2016年的9本“新媒体系列丛书”——《新媒体概论》《新媒体技术》《新媒体运营》《新媒体营销》《全媒体新闻报道》《网络视频拍摄与制作》《Web技术原理与应用》《新媒体内容生产与编辑》《新媒体广告》——虽也是“草创”产物，但对缓解当时的教材“荒”，帮助该专业走向规范是

[1] 依照教育部指定高考信息发布平台统计，我国目前开办网络与新媒体专业本科教育的院校已达307所。

有贡献的。在此基础上，武汉大学新闻与传播学院课题组，在开展“基于一流课程的教学改革与实践研究”专项重点课题时[2]，对国内54家院校网络与新媒体专业本科人才培养方案进行内容分析，以3434门专业课程为样本，按照开设频率和代表性，整合出16门专业核心课程，并在此基础上拟定16本专业教材——《网络与新媒体概论》《数字媒体技术》《融合新闻报道》《新媒体内容生产与编辑》《新媒体Web技术基础》《短视频拍摄与制作》《新媒体运营》《新媒体营销》《新媒体产品策划》《数据新闻：理论与方法》《新媒体数据分析》《数字媒介视觉设计》《新媒体广告教程》《新媒体伦理与法规》《计算传播学：理论与应用》《新媒介经营管理案例解析》——借此促进专业的课程设置和目标定位。当然，上述16本教材要涵盖该专业所有核心课程无疑是困难的，但却向着规范道路又跨出了坚实一步。

其三，修订、重编教材要与知识更新迭代同步。网络与新媒体时代是一个变革的时代——传播技术在变，传播业态在变，媒体格局在变，人们的观念在变——变革是永恒的主题，它无处不在。与此相应，知识的更新迭代同样迅猛。因此，修订、重编教材既要关注业界的最新动态，又要汲取学界的前沿研究成果，这样才能与知识更新迭代同步，始终立于时代前列。

修订、重新编写本套教材希望达到如下目标：

1. 在指导思想上，本套教材着眼于网络与新媒体时代合格的应用型人才培养，适应人才培养逐步由知识型向能力型转变的需要。这是编写本套教材的基本方针，也是编写的基础和前提。

2. 本套教材将“技术”“内容生产”“数据”“运营”“产品”五个层面作为着力点，将网络技术、数字技术、移动通信技术和人工智能技术等发展带来的各种新媒体形态作为主要研究对象，勾画出从传统媒体到融合媒体、从传统新闻到数据新闻、从传统营销到数字营销和从传统广告到数字广告的发展线索，落脚点和编写重点在网络与新媒体的理论与实践。教材内容既要相互关联，又要厘清彼此间的边界而不至于重复。

3. 本套教材瞄准高等学校网络与新媒体专业或相关专业的专业主干课，因而

[2] 中国高等教育学会2020年度“基于一流课程的教学改革与实践研究”专项重点课题“新闻传播学本科专业核心课程体系构建研究”（JXD05）。

教材的编写内容，除了具备普通高等学校在校本科生、研究生必须掌握的新媒体传播、运营实务的基本知识和技能外，还必须具备开阔的思路和国际化的视野，有利于完善学生的知识结构，有利于培养其适应时代需要的新媒体内容生产、新媒体产品策划、短视频拍摄与制作、新媒体数据挖掘、新媒体运营和新媒体营销等方面的能力，保证其毕业后能胜任相关工作。

4．本套教材既关注理论前沿问题，又将基本理论、实际应用和案例点评相结合，展现出独具的特色：

其一，基本理论部分。围绕网络与新媒体相关理论，只作概括性的叙述，不进行全面性的描述，对其基本原理，力争深入浅出，易学易懂。

其二，实际应用部分。网络与新媒体基本理论的实际应用是本套教材的写作重点。无论技术层面，还是内容生产层面，抑或是数据、运营、产品层面，注重实际应用将贯穿于每本书的编写之中。

其三，案例点评部分。每本书的大部分章节都要求安排与本章内容相关联的案例点评，点评的篇幅可短可长，从数十字到数百字均可，用具体的案例点评，来回应前面的基本理论和实际应用。

5．本套教材在编写过程中尽力做到有思想、有创见、有全新体系，观点新颖，持论公允，整体风格力求简洁、明了、畅达，并在此基础上使行文生动、活泼、风趣。

“理想很丰满，现实很骨感。”上述目标在编写过程中是否实现了，还有待学界和业界专家、学者以及广大读者的检验与评判，为此我们祈盼着！

在本套教材付梓之际，需要感谢和铭记的人很多。首先要感谢武汉大学新闻与传播学院的老院长罗以澄先生，他不仅为本套教材的编写提出了许多建设性意见，还亲自写了序言，老一辈学者对年轻后辈的爱护与提携之情溢于言表。其次要感谢本套教材的所有作者，时间紧，任务重，至少有7本教材需要“另起炉灶”，其间的艰辛与困苦可想而知。最后要感谢西南大学出版社的杨毅先生、李远毅先生、杨景罡先生、钟小族先生和鲁艺女士等，是你们的辛勤付出和宽大包容才使本套教材得以顺利面世，感激之情无以言表。

周茂君　于武昌珞珈山

2022年8月

目录

CONTENTS

目录
CONTENTS

目录

CONTENTS

第一章　新媒体内容生产与编辑概述

知识目标

1. 我国新媒体的发展现状。

2. 新媒体内容生产与编辑的特点。

能力目标

1. 了解我国新媒体内容产业发展的现状。

2. 认识我国传统媒体在新媒体环境下面临的挑战与机遇。

思维导图

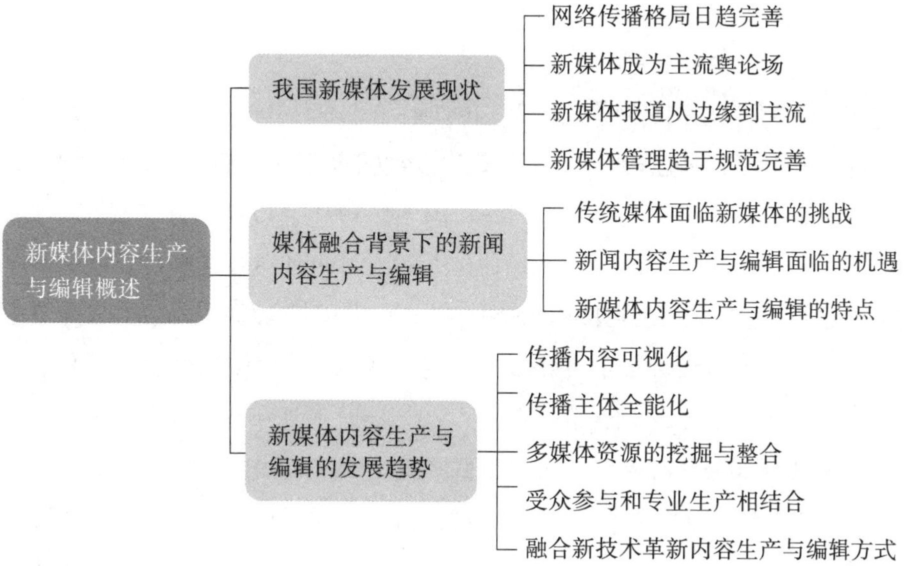

@ 案例导入

2021年，媒体融合已处于纵深发展的阶段。针对全国两会这一重要的新闻议题，各大媒体十分重视融媒体产品的生产和传播，陆续创造出了很多有个性、有趣味、讲温度的新型媒体产品。例如对于政府工作报告的报道，各大媒体所推出的融媒体产品突破了传统的文字报道形态，报道形式也愈发短小精悍、生动有趣，越来越贴合用户在移动端碎片化的阅读习惯。报道中还结合了本地化的要素，成功激发受众的阅读兴趣。例如《辽宁日报》推出的《政府工作报告频现“辽宁元素”》，将政府工作报告中与辽宁有关的内容进行了归纳、整理，还设置了不同的主题板块，如“报告原文”“辽宁落点”“辽宁亮点”等。该报道一方面通过报纸来呈现，另一方面以长图的形式在新媒体平台同步发布，对辽宁取得的成就进行了有创意的展示。

但无论报道的花样如何翻新，就主流媒体而言，优质的内容是更为注重的对象，同时内容的真实性、契合性等方面也非常重要。主流媒体也致力运用新兴的传播技术，打造出更加具有个性和特色的新闻产品。

第一节　我国新媒体发展现状

中国是全球性互联网热潮的践行者。1987年，在北京计算机应用技术研究所的努力下，我国首个国际互联网电子邮件节点建成了。1987年9月14日，钱天白教授发出了我国第一封电子邮件，揭开了中国人使用互联网的序幕。1991年10月，在中美高能物理联合委员会会议上，中国提出了加入互联网络的合作计划。1994年4月20日，我国的国际网络通信渠道正式开通，开始踏上互联网的征程。据统计，我国互联网用户数在1996年底达到10万。1997年，我国开始引入门户网站的概念，互联网成为一种日趋独立的新媒体。

1994年到1998年，互联网在信息传播领域的影响不断增强，中国的网络媒体逐渐形成。从1999年到2000年上半年，受全球互联网高潮的影响，国内互联网空间异常活跃，各类网站开始兴起，新闻网站成为网民获取新闻信息的重要途径，中国网络媒体进入飞速发展的阶段。

一、网络传播格局日趋完善

互联网用户数量的快速增长，以及用户对网络新闻需求的攀升，构成了互联网媒介迅速发展的外在条件。当前，我国新闻网站大致分为三类，分别是中央媒体主办的国家级重点新闻网站、由省级宣传部门主管或省级新闻媒体单位主办的省级重点新闻网站、新闻媒体创建的媒体类新闻网站。[①]在策略上，三类网站按照自身的管理机制属性、发展和运营规划，呈现出差异化的发展趋势。例如人民网、新华网等国家级重点新闻网站往往是综合性新闻网站；南方网、金羊网等省级重点新闻网站往往成为地方新闻门户；而一些商业门户网站则成为资讯原创策源地。

大部分传统媒体成功实现了报网融合、台网联动，在内容呈现形式方面完成了数字化转型，形成了各自在线的电子版本。当下，我们已经由传统媒体建设新媒体的阶段，步入传统媒体和新兴媒体融合发展的阶段。传统媒体建设的网站也在媒体融合发展进程中发挥着越来越重要的作用，是必不可少的重要平台。

二、新媒体成为主流舆论场

随着新媒体的发展和普及，网民能够更加便捷地参与话题讨论、意见发布和追逐热点事件。无论是博客、SNS还是微博，都以用户贡献内容、高度互动参与为基本特质，因而网民通过实时的点赞、在线转发、评论等，能够对相关的报道进行及时的传播，并发表自己的意见。

越来越多的普通公民成为新闻传播者和社会评论员。他们以令人惊叹的速度建立起讨论的平台。网络媒体一方面充分展现网民意愿、情绪和社会诉求，为网民的高度参与、深度监督搭建平台，进而彰显出网络舆论的监督力量；另一方面也在极力引导网络舆论，建立网络舆情预警、监测系统，及时发现网络舆论动向，适时运用网络舆论调控手段和方法，为互联网营造一个健康、良性的发展环境。[②]

① 王槊.国内重点新闻网站的经营现状与发展前景[J].长春师范大学学报，2014，33(05)：206-210.

② 詹新惠.走过十年——中国网络媒体2002—2012发展回望[EB/OL].(2014-08-02)[2022-05-18].http://media.people.com.cn/n/2013/0802/c213309-22422995.html

三、新媒体报道从边缘到主流

新媒体由于具备快速、海量、互动、多媒体等传播优势，已经成为网民浏览新闻的第一选择，也成为信息的集散地和社会舆论的放大器。新媒体已成为主流，在人们的社会生活、文化生活、经济生活以及政治生活中发挥着越来越大的作用，影响力与日俱增。在建国70周年、建党100周年、抗击新冠肺炎疫情等重大事件中，新媒体都充分显示了其在激发爱国热情、彰显民族精神、汇集社情民意、构建和谐社会等方面的强大能量和广泛的影响力。

四、新媒体管理趋于规范完善

2011年5月4日，国家互联网信息办公室正式设立，互联网的管理局面得以改善。在此之前，多头管理导致的宏观规划缺失、政出多门、协调困难、管理效率低下等问题一直困扰着互联网行业，也在一定程度上成为网络媒体发展无法跨越的障碍。国家互联网信息办公室挂牌成立，使我国互联网信息服务和管理工作进入了一个新的阶段。

客观地说，我国对网络媒体的管理一直有些滞后，这一方面源于互联网技术发展较快、业务模式层出不穷；另一方面，互联网是新生事物，立规制矩需要审时度势，严格谨慎。目前，我国关于网络媒体的管理法规条例已较为全面，有《互联网新闻信息服务管理规定》《互联网视听节目服务管理规定》《移动互联网应用程序信息服务管理规定》《信息网络传播权保护条例》《互联网直播服务管理规定》等，有地方性的《北京市微博客发展管理若干规定》等，还有行业协会的自律公约，如《互联网新闻信息服务自律公约》《博客服务自律公约》等。

第二节　媒体融合背景下的新闻内容生产与编辑

数字化为传媒业带来了什么？目前我们至少可以看到，它彻底冲破了传统媒体一向自守的介质壁垒。一种媒体大融合的趋势正在呈现，更多的新媒体样态也随之诞生。在媒体融合背景下，新闻内容生产与编辑工作也正发生着重大变化。

一、传统媒体面临新媒体的挑战

传统媒体主要包括报纸、杂志、广播电台、电视等。这些媒介形式将大众作为传播对象，进行大规模的信息产出和传播。过去，传统媒体的地位是不可撼动的，对于新闻的议题选择、生产加工和传播过程有很高的话语权。

就报刊来说，它不能与读者产生互动，是单向传播。它的内容表达形式主要是文字符号，需要读者具有较高的文化水平才能读懂，而且以文字为主的报道样态，容易让读者感觉枯燥，阅读体验感不强。广播与电视的出现让传统媒体的报道样态更加多元化。它们运用电子技术来传送声音与图像，传播速度更快，时效性更强。但它们也有不可避免的缺陷，比如节目都是在既定的时间段播出，转瞬即逝，受众无法自主选择内容或保存内容。新媒体之所以受到大众的热捧，正是因为克服了传统媒体的这些缺陷。

从20世纪90年代开始，互联网逐渐发展起来。这使传统媒体受到了严峻的挑战。受到冲击最大的是报纸，由于读者越来越少，其发行量随之持续下降，广告收益也越来越低。对报纸来说，广告是获取利益的主要渠道。一些报纸为了吸引更多的读者，采取了一定的措施，比如通过增加版面来提高新闻发布数量，或者免费提供报纸给读者。但这些措施并未产生太好的效果，它们的生存发展仍然面临极大的困境。

广播也受到互联网的很大冲击。我国的广播广告经营业务从20世纪80年代末开始发展起来，营业额不断攀升，年增长率最高的时候甚至超过了20%，在我国四大传统媒体当中排行第一。[①]但现在广播的发展已经大不如前，现阶段广播领域发展还算不错的也就交通广播了。

---

① 徐沁.媒介融合论[M].北京:中国传媒大学出版社,2009:39.

与报纸、广播相比较而言，互联网对电视造成的冲击相对较小。直到现在，电视也是普及率较高的主流媒体形式之一。不过由于新媒体形式越来越多，特别是网络视频平台和互联网电视的发展，大部分用户更乐意通过网络渠道来获取自己想要了解的信息资讯，观看自己感兴趣的影视节目等。[①]网络媒体没有电视那样严格的观看时间限制，人们可以随时随地在网络上搜索各类节目进行观看，自由度更高。

二、新闻内容生产与编辑面临的机遇

由于信息容量庞大、信息传递快捷和不受时间地点限制、对用户的文化水平要求不高等特点，新媒体受到广大用户的喜爱和欢迎。[②]但是传统媒体依然具有一定的品牌效应，在人力资源上也有相当优势。所以，新老媒体结合是必然趋势，不仅可以实现优势互补，还能够达到资源置换的目的。其实，在还未提出“媒介融合”概念之前，业界就已经开始进行多种媒介的融合了。现阶段，媒介融合已经成为一种随处可见的普遍社会现象。对于新闻机构而言，积极践行媒介融合能够为自身创造更大的价值，产出的新闻内容也会更加优质，需要耗费的成本也会更低，还能以此来提高自己的竞争优势。[③]因此，就新闻媒体而言，媒介融合是势在必行的。

就传统媒体而言，新媒体的出现既带来了威胁，也为自身的跨越式发展创造了新的契机。传统媒体必须积极“拥抱”新媒体，但不是简单地拥有新媒体技术，也不是单纯地拥有一个官方微博就行了，至少应包括以下三个层次：[④]

(1)发展新媒体。传统媒体通过发展新媒体，可拓展其原有信息服务业务。如报纸可以通过网络提供音频视频服务，也可以涉足其他非媒体行业，如电商产业。

(2)利用新媒体。借助新媒体创新传统媒体的报道内容和报道形式，使传统媒体与新媒体形成互动。在传统媒体中不断融入新技术，以此来达到优化产品的目的，能使传统媒体迎来新的发展契机。

(3)盈利新媒体。发展新媒体，需要投入大量的人力物力，但不能仅仅是投入，还要讲回报。如果只讲投入，不讲回报，发展新媒体就会成为传统媒体的包袱。[⑤]因此，创造

① 敬振伦.试论传统媒体与新媒体的融合[J].新闻窗，2015(04)：12-13.

② 辛欣.论传统媒体与新媒体的业务融合[J].新闻爱者，2012(08)：23-24.

③ 窦新颖.传统媒体谋求全媒体转型[N].中国知识产权报，2010-04-02(11).

④ 李东红.新媒体时代传统报业的突围之路[J].新闻爱好者，2013(11)：87-90.

⑤ 匡文波，张蕊.传统媒体转型中的盈利模式[J].青年记者，2014(24)：22-23.

新媒体的盈利模式是当务之急。

在媒体融合进程中，新闻内容的生产与编辑工作要注意以下几个方面：

（1）有效利用传统媒体的权威性和强大的舆论引导力。传统媒体要把自身的优势价值最大化，持续输出优质的新闻内容。

（2）在新闻传播过程中，要有效结合新媒体的优势，如及时性、互动性。新媒体能够在最短时间内将信息发送给遍布全球的用户，保障新闻的时效性，这是传统媒体无法与之相比的一大优势。因此，传统媒体要充分融合新媒体的优势，让广大群众能够快速有效地了解到相关内容，从而促进社会新闻的发展。

（3）媒体编辑要注意收集网民在网络平台上发布的内容和观点，以此为线索往下深挖，形成能够反映民意的新闻报道。如今，网络平台上每天都会产生不计其数的信息，如何在海量信息中选择有用的信息，并进行整合、优化呢？这就要求网络编辑具备更高的新闻功底。编辑要及时了解相关的政策措施，选取符合规定的信息，在此基础上，对各种新闻内容进行优化和调整。

（4）充分发挥媒体的舆论引导作用，尽可能有效地化解社会矛盾。媒介融合能让新老媒体优势互补，最大限度地扩大主旋律、正能量内容的传播范围。将舆论往积极的方向引导，鼓励大众参与到讨论中来，团结社会各界的力量破解社会危机，这是媒体义不容辞的责任。

三、新媒体内容生产与编辑的特点

1967年，美国哥伦比亚广播电视网技术研究所所长戈尔德·马克首次提出“新媒体”这一名词。之后，“新媒体”在美国乃至世界范围内成为一个热点词汇。从1970年开始，学术界便掀起了对新媒体的研究热潮，当时电视是主要的新媒体形式。到20世纪90年代，由于互联网的兴起，电视也逐渐沦为传统意义上的媒体形式。

直到现在，学界对于“新媒体”仍然没有一个统一的定义。美国的新媒体艺术家列夫·曼诺维奇认为，新媒体不再是任何一种特殊意义的媒体，而是与传统媒体形式相关的一组数字信息，但这些信息可以根据需要以相应的媒体形式展现出来。美国Online杂志对新媒体的定义是：“所有人对所有人进行的传播。”这一定义颇受推崇。

熊澄宇认为，新媒体或称数字媒体、网络媒体，是建立在计算机信息处理技术和互联网基础之上，发挥传播功能的媒介的总和，既有传统媒体的功能，又有交互、即时、延展和融合等新特征。互联网用户既是信息的接收者，又是信息的提供者和发布者。包括数字化、互联网、发布平台、编辑制作系统、信息集成界面、传播通道和接收终端等要素的网络媒体，已经不仅仅属于大众媒介的范畴，而是全方位、立体化地融合大众传播、组织传播和人际传播方式，以有别于传统媒体的功能影响我们的社会生活。①新媒体的受众群体比电视还广泛，其传播的深度比印刷媒体更深刻，还具备了多元化、个性化、互动性等特征，其所能产生的传播价值是传统媒体不具备的。

不管怎样理解新媒体概念，有一点是确定的，那就是新媒体的形态具有更好的延展性。在现阶段，新媒体的特点是通过数字化信息技术来实现的，从技术的层面来说，具有数字化、容量大、超时空等特点；从传播的层面来说，具有互动性、及时性、社群性等特点。新媒体的内容生产与编辑，具有以下基本特征：

1.建立在数字技术和网络技术的基础上

新媒体内容主要是基于数字信息技术来生产的，其运作主要是基于互联网、卫星网络、移动通信等来完成的。如果说工业社会成就了传统媒体，那么信息社会为新媒体的发展创造了绝佳的外部环境。

2.在呈现方式上是多媒体

新媒体内容的呈现方式十分丰富，如文字、图像、声音、视频等，其科技化程度较高，其互动性更是传统媒体无法比拟的。

3.具有全天候和全覆盖的特征

用户随时随地都能够接收到新媒体信息，不受时空的限制，只要所处的地点有通信信号。为满足受众的需求，新媒体内容的生产与编辑必须是24小时不间断的。

4.呈现出媒介融合的趋势

新媒体内容生产与编辑的主要特点是运用数字化技术，融合多种报道样态。新老媒体之间的融合趋势明显，在充分运用信息技术的基础上，传统媒体也能够转型为新媒体，如数字报纸、数字广播和数字电视等。

① 熊澄宇，廖毅文.新媒体——伊拉克战争中的达摩克利斯之剑[J].中国记者，2003(5):52-53.

第三节 新媒体内容生产与编辑的发展趋势

互联网的发展极大地丰富了新闻内容,网络成为大众获取信息的主要渠道。基于新媒体时代的发展需求,在技术推动和受众接受偏好的影响下,新媒体内容生产与编辑呈现出以下主要发展趋势:

一、传播内容可视化

随着5G时代的到来,短视频等新闻的可视化形式得到进一步发展,新闻传播功能得以进一步拓展。受众可以轻松获得信息内容,意味着可视化新闻信息传播方式是重要的发展方向。因此,媒体可以借助短视频等传播手段,优化新闻传播内容,有效激发受众的热情和主动性,更好地满足受众对新闻的感官需求。对短视频、直播等方式所具备的新闻现场性加以充分利用,能够更好地满足社会化与碎片化场景传播,为受众提供更加优质的新闻内容,获得新闻传播讨论与思考效果的最大化。

二、传播主体全能化

新媒体技术促进了媒体融合的深度发展,实现了新闻生产流程的整合,传播主体的职能边界也变得越来越模糊。行业需要更多"一专多能"的全能型新闻工作者,熟悉多种媒介终端的操作,能够同时为多个媒体平台提供新闻产品。譬如,完成一个新闻报道时,记者需要运用互联网技术收集资源、分析选题可行性;外出采访时,要求能够运用设备进行图像、影像资源采集;后期制作时,要求能熟练运用编辑软件对素材进行编辑处理;还需要胜任现场直播,在摄、录、编、播的同时,配合灯光、音响、传输等技术,完成新闻报道。

三、多媒体资源的挖掘与整合

互联网中存在海量的信息资源,只有深入挖掘这些资源才能获得最大的利益。新闻媒体应该将线下传播渠道和线上传播渠道的资源进行有效整合，发挥出它们各自的优势，[①]真正实现信息一次性采集、多种生成、多元化播发。此外，媒体工作者还应该适当地利用大数据作为信息编辑的资源渠道，为受众提供种类丰富的新闻，同时利用多种媒体方式进行信息传播，有效提高新闻传播的交互性，保证大众可主动参与其中，从而提高新闻传播效果。

四、受众参与和专业生产相结合

新媒体时代，新闻传播的全民性特征更为突出。公众能够公开表达自己的见闻、想法、感受以及观点等，为新闻生产提供宝贵素材，具有极高的时效性，增强了新闻价值。随着公众参与程度逐步加深，新闻工作者的任务发生了转变。专业的高素质采编人员具备大众难以企及的专业性和公信力，发布的内容更有深度和权威性。新闻工作者应掌握新闻基本发展态势，吸引受众参与新闻互动，提升新闻深度，并在互动中获取更多新闻素材，严格筛选发布的信息。两者相互融合，优势互补，共享内容资源，能够有效提升媒介的核心竞争力，推动新媒体内容生产的可持续发展。

五、融合新技术革新内容生产与编辑方式

为保证新闻传播紧跟时代步伐，新闻传播行业必须对技术进行更新换代，充分利用新媒介资源，引进高新科技设备，如大数据、人工智能、5G技术、8K技术等，充分发挥现代技术优势，提高新闻传播的质量与效率。在新闻内容生产中，运用人工智能和大数据实现内容自动生成、全天候传播，准确分析受众的关注重点，正确把握新闻工作的方向，建立预测性新闻报道机制。在技术更新换代的同时，对新闻传播的方式进行改革创新，合理应用现代社交软件，开发不同模式的移动社交新闻传播，让每一位受众都成为新闻传播载体，打造新闻传播新模式，突出现代新闻传播的特点与优势。

① 臧燕．浅谈新媒体时代新闻传播的特点及发展趋势[J]．新闻传播，2020(10)：47-48.

知识回顾

对于新闻媒体来说，内容永远是决定其生存与发展的关键所在。虽然采用先进的信息技术和融媒体传播方式非常重要，但对于网络新闻来说，它的本质还是内容。所以在新闻媒体的发展过程中，要坚持内容为王，保证新闻品质。只有提高内容的可读性，才能够在众多的同质化新闻中脱颖而出。在媒介融合的大趋势下，新闻内容生产与编辑面临机遇与挑战。与传统媒体相比，新媒体内容的生产与编辑在呈现方式、生产流程以及融合趋势等方面有其自身的特征。这需要从业人员适应新媒体时代受众的需求，根据新闻内容生产、编辑与传播的特征及时调节工作流程。

思考题

1. 如何理解当前我国媒体融合的发展现状?

2. 你认为传统媒体在新闻内容生产与编辑方面应如何应对新媒体的挑战?

第二章　网络采访

知识目标

1. 网络采访的功能与基本方式。
2. 网络采访的优势与不足。

能力目标

1. 掌握网络采访的基本技巧。
2. 充分认识网络采访的优势与不足。

思维导图

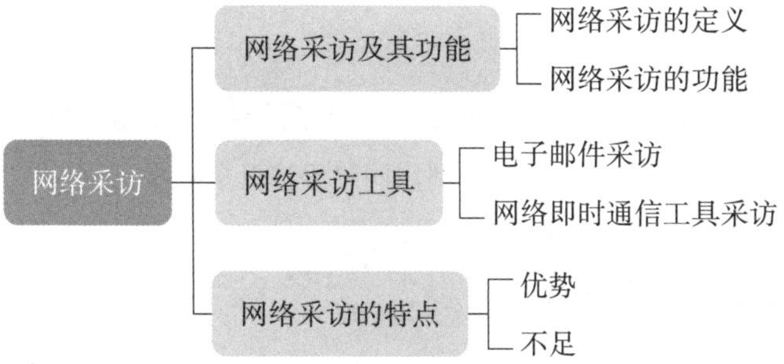

案例导入

由于网络应用越来越普遍，很多时候记者会通过网络来进行采访。重庆的某家报社在2007年12月利用网络，与国际奥委会主席萨马兰奇的助理取得了联系，表示希望能够采访萨马兰奇，得到同意后，成功对其进行了采访。再如，新华社记者熊蕾仅用了一周的时间，通过邮件采访到了来自不同国家的十位科学家，最后这篇报道成功登上美国《科学》杂志。

《中国水利报》在2020年2月1日刊发了通讯《出发，驶向火神山！》。文章的主要内容是记录新冠肺炎疫情中，一线医护者将患者向火神山医院转移的工作情况。在转移患者当天，记者利用微信对4名现场人员进行采访，了解现场的真实情况，再利用互联网收集相关的背景材料，将采访的内容写成稿件。次日，这条通讯从多个渠道同时上线，如中国水利网、黄河网、微信公众平台等。可以看出，相较于传统的采访模式，网络采访具有很强的时效性，且不受地域限制。

第一节　网络采访及其功能

在媒体竞争日趋白热化的今天，熟练掌握网络采访对于媒体从业者来说极其重要。深入了解网络采访及其功能，有利于灵活利用网络采访开展业务活动。

一、什么是网络采访

网络采访，就是借助网络进行采访。它属于采访方式范畴，要恰当地界定网络采访，首先要准确地把握采访的含义。所谓采访，是指新闻记者为采集新闻而进行的调查研究和访问活动，是新闻记者获取事实、捕捉信息的主要手段。[①]根据采访的特点，网络采访也有广义和狭义之分。广义的网络采访是指新闻记者为了撷取新闻素材，运用网络技术和网络手段，获取一切相关信息的活动和过程。它强调的是网络采访的信息收

① 薛志泉.试析网络采访之利弊[J].新闻传播，2002(07)：8-10.

集功能。狭义的网络采访是指新闻记者在无法亲临现场，也不能用或不宜用电话采访时，借助互联网，通过电子邮件、聊天室、电子公告板、新闻组、网络调查等工具，与确定或不确定的采访对象进行数字化交流，以获取相关信息，弥补传统采访方式的不足所进行的活动。它突出强调网络采访的条件性和辅助性功能。

新闻采访通常情况下分为三个阶段，即前期、中期、后期。不管哪个阶段，记者都可以充分利用网络资源和工具来帮助自己完成采访活动。在采访前期，记者可以通过网络搜集有关联的新闻线索，对受访者的背景资料进行查询，形成对受访者的初步了解。在采访中期，可通过E-mail和受访者建立初步联系，确定采访时间、地点、主题，甚至可以明确采访的问题。通过E-mail或即时通信工具执行采访计划，这种方式在受访者位置较远、行程较紧密的情况下使用较频繁，可以大大提高工作效率。在采访后期，可通过网络工具确认某些采访细节，还可以通过网络验证采访得到的材料，以及利用网络积累采访资料。

二、网络采访的功能

网络采访丰富了采访方式，它具有以下四种功能。

1.利用网络获取新闻线索

互联网拥有海量的信息资源。广大网民经常在博客、论坛、微博等平台上发布自己的所见所闻，抒发他们的内心感受，其中的部分内容已经成为具有实际价值的新闻线索，可供专业的媒体记者参考。记者在网络上还可以阅读到特定行业或学科专业的最新科研成果，掌握相关知识，对相应的社会生产、生活现象有进一步的了解，在进行相关领域的主题报道时能够避免出现事实性错误。此外，记者也会看到网站上的新闻或者网民的“爆料”，从中挖掘出具有价值的新闻线索，继而进行追踪报道。这些信息都可以启发具有敏锐“新闻嗅觉”、善于思考的记者去发现新闻线索。

2.利用互联网获取背景资料

在采访活动中，记者能够事先通过互联网了解受访者的背景材料，从而在采访中提出有针对性的问题，避免提出一些无关紧要或其他媒体已经提过的问题，高效推进采访活动。部分受访者可能存在接受采访时间较短或需要处理重要事务等情况，提前对受访者的背景资料进行调查更加重要。记者越了解受访者的背景,提出的问题也会更合适、更有价值,采访也会更加顺利。

受访者的背景资料大多包含以下几个方面:名字、职务、经历、取得的成果等。同时,记者还要掌握和采访主题有关联的背景资料。在采访前,记者最好能获得媒体以往所有对该受访者的报道资料,确保提出的问题不会雷同。

3.利用互联网实施采访活动

常见的网络采访模式有以下几种:E-mail采访、聊天室采访、BBS采访、即时通信工具采访等。每一种采访模式都有其独特之处,应用的场景也不一样。想要将这些不同的采访模式的价值发挥到最大,就必然要对每种模式的优势和劣势有清晰的认知。

4.利用互联网整理新闻资料

记者可以基于互联网所提供的资源和信息,对通过采访收集来的新闻素材或相关资料进行整理。结束网络采访后,通过互联网整理和保存采访资料,会极大地便于查找。当需要与同事合作撰写报道时,也能够方便地将资料传输给同事。还能够以电子邮件的形式向受访者传送新闻的初稿,在稿件最终发布前征得受访者的同意,从而表达对受访者的尊重。当然,对于在网络上获得的新闻线索和资料,记者可以先初步整理并保存在电脑中,方便以后验证。如果记者能够利用好互联网这个工具进行新闻资料的整理,将会使后续的报道工作进展更加快速。

第二节　网络采访工具

当前,网络采访的工具很多,但最常用的网络采访工具是以下两种。

一、电子邮件

对于记者来说,互联网最大的贡献就是提供了电子邮件这个采访工具。记者能够利用电子邮件开展采访工作。对于想要采访报道的对象,甚至包括国家领导人,记者均能够通过邮件与其建立联系，只要该采访对象在互联网上有电子信箱。[①]利用电子邮件的功能，可以实现远距离的异地书面采访，这是许多记者常用的采访手段。当然，利用电子邮件采访有一个基本条件：被采访者和采访者都能够熟练使用电子邮件，且使用习惯良好，如及时回复、抄送等。

电子邮件采访有很多优点，主要的是成本低、具有高效性，很快就能完成邮件发送，由此发生的费用微乎其微。采访成本的降低使媒体间的实力差别得以淡化，一家地方性媒体也可以通过电子邮件进行跨国采访。电子邮件具备附件和群发功能，能够传送多种媒体文件，如文字、图片、声音等。电子邮件的延时回复功能避免了采访者和采访对象生活在不同时区带来的不便。采访对象可以在自己方便的时候认真阅读记者提出的问题，从容作答。电子邮件这种不要求即时互动的交流方式，给采访对象留下了足够的思考时间和空间，使回答更为条理清楚。

利用电子邮件开展采访活动也存在一些不足。最突出的一点就是，电子邮件发送者和接收者之间的互动并不是同步的，采访对象可以根据记者给出的采访提纲提前准备回答，对信息进行加工、再阐释，从而导致记者难以挖掘到采访对象的真实想法，而且记者也难以及时地依据采访对象的回答来调整提问。

记者在利用电子邮件开展采访活动时，需要注意：第一，要拟好邮件标题，明晰的邮件标题可以提升回复率，在标题中要注明自己所属的媒体机构以及采访的主旨。如果不填写标题，那么这封邮件很可能被视为骚扰邮件；第二，在邮件的正文中，记者应该表明这次采访的重要意义，从而利于对方答应接受采访；第三，记者所提出的问题要与主题密切相关，不要提一些能够从互联网上搜到的基本信息；第四，记者要核实回答问题的是采访对象本人，而不是其他人。

二、网络即时通信工具

网络即时通信工具采访主要指通过微信、QQ等即时通信工具开展采访活动。这种采访形式的优点是能够节省用于路途奔波的时间和精力乃至金钱，使得采访的效率有所提高，而且即时通信工具本身的私密性较强，双方可以较为安心地进行互动交流。这种形式很适合应用于情感主题的采访。

① 邓涛，胡蕾蕾．"网上采访"探析[J]．新闻导刊，2005(06)：34-36.

网络即时通信工具采访也存在一些不足。比如,受访者通过聊天框打出的文字信息比较零碎,在采访结束后还需要进行整理,提取出有用的信息。有时网络不稳定,导致双方的对话延迟或其中一方突然掉线,影响采访活动的流畅性。而且,记者要注意核实受访者是否是本人。当下,绝大多数即时通信工具都提供了视频交互功能,我们也可以借助它进行网络采访。

第三节　网络采访的特点

网络采访是高科技与采访方式联姻的产物。与传统的采访方式相比,网络采访具有更多的优势。网络采访不仅将传统的采访形式涵盖在内,如文字采访、录音采访、图像采访等,还充分利用了具有跨时空虚拟特性的网络,按照新闻传播的需要在网络上进行新闻素材的收集和调查研究活动。

网络采访具有传统采访的一些特征,也有自身的独特性,主要体现在以下方面。

1.采访内容的多媒体化

在网络采访模式中,记者分工合作的传统工作模式逐渐被取代。所有记者都成为全能的网络记者,要负责的工作包括文字采集、摄影、录音等。

2.采访工具的全数字化

网络采访基于全数字化的计算机网络开展,采访和传输都采用与全数字化网络相通的工具,主要由两部分构成:硬件和软件。硬件包括笔记本电脑、录像录音设备、相机、电话、调制解调器等。[①]这些采访工具为顺利完成采访提供了强有力的支撑。也正是有了这些工具,记者足不出户就能够完成对新闻素材的采集。

3.采访范围的全球性和速度的快捷性

网络具有全球性,网络采访也随之具有全球性。对于一些不能或不宜进行现场采访的新闻事件,记者可通过互联网进行全球性的实时采访,比如通过电子邮件完成异步文字采访,通过网络电话等进行口头采访,利用即时通信工具实现可视化的面对面采访

① 盛雷,赵云.网络新闻采访刍议[J].现代视听,2009(S1):78.

等。网络采访具有很强的时效性和高效性，可以在短时间内就完成以往因远距离而要耗费较长时间才能结束的采访工作。①

4.新闻资源的丰富性及利用的方便性

在搜索引擎的帮助下，记者能够便捷、快速地在网络中查找想要了解的资料，获取丰富的新闻资源，进行整理、挖掘和分析工作。这些数字化资源使记者看得更远、听得更清、想得更长、写得更多。

在网络时代，网络给记者提供了更多的新闻获取渠道。但我们也应该看到，网络采访在具有诸多优势的同时，也有一些不利因素。

1.保真系数低

从时间上讲，运用网络采访时，新闻记者通过电子邮件、电子公告板等提问，与采访对象的回答具有异步性，问与答往往不是连续进行的。这样，采访对象在是否回答与何时回答上就有相当大的选择权和自由度。这往往会导致信息不能及时获取，时效性难以保障，即使原本有价值的新闻往往也会贬值或失去价值。②从内容上讲，网络中丰富的信息资源与大量的信息垃圾并存，检索来的信息往往也难以求证，从而使信息质量处于不确定状态，信息的保真系数低。

2.人情系数低

网络采访实质上是一种数字化交流，双方面对的是冷漠的电脑，而不是鲜活的个体。传统采访中的人情味在这里趋于枯竭。这种缺乏人情味的采访，不利于记者描写采访对象的特征、神色以及现场的场景和氛围。从长远来看，也不利于记者进行稳定的消息来源网建设。如果未能建立前期联系，那么在互联网上发起的采访不太容易得到对方的响应。

3.风险系数大

由于通过网络采访得来的信息量十分庞大，不能保证所有的信息都是真实的、高质量的，因此记者如果不加判断地使用网络采访信息，会面临以下两种风险：一是依据这些信息撰写出来的新闻报道失实；二是可能会侵犯他人的合法权益，陷入诉讼当中。

网络中的垃圾信息具有隐蔽性，不易被察觉。记者如果疏忽或被蒙蔽，很可能将这

① 刘莎.网络新闻的采访特点[J].记者摇篮，2010(04)：41.

② 薛志泉.试析网络采访之利弊[J].新闻传播，2002(07)：8-10.

些垃圾信息用到报道中去，导致新闻失实，影响媒体声誉。长此以往，会引起受众的逆反心理，产生“信任危机”。

信息在网络上自由地流通，但这并不代表记者可以任意地使用所有信息，因为稍不留神就会侵犯版权，陷入法律纠纷中。除了版权外，网络采访还可能涉及与隐私权相关的问题。网络上出现的一些“公开”了的隐私，对记者有很大的诱惑，很容易在不知不觉中翻跟头。

因此，在实践中，记者应注意以下几方面的问题：第一，正确把握网络采访的尺度，只有把握好尺度，才能游刃有余，运用自如；第二，正确处理好传统采访方式和网络采访方式之间的关系，不能因网络采访的先进性而摒弃传统采访，也不能因网络采访存在诸多弊端而完全否定；第三，坚持多方验证采访资料的真实性，由于网络的介入，记者与新闻源之间存在若干中间环节，因而得来的往往是第二、三手的材料，要保证材料的真实性，就必须加强验证工作，在保障真实性的基础上，增强时效性。

知识回顾

网络采访已成为一种常用的采访手段，尤其适用于一些不能或者不宜到现场进行走访调查的新闻事件。记者不仅可以通过网络进行采访，还可以利用丰富的网络资源为自己服务。在搜索引擎的支持下，记者能够便捷地在网络中查找想要了解的背景资料，能够快速地获取新闻线索。值得注意的是，网络采访也有局限性，它的地位还不能超越传统采访。记者要充分利用网络资源，努力提高网络采访成功率，提高网络采访真实性。

思考题

1. 在网络采访中如何提高采访成功率？
2. 如何处理传统采访与网络采访之间的关系？
3. 邮件与即时通信工具在采访中各有何优势？
4. 如何提高网络采访所获得信息的真实性？

第三章　网络新闻写作

知识目标

1. 网络新闻的文本特点。

2. 网络新闻的写作特点。

能力目标

1. 掌握网络短消息的写作技巧。

2. 了解网络新闻多媒体与超文本写作的特点。

3. 掌握微博新闻写作的基本要点。

思维导图

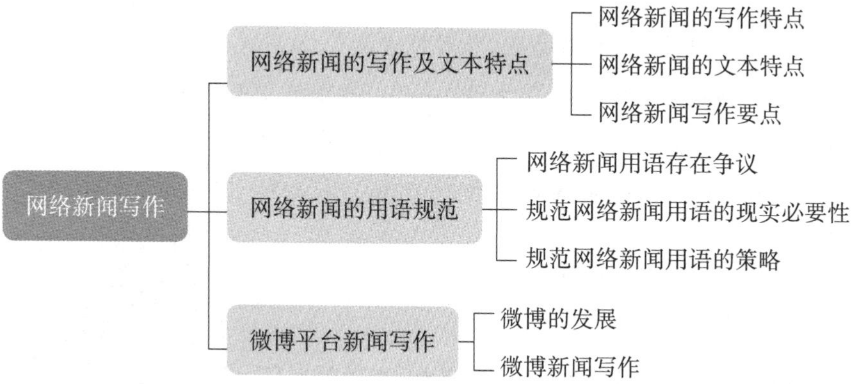

@ 案例导入

网络新闻正在给传媒业界的内容生产和市场竞争格局施加越来越重要的影响。例如,2021年7月河南出现特大暴雨灾害,人民网对该事件进行了跟踪报道。

直击河南特大暴雨:河南境内仍有200个收费站交通管制

人民网郑州7月21日电(朱佩娴、尚明桢)21日下午,河南省防汛应急新闻发布会在郑州召开,河南省交通运输厅副厅长唐彦民会上介绍,截至目前,河南境内高速公路仍有200个收费站实施交通管制,临时关停服务区4对。

发布会上,唐彦民还介绍,国省干线公路断行37处,农村公路受损严重道路50多条,断行路段200多处、损坏桥梁30座。水运方面,全省水路客运、渡口渡运封航,黄河浮桥全部拆除,港口码头作业停止运营,沙颍河、淮河航道禁航。道路运输方面,郑州、洛阳、安阳、新乡、焦作、巩义等五市一县道路客运全部停运。城市公共交通方面,郑州市地铁全线停运,郑州、开封、新密等26个城市公交停运,平顶山、安阳、新乡等9个城市公交部分停运。

河南省交通运输部门及时启动应急响应,派出5个防汛指导检查组,全力开展抢险保通。此外,全省交通运输系统统筹应急物资、大型机械储备调度,全力加快水毁道路抢修工作,组织水上应急搜救队伍,分赴相关县区开展公共交通应急抢险工作。同时,还及时加大对公路桥梁隧道巡查力度,及时排除隐患,及时发布路况信息。目前,全省公路没有出现车辆大量滞留现象,郑州周边高速公路已恢复正常通行,交通运输基础设施项目建设工地未发生重大险情。

资料来源:http://henan.people.com.cn/n2/2021/0721/c351638-34831238.html(2021-07-21)[2022-06-12]

第一节　网络新闻的写作及文本特点

网络新闻从传统新闻发展而来,但在写作规律和写作特点上与传统新闻存在着差异。同时,随着信息技术的发展,人们的阅读方式和习惯也发生了许多变化。所以,我们要充分认识网络新闻的写作及文本特点，探究网络新闻的发展规律。

一、网络新闻的写作特点

网络新闻是对传统新闻的继承和创新，在编辑上可以利用传统新闻编辑的方式方法，但为了与传统新闻进行区分，也应该进行创新。网络新闻写作的特点主要有以下几个方面。

（一）网络新闻写作的层次化

传统媒体向大众传达新闻内容的层次较为单一。报纸的印刷版面主要是基于空间层次，广播和电视则主要是基于时间层次。网络新闻的写作偏向于多层次化，这得益于超链接的存在。人们会根据自己的需求，在网络上搜索新闻的关键词，一层一层地点击相应的链接来获取自己需要的信息，这就是网络新闻层次化的表现。

网络新闻一般有以下几个层次：标题；内容提要；正文；相关链接。

1.标题

在众多层次中，标题属于第一层次。因此，新闻编辑的第一项工作就是标题的编辑。标题具有导读作用，能够让受众第一时间了解到新闻的主题。在编辑标题的时候，要让受众通过标题对新闻产生兴趣，从而点击浏览新闻内容。一般来说，简洁明了的标题会有更强的吸引力，受众能通过标题直观地了解新闻的主题，从而阅读文章的详细内容。编辑标题的时候要遵守实事求是的原则，不能夸大宣传。

2.内容提要

内容提要在网络新闻中十分常见，它就是对新闻内容进行简要的概括。内容提要主要是为了满足不同读者的需求。部分读者为了节省时间，通过浏览内容提要来了解新闻的起因、经过和结果。而有的读者信息需求量更大，更注重了解事情的全貌，对于他们来说，新闻正文更加重要。

3.正文

网络新闻正文的写作方式和传统新闻是相同的。值得注意的是，网络新闻的读者希望能够从简短的文章中快速了解到新闻的基本信息，所以网络新闻应该注重用词的精练、句子和段落的精简，同时内容要充实。

4.**相关链接**

目前，网络新闻列出的相关链接基本上是类似的新闻或者新闻背景等延伸内容。根据这些链接的内容可以发现，主体新闻大都缺乏纵深度。产生这种情况的原因，主要还是由于网络媒体工作者缺乏深度思考的意识，也缺乏对信息进行深度挖掘的能力。①

在编辑网络新闻的时候，应该将读者对新闻的需求层次和关注层次作为划分的依据，以此对诸多新闻要素进行合理的划分、组合排列，最终突出重点。②在报纸等传统媒体上，一则新闻的全部内容通常会集中地呈现在一个版面或相邻的几个版面上，读者通常会顺着版面的指引浏览全部内容。但在网络媒体上，编辑往往不能将文章内容一次性呈现给读者，而是将文章内容分段，然后制作成超链接，让读者分段阅读。因此，网络媒体工作者就必须具备分层表述的能力。

在立体分层表述中，网络媒体工作者尤其要注重首页的内容。首页是读者第一眼就会看见的界面，因此这一界面必须保证内容具有十足的吸引力，从而能够让读者产生翻阅下面内容的兴趣。③值得注意的是，每个页面的内容不但要和上文存在一定的关系，而且要具有一定的独立性。因为读者查阅了上个页面的内容后，一般不会再往回浏览。而且，有时读者也不会严格按照顺序去点击各个页面的链接。所以，每个页面的内容必须保持相对的独立性，才符合读者的阅读习惯。这对网络媒体工作者的分层表述能力提出了十分高的要求。只有这样，才能够更好地满足读者的需求，提升他们的阅读体验。

（二）超文本结构写作

超链接打破了传统新闻文本的线性结构。它带来的影响至少表现在以下两方面。其一，在介绍新闻涉及的人物、背景、概念和事件时，可以使用超链接进行扩展。既可以用注释的方式出现，也可以通过单独的网页显示，让读者能够对新闻的背景等相关知识进行详细的了解，从而加深对新闻的理解。其二，使用超链接能够将新闻的各个部分联系起来，让网络新闻的文体结构得到有效的创新，以此区别于传统新闻。

---

① 王菁.网络新闻写作结构方式的新模式[J].新闻与写作，2004(11)：46-48.

② 谭汪洋，李奕.网络新闻写作方法与技巧刍议[J].湖南人文科技学院学报，2005(01)：116-118.

③ 董小菲.融合时代的新闻编辑[M].济南：山东人民出版社，2016：138.

运用超文本结构写作的要领有三:(1)把新闻素材划分层次;(2)要着力写好骨干层次;(3)在骨干新闻中,凡涉及枝叶部分的"关键词",分别用超链接给出。

(三)滚动式写作

网络新闻最基本的呈现方式是文字和图像,但是会在文字和图像的基础上,通过超链接的方式添加视频或者音频作为辅助要素,从而提高新闻的直观性和生动性。网络新闻的写作相对于传统新闻写作来说,更注重即时性的滚动式写作。①

在发生重大突发事件时,人们对于信息的需求十分迫切,希望能够在第一时间了解事件的进展。网络新闻的时效性非常突出,可以随时更新内容。因此,对于重大新闻和突发新闻的报道,新闻网站可以采用滚动式的写作方法,不间断地跟踪进展,从而让人们能够快速了解事件的情况。

例如新华网,在网络上报道突发新闻时,过程一般为:

(1)在得知事件发生后的第一时间就会在网络上发布新闻快讯,抢得先机;

(2)一段时间(比如十多分钟)后,通过超链接的方式进行进一步的报道,详细描述事件的细节,并持续跟进,发布多篇报道;

(3)将此次事件发生的背景资料以及国内外类似情况进行编辑发布;

(4)通过新闻评论的方式,表达媒体对此次事件的看法,以提高报道的深度。

采用滚动式写作发布网络新闻,能够保证新闻的时效性,满足读者及时获取资讯的需求。滚动式写作以简短的快讯为主,再配以较为翔实的跟进报道和更有深度的评论。快讯在滚动式写作中发挥着重要的作用,它能够被快速地编辑发布,几乎与事件的发展同步,从而让人们及时了解最新状况,同时让媒体率先赢得人们的关注。

二、网络新闻的文本特点

网络新闻在写作上的变化,让其具有自身的文本特点。

(一)动态生成与碎片化

在传统新闻报道中,时间和空间层面阻断了新闻作为一个整体的连续性,也使动态

① 邓涛.网络新闻写作之基本规律[J].新闻三昧,2005(12):42-44.

的新闻变为静态。[①]所以,传统新闻着重于每一次新闻报道的内部组织结构能够保持整体性,具备基本的新闻要素。网络新闻的传播不受时间和空间限制,能够通过超链接不断拓展新闻的报道页面,延伸相关内容,后续报道能够和之前的新闻产生紧密的联系。网络新闻发布的间隔很短,甚至只有几分钟。网络新闻的篇幅一般比较短小,它的目的不在于全面报道,而强调以最快的速度发布信息。在突发性重大事件中,这种报道方式是可行且必要的。

由于网络新闻非常注重时效性,所以碎片化的情况十分常见。许多网络新闻展示的都是新闻事件的某个片段,并不能描绘事件的整体。[②]人们虽然能够及时了解事情的发展情况,但很容易出现片面理解的情况,导致信息理解存在偏差。其实,碎片化的现象不仅存在于网络新闻,电视新闻也一样。但是网络新闻的存储功能十分强大,因此这些碎片化信息能够长久保存,方便人们之后的查阅。[③]

(二)开放性与互文性

文本中的开放性与动态生成性是相通的。这是网络传播模式与其他传播模式最大的不同,也是网络新闻编辑的基本规律。在以往的新闻报道中,基本以单篇报道为主,新闻专题不多,这种文本模式不具备开放性。[④]这是因为,传统新闻媒体以纸质形式为主,新闻篇幅受到版面大小的限制,而网络传播完全不受这种因素影响。网络新闻是立体的文本结构,通过对海量数据的存储,结构图式更加开放,而且被分为多个层次。网络新闻报道常常会配有很多相关的辅助信息。

所谓的互文性,是指文本之间可以互相参照,文本内容可以进行相互吸收和转化。内在联系十分紧密的无数文本形成了文本体系。从本质上来说,新闻就是在记录当下发生的历史,无数新闻报道汇成了历史长河。在分析新闻事件时,人们常常需要把历史事件和当时实际情况联系起来解读。所以,任何新闻文本都不是独立的,它只是新闻之流中的片段,在与其他各种新闻文本的相互联系中找到自己的位置。

传统新闻只是单纯地报道新闻事实,而网络新闻具有互文性,超链接的应用让所有信息之间的内在关联性更明显了。各种各样的信息在网络上进行融合后,能够为新闻

① 刘晗.现代传播语境下的网络话语特征[J].今传媒,2013,21(01):94-95.
② 彭兰.中国网络新闻的六大发展[J].杭州师范学院学报(社会科学版),2004(05):14-20.
③ 郭权.受众对网络新闻文本的重组与解读[J].青年记者,2006(14):95-96.
④ 沈松华.试论网络新闻的可写文本化[J].杭州师范学院学报(社会科学版),2004(06):94-97.

报道提供多方面的信息佐证。在互文的网络环境中，文本的开放性会一直保持，因为新的信息内容会不断被添加进来，这样一来，文本结构会不断被重塑：一是文本之间的界限被打破，文本不是固定的，而是动态变化的；二是文本的本来意义发生了变化，变得十分不确定。因此，一个新闻事件可以从更多的视角来加以解读。

（三）受众的文本生产与新闻意义的不确定性

随着解读视角的多样化，新闻生产方式也变得更加多元。可以说，读者对新闻文本的每一次阅读，就是对文本内容和结构的一次重构。而且，人们有多种方法参与到网络新闻的生产过程中。比如，针对新闻的评论、重新组合转发、利用平台账号自己发布新闻、互动参与新闻生产等。在网络中，读者够发表对新闻事件的看法，这些看法和态度体现的是用户的真实声音，这些信息与新闻文本进行了融合，不断被纳入新闻文本的开放体系中。①

在网络新闻传播模式中，新闻的意义发生了改变。这种改变需要从两个方面来解读：一是文本之间的边界变得不确定了，因为在网络传播模式下，新闻信息实现了实时更新，之前的新闻文本所表达的意义可能会被后面的新闻文本所改变；二是读者在阅读新闻过程中也会改变新闻的原始意义，因为每个人的认知都是不同的，解读新闻事件的角度也不同，就会产生不同的理解。而且，读者可以对新闻进行重新编排，原本的新闻组合被改变。如此一来，原始的新闻意义被读者重构了。

综上所述，随着网络新闻传播模式的出现，传统的静态传播模式逐渐被动态传播模式所取代。开放式新闻体系包含着无数个相互联系的新闻文本，构成了立体的新闻文本结构。此外，多则新闻不再是一个系列组合的形式，而是像河流一样持续流动、变化、更新。相较于传统新闻，网络新闻在全面性、挖掘深度等方面都有明显的优势。

三、网络新闻写作要点

为了更多更快地获得受众的注意力，网络新闻写作要注意以下几点。②

① 沈松华．试论网络新闻的可写文本化[J]．杭州师范学院学报（社会科学版），2004(06)：94-97．
② 何纯．当代传媒新闻写作教程[M]．湘潭：湘潭大学出版社，2012：386-387．

(一)倒金字塔写作模式

在新闻文本写作中,有一种叫作“倒金字塔”的写作模式,其目的是在短时间内抓住读者眼球,引起他们的阅读兴趣,因此在写作时会将重要内容放在开头部分,将无关紧要的内容放在文章结尾。这种写作模式在陈述复杂事件时应用较多。在新闻由众多事件组成时,编辑为了让读者在短时间内掌握新闻要点,就会按照事件的重要程度,对新闻文本进行编排,将重要程度最高、人们最关心的信息放在文章的开头,其好处在于:可以快速写作;不为结构苦思;可以将不重要的内容删掉,整篇文章不会受到影响;可以快速阅读,无须从头读到尾;能够在最短时间内将新闻事件用文本形式呈现出来。其缺点是缺少文采与个性。

(二)短、精、易

网络传播环境下,人们阅读新闻的方式发生了很大变化,基本上是“扫描式”阅读,只会对新闻重点内容进行掌握和提炼,一些细节会被忽视掉。网络编辑在编写新闻文本时,要考虑到读者的这一阅读需求,秉持“短、精、易”的新闻编写原则。

1.篇幅短小

虽然网络媒体的容量比报纸、电视、广播等大得多,但是也宜短不宜长。由于电脑显示屏对受众的眼睛有一定刺激作用,阅读时间过长容易引起视疲劳,网络新闻应该用尽可能少的文字传达尽可能多的信息。网络新闻篇幅宜短、导语宜短、段落宜短、句子宜短。[①]有学者提出,网络新闻以不超过500字为最佳,或以不超过一个屏幕的大小为标准。导语开门见山,精心提炼,以不超过两句话为宜。一个段落一个中心,不宜大段堆砌。要善用分段,每段两三句话为宜。小标题既可提示本段主要内容,又可起到缓冲的作用。

以下就是一条简单的网络新闻。

丰富群众文化生活 爱莲杯中老年文艺会演网络直播收官

人民网北京2月18日电(尹星云)近日,由中国老龄协会老年人才信息中心与爱莲杯组委会联合举办的第二届爱莲杯全国中老年文艺会演网络海选直播活动举办。在连续五天的线上直播活动中,以展播的形式播出了由全国近500支优秀群众性文艺团体送选的节目。

① 彭兰.网络传播概论[M].北京:中国人民大学出版社,2009:73.

本次活动以节目展演、直播互动及在线点评相结合，同时也为即将举办的第二届爱莲杯全国中老年文艺会演京津冀线及全国总展演活动进行预热。

为提升中老年舞蹈团体的艺术水平，组委会在每天的直播活动中都会邀请舞蹈家，以视频连线的方式对展播的节目进行实时的现场指导和点评，并在直播期间与观众进行互动。

爱莲杯展演活动是已故著名舞蹈表演艺术家陈爱莲创办的，旨在传承艺术精神、发展舞蹈事业，丰富群众文化生活。本次尝试在线上搭建中老年艺术文化展示交流互动直播平台，也得到了广大文艺爱好者的支持与点赞。

资料来源：http://bj.people.com.cn/n2/2022/0218/c14540-35140461.html（2022-02-18）[2022-06-10]

2. 语言精练

语言精练是对新闻写作的共同要求，网络新闻更加突出这一特性。能用百八十字说清楚就不用几百字去解释，叠加空话套话既浪费编辑的时间，也浪费网民的时间。形容词、感叹词、修饰词等非直接叙述新闻事件的词语也尽量少用。新闻标题包含新闻事件最核心的几大要素，具有很强的概括性。人们在阅读一篇新闻时，首先会阅读新闻的标题。因此，编辑在拟订标题时要仔细推敲，精心提炼。正文的撰写要便于读者清晰、准确地捕捉新闻的核心内容，在写作过程中高度概况新闻事件最重要的部分，坚决剔除多余的部分，剪掉枝叶，删去华丽辞藻，做到言简意赅，简明扼要。

3. 通俗易懂

网络媒体的受众广泛，有受教育程度高的，也有受教育程度低的；有青少年，也有老年人。受众的不确定性，要求网络新闻必须做到通俗易懂，要多使用平实易懂的词汇。同时，灵活使用俚语和民间口头语，会让语言更加生动、活泼。

另外，网络新闻要慎用专业术语。在报道专业新闻时，在保证专业化的同时也要顾及通俗易懂。对于稿件中必须提及的专业术语，不妨在文中或文尾以链接等形式加注背景资料。

（三）标题、导语和概要应便于检索

如今，人们都会使用搜索引擎，这也使得新闻的传播范围更广泛了。搜索网站会提供各种相关信息的网址链接，用户可以判断哪些信息是自己需要的，哪些信息是无关

的。针对人们使用搜索引擎的习惯,为了提高点击率,网络新闻编写要满足以下条件:

(1)有明确的新闻标题。搜索引擎主要是通过关键词来进行相关信息搜索的,然后将与之相关的搜索结果罗列出来。所以,编辑要用尽量简洁的语言拟定标题,要具有鲜明的特点。所有网页都必须有一个单独的醒目的标题作为标识。

(2)新闻导语和新闻概要要引人注目。人们通过搜索引擎来搜索某一个新闻事件时,会弹出很多相关信息,都是关于新闻的简短介绍(往往是新闻页面最前面的十几个字),读者需要自行判断哪些是自己需要的信息。因此,编辑需要根据读者的需求制作导语或概要。在新闻导语的拟定中,要着重关注词汇的使用和句式的简洁有力,并将其放置在网页的最前端,便于用户查看;导语或概要能够反映新闻文本信息的准确要义和内在关联;呈现新闻事实,不要做过多的浮夸语言修饰。①

第二节　网络新闻的用语规范

目前,网络新闻用语中的不规范现象屡见不鲜。总的来说,主要有以下几大类:②

从标题上来看,当下的部分网络新闻标题过于浮夸,在用词上也缺乏精确性和谨慎性。此类问题会导致公众对网络新闻的信任程度不断降低,在新闻信息处理、分类检索等方面出现混乱。

就导语而言,不少网络新闻所使用的导语不符合写作规范,甚至只有正文而没有导语。造成这一现象的根本原因在于网络媒体并未认识到导语的重要作用。这在滚动式新闻中表现得尤为明显。有的滚动式新闻未使用导语,有的使用了但缺乏规范性,如导语的篇幅超过了正文。滚动式新闻大多是对突发事件的报道,媒体过分关注新闻的时效性,忽略了导语的质量。

网络新闻偏长或偏短、文字质量良莠不齐也是一种普遍的现象。篇幅太长,受众会产生厌烦心理;太短,受众会因未能满足需求而产生失望心理。所以,网络新闻必须紧凑简洁,篇幅适中。此外,以快制胜的网络新闻,经常出现文字错漏百出、内容前后矛盾

① 王健.网络新闻写作的特殊性[J].新闻界,2005(02):116-117.

② 李洁麟.浅谈网络新闻用语的规范化问题[J].新闻记者,2002(11):50-51.

以及抄袭等现象，这些都是需要解决的问题。

一、网络新闻用语存在争议

网络新闻用语存在的问题已引起广泛关注。关于网络新闻用语是否需要规范，目前存在以下几种观点。

第一，语言具有很强的社会性，它随着时代的步伐前进，网络新闻不可避免地要出现一些不规范的用语。这些用语可能会与现有的规范产生冲突，但经过一段时间后，新的规范自然会形成。有些用语虽然看上去有些奇怪、别扭，但很能反映分众化传播时代传受双方的个性及对新时代的敏感度。至于它们是否能被受众接受，还需要一定的时间去检验，规范问题还有一段很长的路要走。

第二，环境是语言产生的基础和前提。由现实社会环境、传统媒体环境进入全新的网络环境，新的网络语言也会应运而生。网络平台不仅具有虚拟性，还具有即时交流的特征，因此与传统媒体有着显著区别。网络社会的开放性和自由度界定了网络中出现的语言的便捷性、实时性、视觉显著性等特征，会跳出书面语言的规范。对于不准确、不文明的用语当然要进行控制，而对于某些极具网络特色的用语，只要是文明得体，不但不应禁止，还要鼓励其发展。只有这样，才能够推动汉语网络语言的发展，形成一个良好的、符合网络社区特定规律的语言环境。

第三，在使用条件、使用环境不断发生变化的背景下，语言也将不断更新和发展。如果过分强调规范性，则会对人们的语言创新带来不利影响，从而导致语言失去灵活性、创新性和发展动力。因此，应在强调规范的基础上允许语言的发展和创新，不断推陈出新，以确保语言能够顺应时代的发展。就网络新闻用语而言，对其的要求主要有信息的准确性和精确性、易于理解、文明性等。

二、规范网络新闻用语的现实必要性

从网民的年龄结构来看，根据《中国互联网络发展状况统计报告》的数据，截至2021年上半年，超过三成的网民年龄在30岁以下。该年龄段的人群在语言创新方面具有较高的能力，同时也是最易于接受新事物的群体。但从另一方面来看，此人群的道德自律意识以及法律约束力相对较低,容易受各类不良因素(如不规范的用语)的干扰。

规范机制能够形成对个体的自律机制的补充。对于自律而言,其最鲜明的特征在于缺乏强制性,而规范的制度能够对新闻用语产生一定的规范作用,在避免出现歧义的同时,为网络环境的净化带来积极影响。

三、规范网络新闻用语的策略

规范网络新闻用语,在当前的网络环境下实属必要。我们应该通过多种方法,引导为主,尊重规律、主动创新,提高编辑的专业新闻用语水平,规范网络新闻用语,净化网络环境。

(一)多种方法,引导为主

在网络环境中,所有传播者均根据自身的独特个性来完成写作,用语习惯存在显著差异,这对网络新闻用语的规范带来了巨大的挑战。我们可以使用多样的引导方法来规范网络新闻用语,同时国家相关部门要在规范过程中发挥主导性作用。《互联网站从事登载新闻业务管理暂行规定》明确规定,未取得从事登载新闻业务资格而擅自登载新闻的主体,根据情节以及后果等的严重性来予以相应的处罚。这为网络新闻用语的规范提供了政策保障,在很大程度上规避了复制、抄袭导致新闻用语不规范、观点片面等现象,有利于网络新闻环境的净化。

(二)尊重规律,主动创新

作为语言的一种特殊类型,网络语言同样具备语言的基本特征,且有其自身独特的发展规律。网络语言也经历了多个演变过程,但与现实语言相比,网络语言的发展时间被大大压缩。造成这一现象的主要原因在于网络本身所具有的开放性和信息传播速度的加快。在此背景下,如果仍然采用传统的新闻报道方式,则无法确保网络新闻报道能够与时俱进。因此,有必要立足于客观形势对当前的网络新闻用语进行创新。

(三)提高编辑的专业新闻用语水平

要培养更多适应网络时代的编辑,为新闻行业的发展提供必要的人才支撑。此类人才应具备如下特征:有较强的多媒体运用能力;信息过滤水平、灵活运用能力较强;能够深入开展研究，进行深度报道；具有较强的沟通和互动能力。编辑应做到尊重信息和事实的正确性、客观性以及真实性，这是当代媒体人的基本素养，更是编辑和记者应尽的义务和职责。要做到这一点，首先得保证新闻用语的客观、公众与准确。为了达到这一目的，应从规范新闻用语出发来不断提高编辑的专业水平。

第三节　微博平台新闻写作

这是一个日新月异的时代，网络的发展带来了新闻文体的创新。网络新闻以其独特的视角、风趣的语言、新鲜的阅读快感深深吸引读者。随着网络技术的进一步发展，微博作为全新的新闻传播平台，能让读者更快、更准地获得第一手信息。在新闻来源、新闻题材和新闻写作上，微博新闻都开创了崭新的新闻形式。

一、微博的发展

微博即微型博客，是以关注机制为基础来分享实时信息的社交网络平台，其信息传播主要以用户关系为立足点。微博用户能够通过各种客户端来形成自身的社区，如WEB、WAP等，并通过文字、图片等来分享即时信息。微博平台具有多样的信息发布与传播互动功能。以新浪微博为例，它能够上传图片和链接视频，可以直接在一条微博下面附加评论，也可以直接在一条微博里面发送图片。

美国Twitter是最早的微博。2006年3月，博客技术先驱埃文·威廉姆斯创建的新兴公司Obvious推出了大微博服务。2009年，中国的新浪微博内测版正式上线，吸引了大批用户，在微博中诞生的各种网络热词也迅速传播，微博效应形成。

对于传统媒体而言，微博的诞生为其带来了巨大的发展契机。传统媒体在微博平台上注册，并以此为基础来分享信息或宣传自身品牌。传统媒体开办微博的热潮，在很大程度上受新媒体的影响，同时也是传统媒体积极应对客观形势变化的关键策略。我国各大传媒集团纷纷启动“全媒体战略”，积极运用微博，直接和读者零距离沟通，争取更多的新闻资源。

二、微博新闻写作

微博新闻由于其独特的传播方式与结构，有其自身的文本特征。以下摘录了两则《人民日报》微博发布的新闻，从中可看出微博新闻写作的一些特征。

【#3月起实施医疗机构检查检验结果互认#】近日，四部门联合印发《医疗机构检查检验结果互认管理办法》，要求在不影响疾病诊疗的前提下，对标有全国或本机构所在地区互认标识的检查检验结果予以互认，#检查检验结果互认标志为HR#。对于符合互认条件的，不得重复进行检查检验和以打包等形式再次收费。

资料来源：https://weibo.com/2803301701/LgF200Kxi（2022-02-22）[2022-05-18]

【今天，为我们的地球发声：#爱地球不止一小时#】今晚20:30，“地球一小时”活动如约而至，号召大家熄灭不必要的电灯，关掉不必要的电源。其实，爱地球绝不止一小时，#地球一小时之外我们能做什么#？低碳出行，节约用水，餐餐光盘，垃圾分类……点滴行动的汇聚，就能带给我们更好的未来。一起行动！

资料来源：https://weibo.com/2803301701/LltdTpLkU（2022-03-26）[2022-05-18]

微博新闻有如下一些特点：

(1)篇幅较小，要素齐全，尽可能满足“5W”要素，使用户快速了解新闻事件；

(2)时效性强，更新迅速，前一分钟的新闻，在下一分钟可能就成了“旧闻”；

(3)多媒体的新闻报道形式，可以运用文字、图片、视频等形式，以超链接进行报道；

(4)结构简单，角度单一，只报道一个事件、一个情境、一个观点；

(5)类型多样，包括时事资讯、生活百科、评论文章、节日活动、专题展览、心灵鸡汤、舆论引导、历史纪念、日常话题等。

在进行微博新闻的创作时，要注意以下技巧：

(1)真实新鲜，第一时间迅速发稿，借助热门话题和网络语言，利用文字、图片、音视频等多媒体呈现；

(2)标题简洁，能够明确描述新闻信息；

(3)语言精练，材料齐全，用词准确，能够对新闻事件进行准确的描述和概括；

(4)选择的素材具有典型性，在展现事实的同时，刻画鲜明的人物形象；

(5)善用标题符号、话题符号、表情符号、小图标、网络语言等，以引起网民关注，扩大传播效果。

(6)图文并茂,运用全文链接、视频链接、音频链接等形式,提升内容的表现力。

微博新闻虽然与传统新闻、网站新闻有所不同,但评判新闻价值的基本标准是一致的。微博新闻在发展初期呈现出明显的无序性和无理性,甚至出现"娱乐至死"、恶意炒作等情况。随着受众要求的不断提升,微博新闻价值观也不断走向成熟。

知识回顾

罗伯特·加宁将写作的要求总结为如下十条:保持句子短小;宁可简单而不是复杂;在合理范围内最大限度地使用大众所熟知的词;避免赘述;多使用动态词语;根据说话的原则来进行写作;使用读者能够想象的句型或词语来进行写作;在写作过程中结合读者的实践经验;确保变化的多样性;充分发挥写作的表达作用,而非追求炒作。[①]网络新闻写作有其自身特征,但是对新闻价值的追求与传统新闻写作是一致的。

思考题

1. 微博新闻写作应遵循哪些基本规律?
2. 网络新闻写作与传统新闻写作有何异同?
3. 如何理解网络新闻文本的互文性?
4. 如何看待网络新闻用语的规范性要求?

① 布鲁斯·D.伊图尔,道格拉斯·A.安德森.当代媒体新闻写作与报道[M].贾陆依,华建昌,译.北京:中国人民大学出版社,2006:40-53.

第四章　网络新闻编辑基础

知识目标

1. 网络新闻编辑的四个层次。

2. 网络新闻编辑的基本规律。

能力目标

1. 掌握编辑单篇网络新闻的技巧。

2. 了解处理长消息的基本方法。

思维导图

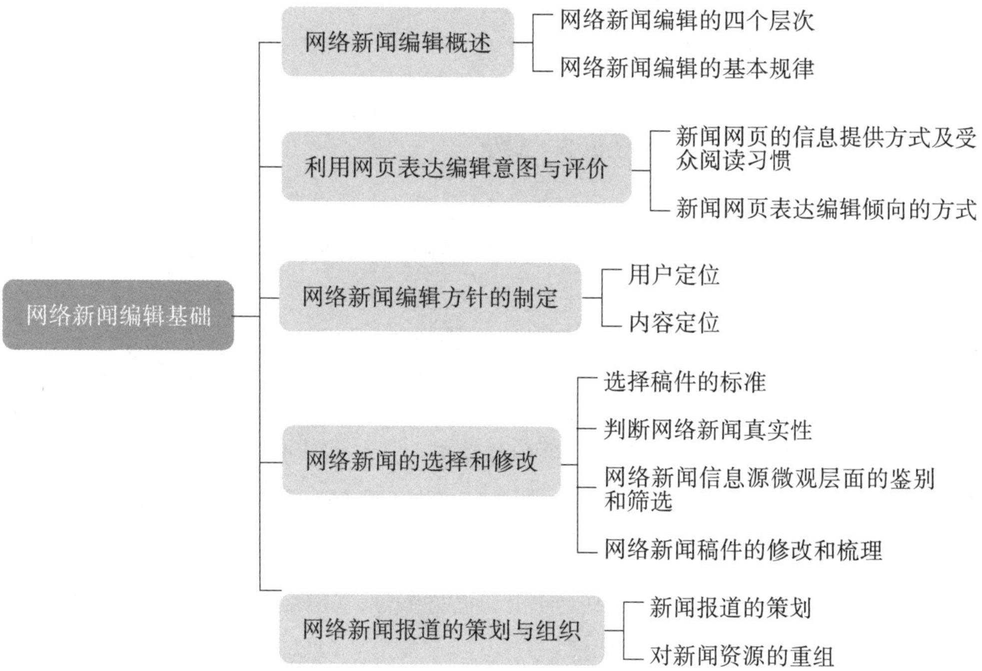

@ 案例导入

2009年7月,新闻出版总署出台了《新闻记者证管理办法》。新闻记者证是唯一能够证明境内记者身份的合法证件,在新闻采访工作中,采编人员都必须佩戴该证件,同时在进行采访之前应当向受访者出示该证件。2017年5月,国家互联网信息办公室发布了新的《互联网新闻信息服务管理规定》,明确指出只有新闻单位或新闻单位控股的单位,以及受相关新闻宣传部门主管的单位,才具备网络新闻信息采编发布服务许可的申请资格。不符合此条件的网络平台,不在新闻采编发布许可范围内,不过还是能够对相关的新闻资讯进行转载传播。换言之,商业网站不具备新闻采编资质。

第一节　网络新闻编辑概述

从过程的角度来讲,网络新闻编辑就是对网络新闻所做的编辑工作,或曰编辑网络新闻的具体行为。和其他新闻如报纸新闻、广播电视新闻等一样,网络新闻编辑涉及的方面很多,如新闻策划、报道组织、图文编辑等。

一、网络新闻编辑的四个层次

根据信息处理的深度,我们可以将网络新闻编辑分为四个层次:转载、编辑加工、聚合、解读。①

(一)转载

网络新闻主要依托于发达的互联网信息技术。在早期的网络新闻传播中,商业门户网站是主力军。大部分商业门户网站都是直接将传统媒体的新闻内容粘贴过来进行传播。随着互联网的不断发展和普及,网民获取信息的渠道逐渐转变为网络平台。传统媒体为了不被淘汰,纷纷在网络平台上开设官方账号,在网络上发布电子版形式的新

① 彭兰.网络新闻编辑教程[M].武汉:武汉大学出版社,2007:17-19.

闻，以获取更多的浏览和关注量。在早期电子报纸的发展中，国内外媒体企业基本上都是在网络平台上开设自己的官方账号，然后将传统报纸的新闻直接粘贴过来，没有进行任何修改。[①]媒体推出这类电子报纸的目的是扩大新闻的传播范围和影响范围，以此提高媒体企业的知名度。这类电子报纸对于编辑的能力水平要求不高，因为都是直接复制粘贴过来，不用经过任何的创新处理，所以也不需要多么高超的文案编辑水平。[②]

转载新闻这种模式存在的问题是显而易见的。直接将新闻粘贴到电子平台上，可能引发知识产权问题。此外，信息过剩的问题也会逐渐凸显出来。由于电子报纸上的新闻都是从其他地方直接粘贴过来的，导致网络媒体新闻大同小异，会降低媒体的辨识度。

转载新闻也会给网民带来便利。由于各个网站的内容都相似，所以当人们打开网页浏览新闻的时候，在任何一个平台上都可以浏览到最新的社会新闻。而对于媒体网站来说，其他网络媒体平台粘贴、转载它的新闻，它就可以从中获取经济效益。[③]

另外，网络媒体最大的竞争优势体现在发布新闻的速度和数量上。发布速度越快，新闻数量和种类越多，媒体的优势就越突出。许多网络媒体通过粘贴的方式发布新闻，丰富了网络平台内容。

（二）编辑加工

媒体要建立自身的品牌效应，就需要对转载的新闻进行加工，例如文章中存在错别字的话就必须修改。新闻的标题应该实现差异化，以体现自身的品牌特色。

由于虚假新闻在网络上越来越多见，因此，网络媒体在编辑新闻的时候，应该注重核实新闻的真实性，避免出现虚假新闻的传播。[④]由于网络新闻十分注重时效性，越快发布会获得越多的关注，为了提高新闻的发布速度，编辑要善于运用信息技术处理新闻内容，使网民的阅读体验得到保障。

一般来说，应该是编辑加工在前，转载在后。但是大部分网站目前都是先转载，后续再进行修改。

（三）聚合

网络新闻往往是分散的。为了让受众获取较为全面的新闻信息，编辑往往会对网

① 彭兰．中国网络媒体的第一个十年[M]．北京：清华大学出版社，2005：160-161.
② 彭兰．中国网络媒体的第一个十年[M]．北京：清华大学出版社，2005：160-161.
③ 宓晓文．网络新闻告别“粘贴时代”[J]．传媒观察，2010(04)：39-40.
④ 王影，李忠志．商业网站的“新闻原声”——从搜狐新闻看中国商业网站的新闻整合力[J]．采写编，2003(02)：47-48.

络新闻进行聚合处理，例如在新闻页面上增加相关新闻链接。

专题是新闻聚合的重要形式。专题能够提高网络媒体的竞争实力。从长远看，网络新闻会越来越注重原创性，发布要求将会和传统媒体一样，具有较高的标准。在新闻的选题、撰写、编辑方面都需要进行原创，才能促进网络媒体的健康发展。新闻网站都会针对重大事件或热点议题推出相应的专题，但是在具体的栏目设计上会存在许多差异。因此，新闻网站专题的竞争体现在组织方式上。

（四）解读

如今，网络媒体信息已经存在过剩的情况。人们对有用信息的需求越来越突出，他们希望能够得到“关于信息的信息”。“关于信息的信息”包括两层含义：第一层含义指的是使用什么工具能够快速获取自己想要的信息；第二层含义指的是对信息的阐释和分析。解读新闻属于第二层含义，是指帮助读者提取信息中的关键点，点明新闻事件的来龙去脉。

在信息过剩的时代，网络媒体之间的竞争不仅仅是新闻题材的竞争，也表现在新闻报道深度的竞争。例如，针对一次看似普通的社会事件，媒体要能够在事件中剖析出更深刻的观点并传达给受众，不仅要告诉人们这件事情发生的实际状况，同时也要分析事情发生的原因和可能的结果，以及和其他事件潜在的联系。[①]许多看起来不相关的事，其实都是有关联的。由于社会大众对于事物之间的关联性并不能及时发现，因此媒体的作用就是要将这些新闻事件联系起来，将更深刻的观点向大众表达出来。[②]所以，为了提高媒体的竞争力，必须加强新闻解读的力度和深度，帮助人们发现事件之间的联系。

媒体对于新闻的解读，可以从以下方面展开：在评论中解读新闻、依据多篇新闻的内在逻辑组织新闻，从而达到深入解读新闻的目的。

二、网络新闻编辑的基本规律

网络新闻编辑活动是一种客观存在的、按其自身规律发生和发展着的社会文化现象，是社会文化活动不可缺少的重要组成部分。媒体工作者在开展网络新闻编辑工作时，应该遵循网络媒体新闻编辑的规律。网络新闻编辑规律主要有以下几点。

① 孙利军. 网络内容整合：意义与原则[J]. 中国编辑，2008(01)：36-39.
② 谢良，胡义华. 解读性报道的结构特征和目标体现[J]. 采写编，2006(06)：29-30.

(一)传播时效与价值优化相统一的规律

编辑在长期的网络新闻编辑工作中,会形成稳定的价值观,对事物的价值做出自己的判断,在关键信息的取舍上有自己的方式方法。不同的编辑有不同的价值观,对于信息的取舍标准也不同。

编辑价值观主要包括以下几个因素:(1)编辑主体的角色认定,编辑对于自己的社会角色和承担的社会责任有明确的认识,根据自己的观念对信息进行取舍;(2)编辑主体的社会规范意识,能够很好地遵守并且执行社会规范;(3)编辑本位的价值选择,当信息存在多种价值时(例如经济价值、文化价值),编辑应该根据自己的判断,选择最重要的本位价值进行信息加工。

网络媒体的出现和发展,导致人们对网络新闻的需求越来越大,对新闻发布的速度和时间都有了更高的要求。在传统媒体行业中,新闻主要指的是对新近发生的事实的报道。①网络媒体对于时效性更加注重。受众希望网络媒体每天24小时都能够推出最新的新闻产品,也十分关注之前已经报道过的新闻事件的后续发展状况。因此,网络新闻不仅要保证时效性,同时也要对之前新闻的后续发展进行报道,才能够满足受众的需求。

网络新闻存在周期性,编辑策划选题、选择表达方式都需要一定的时间。如果周期过短,那么新闻的质量会受到影响;如果周期过长,那么新闻的时效性就会丧失。因此,编辑要充分考虑到新闻的时效、质量和周期三个要素,有效保障新闻的质量和时效性。

(二)技术交融性与主体复合型相协调的规律

网络化给新闻实践带来巨大冲击。从时间到空间,从主体到客体,网络新闻编辑都发生了交互化、立体化和技术化的变革。一方面,传统媒介正充分利用网络技术提高原有产品的质量和效率,如图书编辑可以利用各种信息资源库,更及时、准确、快速地开发选题,可以网上征稿、网上组稿、网上寻找作者,可以利用网络组织有关会议,加快开发过程和提高质量;另一方面,传统媒介纷纷借助网络开发新闻网站,融合网络技术打造能满足受众多方面需求的新产品,例如,期刊社和网络公司合作开发专业网络,打造出新型新闻网站刊物,把纸质刊物不具备的功能借助网络技术呈现出来。这种交融是双赢的,双方都扩展了自己的活动空间,拥有更多的受众,发挥出1+1>2的强大作用。

① 杜骏飞.Internet:被解放的新闻价值观[J].现代传播,2002(01):86-90.

对于网络新闻编辑来说，编辑活动的基础是网络技术。如果没有这一领域的知识和专业技能，编辑人员无法进行编辑。编辑活动通过交融多方的相关人员来联合开展，属于多工种协作。因此，对于编辑主体来说，网络新闻编辑并非单一的编辑，它将写作、编辑和制作等有机联系起来。所以，网络新闻编辑从单兵作战逐渐向协同作业转化，从单一技能开始向全能转化。

（三）编辑与作者、受众及时互动的规律

在传统的编辑活动中，编辑人员依照出版信息或影视制作要求来对文化产品进行开发，从而使创作活动有效推进，或是收集、整理作者的著作等，然后对采集、整理的资料进行有选择的加工，提供可以复制传播的定稿。这一过程包含的工序有很多，例如审查稿件、加工稿件、审查样品、检查成品、制订宣传计划、提供宣传资料和售后服务、了解反馈信息等。在这个过程中，编辑与作者、受众的互动过程是缓慢的，周期较长，起主要作用的是作者和编辑。

在网络新闻编辑活动中，从宏观视角出发来分析编辑过程，可以发现编辑是不断变化的。在尚未定稿时，编辑人员就要结合作者的想法和网民的建议，对计划进行修订。例如，提出电子出版物的修订计划，或者提出新的选题计划，或者对已有内容重新进行整合编排，使用多种媒介进行传播。这样一来，作者和受众提供的反馈意见就是新的编辑过程的起点，这种编辑过程是不断向前发展和推进的。因此，和作者、受众进行有效的沟通，是网络新闻编辑中极为关键的一个步骤。编辑人员能否快速得到反馈信息，同时根据反馈信息对网络编辑计划进行修正，提出新的编辑计划，是决定网络新闻编辑活动成功与否的关键。

第二节　利用网页表达编辑意图与评价

传统报纸和新闻网站之间最大的不同就在于载体的不同，前者的载体是纸张，后者的载体则是网页。网页具有自己的特殊性，对传统报纸下的阅读方式产生了颠覆性的影响。新闻网站应合理地运用网页去吸引阅读者的阅读兴趣。

一、新闻网页的信息提供方式及受众阅读习惯

传统报纸的载体是纸张，是由很多个页面组成的。页面之间存在物理关系，如第一版的反面就是第二版，第三版的反面就是第四版。每篇文章处于一个固定的物理位置，阅读者的阅读思路受到文章物理位置的影响。读者都是在阅读完一篇文章之后，再开始另一篇文章的阅读；在完成一个版面阅读后，再进入下一个版面，总体阅读思路是线性的。

和报纸相比，读者浏览新闻网站的思路更加复杂，主要原因有三个方面：第一，网页之间的结构关系复杂，人们阅读网站上的新闻时，思路是根据网页之间的链接关系进行的，呈树形结构，一个网页往往会延伸拓展很多个网页，这就给人们提供了更多的阅读路线选择；第二，读者获得信息一般需要经过多个层次，重要新闻通常有两个层次：标题与内容提要、正文；一般新闻至少经过三个层次：栏目标题、新闻标题、正文，有时层次会更多，所以很多读者没有耐心去阅读一般新闻。

在为受众提供新闻背景资料时，编辑有时会采用超链接的方式，这也会影响到阅读者的阅读思路，甚至还会使得受众跳出原本的阅读思路。此外，网站的广告也可能对阅读产生干扰。对此，克利夫·斯托尔很形象地说道："我们只是从A地浏览到B地，完全没有深入阅读。若说电视是广大的荒原，网络就是劣质的、肤浅的大洞。"①

除了网页之间的复杂关系和超链接影响外，上网时间、信息传输速度、人的眼睛和身体的承受能力以及各种环境因素的干扰，都使得阅读网络新闻成为一种片段的行为。

阅读传统报纸时，报纸的一个版面可以全部出现在视野中。读者阅读之前可以先对报纸进行大致的浏览，然后确定具体阅读方向。而新闻网页需要利用电脑屏幕进行阅读，电脑屏幕通常是横式屏幕，与报纸版面的直式不一样。很多网页的大小会超过屏幕，受众在阅读网页新闻时不能做到一览无余。

传统报纸可以让人们在阅读某篇文章时，还能够用余光去扫视其他文章，确定下一个阅读目标，而新闻网站做不到这一点。传统报纸上的标题和正文连在一起，阅读者通过阅读标题就可以确定哪些文章要进行细致阅读，而新闻网站中标题和正文是分离的，受众往往根据标题去确定阅读顺序，这很容易给阅读思路带来误导。阅读传统报纸是阅读者占主导地位，轻松方便，而新闻网站需要频繁利用鼠标寻找相关链接，阅读过程

① 彭兰.网络传播概论[M].北京：中国人民大学出版社，2001：56.

中会有很多附加动作，这严重影响了阅读进度。

二、新闻网页表达编辑倾向的方式

网络新闻主要采用网页的形式，而网页制作本身的特点，又赋予网络新闻新的表达编辑倾向的方式。

1.以时间为手段

新闻网页打破了时间的限制。新闻网页中的新闻不像报纸上那样整齐，有些内容甚至可以随时更新，而且这些内容可以在网页上存留很长时间。这为新闻网站编辑表达自己对某新闻的重视提供了有效方法。[①]以时间为手段表达编辑倾向，可以采取以下两种方式：

（1）对单一题材采用连续报道或者系列报道的方式，通过时间的延展性来强化主题。如图4-1，在冬奥会期间，青海新闻网专门设立了“一起向未来 北京2022年冬奥会”专栏，滚动播发新的内容。一系列的相关报道，强化了网民对这次国际体育盛事的认识。

图4-1 网络新闻专栏

（2）增加重要新闻在首页上或页面醒目位置的存留时间。如果某则新闻特别重要，可以将其长时间放置在首页，或放在网页的突出位置。不过，这种时间上的延续一般也不会太长，因为新闻在不断更新，过长时间地将某则新闻放在醒目位置，势必影响到其他新闻的正常滚动播出。

2.以空间为手段

在版面语言中，强势是一个十分重要的概念，指的是印刷媒体版面对读者的吸引能力。报纸的强势可以通过多种方式展现出来，如改变内容所占空间的位置、大小，改变

① 管国忠.网络媒体编辑手法初探[J].新闻大学，2001(04)：36-39.

标题或正文字体，增加各种色彩、图像等。在新闻网页中，强势也具有十分重要的作用。网络新闻的标题和正文是分离的，如果不采取一定的方式进行提示，读者往往会根据标题来选择是否阅读文章。如果标题和内容偏离，就会对读者造成误导。因此，网页上的强势除了可以体现编辑的意见外，还可以帮助读者理清主次，尽快获得自己想要的信息。

新闻网页的版面设计和传统报纸有着极大的不同。为了吸引读者的注意力，不让读者产生审美疲劳，网页上的字体、色彩、线条使用都比较统一和简单，色彩和线条的作用也从原来的强调变为装饰或分割，不再承担发言功能。

传统报纸的版面中，起强势作用的是空间位置安排，这在网页上也适用。通常情况下，屏幕左方和上方是强势位置，因为这些信息最先出现在人们的视野中。有时把一些信息放在劣势的位置，不是因为它们不重要，而是出于安排整体页面的考虑。当屏幕上出现了很多条信息，就无法将这些信息当作重要的新闻，这一点与印刷版是有所不同的。①

3.用网页调用层次的方式

新闻网站是由很多个网页组成的，这些网页之间是有一定层次结构的。通常情况下，读者最先访问的页面是主页，因此很多重要新闻都会被放在主页上，这类似于传统报纸在头版安排重要新闻。读者通过网页调用层次，就可以分清哪些新闻是重要的，哪些新闻是不那么重要的。

4.用稿件集合形成群体优势

在传统报纸上，新闻稿件的同题集合不仅可以提高版面语言的强势度，还会达到“1+1>2”的效果，因为传统报纸深入挖掘了这些新闻内容的内在联系。在新闻网站上，稿件集合也能发挥重要作用，形成群体优势，可以增加人们的关注度。编辑可采用专题的形式，利用文字报道、图片、多媒体的集合，形成强势。

① 彭兰. 网络新闻编辑教程[M]. 武汉：武汉大学出版社，2007：289.

第三节　网络新闻编辑方针的制定

新闻媒体是遵循办报方针、办台方针运行的，这就决定了受众群体定位、传播内容和特色等。对于网络新闻媒体来说，目前主要是用户定位和内容定位。

一、用户定位

受众群体有自己的喜好和偏向。受年龄、性别、地域以及职业身份等影响，不同受众群体的需求也不一样。传播者在传播信息时，如果没有考虑受众需求就直接进行信息传播，显然会陷入盲目中。用户定位，指的就是媒体的受众目标，是在对市场进行分析的基础上，对媒体市场占位进行决策。如今媒体发展速度越来越快，传播对象也从大众开始向小众甚至分众发展，由原来的广播开始变为“窄播”。一家媒体覆盖所有的受众已经不可能了，每一家媒体都需要选择最适合自己的受众。

1.要用科学的方法调查了解自己的潜在用户

现在很多新闻网站已经有了用户调查意识。例如，人民网设有《人民日报网上调查》栏目，用交互式问卷的方式进行网上调查。媒体还可以统计新闻网站在哪一天哪个时间段受众最多，一个星期中受众访问量最高的是哪些新闻，对编辑有很大帮助。

2.从潜在用户中定义出自己的目标用户

传统媒体办新闻网站时，其影响力会决定新闻网站的用户范围。例如新加坡的《联合早报》，传统报纸的发行范围只限于新加坡，影响不是很大。办新闻网站后，它仍然把目光集中在华人身上，因此，从内容到风格的设计都是面对这类用户的。事实也证明，这一做法是明智的。

传统媒体上网后，面对的是一个十分广阔的空间，原来的劣势处境会得以改善，有些甚至会变为优势。还是以《联合早报》为例，它作为中文报纸，在国内的受众越来越少。上网后，由于《联合早报》上面的新闻多是国际新闻，这充分满足了读者的需要，使不少华人把它当作一个重要的新闻网站。

3.潜在用户中的优势群体

目标用户是从潜在用户中产生的。虽然潜在用户分布广泛,从整体上看没有显著的一致性,但可以大致找出一个或几个优势群体,也就是具有较明显特征的群体。另外,还要注意用户的分层和变动性。就分层而言,我国新闻网站的潜在用户分为三个层次:国内用户、世界华人用户、全球范围用户。这就要求媒体根据自己的实力和优势,以国际视野来确定自己的用户层次。人民网就设有英文版、法文版、日文版等,目的在于增加非中文用户,向世界更好地介绍中国。

二、内容定位

就目前来说,我国新闻网站在内容设置方面,大都是在传统媒体的基础上增加一些多媒体符号特点和超链接等信息服务功能,真正做到跨媒体新闻信息的很少。这就使网站个性不鲜明,内容差别不大,网络新闻的互动性、检索性等特色没能充分发挥出来,而且相当一部分网站缺乏长远规划,甚至相互模仿。但也有较有特色的,例如人民网。人民网包括以下三部分内容。

(1)《人民日报》报系:包括《人民日报》《人民日报》(海外版)《华东新闻》《华南新闻》《市场报》《汽车报》《讽刺与幽默》《环球时报》等。

(2)每日更新的网上独立新闻:包括滚动新闻、每日整点新闻、新闻专题站点等。

(3)信息服务:包括地方新闻、资料查询、导航服务、全国各地的上网媒体、知名站点、实用信息导航等。

总而言之,新闻网站要根据目标用户、自身特点等,有效地进行内容定位。

第四节 网络新闻的选择和修改

和报纸新闻编辑一样,网络新闻编辑也有稿件选择、修改、梳理等程序。稿件的修改是选择新闻稿件的延续,是对入选稿件的再检验。入选的稿件并不全都适合网络媒体,因此部分稿件还需要进一步修改。

一、选择稿件的标准

网络新闻传播空间很大,使网络新闻编辑面临的是“信息的海洋”,选择范围广,传播出去的新闻信息也是海量的。所以,网络新闻不像传统媒体那样受量的限制。但是,用户阅读新闻极具个性化,用同样的面孔推出信息已不能满足用户的需求。一般说来,选择稿件时应考虑以下几个标准。

1.真实性标准

真实是新闻的内在要求,网络环境下信息来源的复杂性使这一要求更为突出。选择新闻稿件时,首先就要确保它的真实性。要查证新闻来源,看它是来自传统媒体、官方网站还是其他网站或社会来稿。要选择那些权威性、可信性高的机构发出的信息,并对信息来源进行全方位的调查和分析,确保真实可信。

2.新闻评价标准

新闻能否满足受众需要,不在于新闻本身,而在于新闻与受众的关系,亦即新闻价值。新闻价值是指新闻中所体现出来的价值和社会需求,这是新闻受欢迎的客观理由。新闻应当具有时效性、显著性、趣味性和重要性等,对于网络新闻来说,这些要素依然适用。

3.社会评价标准

社会评价是对新闻在社会上产生的影响进行评价,包括政治、经济、军事、法律、文化和道德等方面的效果预期评价。其中政治评价占首位,它要求遵守国家的方针政策,不能违背和偏离。

4.发布渠道评价标准

网络新闻的发布渠道分为两类:官方新闻网站和商业网站。二者对新闻稿件的选择标准差异较大。官方新闻网站选择的新闻稿件严肃性、专业性特征明显,商业网站则注重新闻的趣味性。

二、判断网络新闻真实性

不论是传统报纸还是新闻网站,都会受到假新闻影响。网络平台使得假新闻有机会快速传播，造成的损失难以估量。2021年5月22日13点07分，“杂交水稻之父”袁隆平于湖南长沙逝世，享年91岁。但在22日上午，中国国际电视台（英文简称CGTN）官方微博就发布消息称袁隆平已经逝世，引发极大关注，后被官方辟谣，CGTN也很快发布了道歉声明。

这则假新闻当时传播很广，造成很不好的影响，严重影响了新媒体的公信力。因为首发者是主流新闻媒体，诸多媒体进行转发，大量的微博用户获取了这一假新闻。究其原因，可以归结如下：

第一，新媒体过于追求时效性，忽视了新闻最重要的真实性。时效性和真实性不是对立的，但不能以牺牲真实性来换取时效性。

第二，新媒体把关环节薄弱。新媒体编辑往往是以个人的判断来选择新闻、发布新闻，把关的责任是一个人来承担的。这就需要新媒体建立完善的把关机制，特别是涉及国际、国内时政以及重大突发事件的新闻。另外，还要建立并完善危机公关处理机制，万一由于各种原因刊发、转发假新闻后，能够在最短时间内采取必要的手段消除不良影响。

第三，新媒体编辑的职业素质有待提高。CGTN上述假新闻之所以会出现，就是因为编辑过程中出现过失性错误导致的，而不是故意制造假新闻。对于重大的或突发性新闻应当做好核实求证工作，这是媒体工作者必须遵循的原则。

不可否认，互联网为人们提供了全新的信息获取方式。它打破了时间和空间的限制，人们可以随时随地快速地浏览自己想要的信息。网民依靠新闻网站扩大了自己的信息源，新闻网站也增加了社会透明度。但不可否认的是，互联网也带来了很多消极影响。很多网络媒体为了博得眼球，制造轰动效应，增加点击率，对新闻信息没有进行认真的核实和求证。

三、网络新闻信息源微观层面的鉴别和筛选

对新闻信息源微观层面的鉴别和筛选，就是对某一信源提供的新闻、事实的真伪进行判断。在实际操作中，编辑出于网络媒体巨大的信息量需求，往往忽视了这一点。编辑应从以下几个方面进行求证。

(一)检验信息来源的确切性

信息来源于个人,判断的依据可着眼于:提供者的个人道德水平;提供者与事件的相关性;提供者表述时的语气、逻辑性等。

信息来源于组织,判断的依据可着眼于:该组织针对该事件是否具有权威性;信息提供人在该组织中是否就职重要核心岗位;该组织与事件之间的相关度。

以引用文字与图像资料作为信息来源时,判断的依据可着眼于:文字与图像资料是否有明确出处或提供者;文字与图像资料是否经过加工处理。

以其他媒体作为信息来源时,判断的依据可着眼于:该媒体的创建人、出资者背景;网站的性质等。

目前,网络媒体信息来源有以下几种。

1.个人信息源

信息源是政府官员、事件参与者或目击者。学者梅尔文·门彻评价这一类信息源时指出,在可信度上,它比笔录、纸质文件这一类信息源低,其原因在于,某些人为维护个人利益而在信息提供上进行误导;有的人缺乏专业的观察技能。因此,编辑选择直接使用来自某人的信息作为信息源时,这个提供者应是具有权威性的,如专家、官员、事件参与者或目击者。

我国的新闻发言人制度正逐步完善,这一状况为网络媒体通过政府部门获取确切的信息提供了便捷的渠道。

网络媒体的信息收集渠道也包含事件参与者、亲友等。专业传播者往往愿意投入大量资源在人际关系网络的培养上,根本目的就是及时获得相关信息。

2.传统媒体信息源

利用新华社、《人民日报》、中央电视台等国内权威、主流的传统媒体作为信息源,其好处在于这些机构的从业者的专业性有保障,他们针对信息已进行了采集、编辑与评论,形成了较完备的信息,在新闻信息源的可靠性判断上具有优势。但是,传统媒体的信息中也难免存在错误与疏漏,必须保持审慎与质疑的态度。

3.新媒体信息源

新媒体信息源包括网站、微信、微博、MSN、BBS等。这些平台不一定具备传播资质,提供的信息也不一定具有权威性,所以网络媒体应充分利用自身的专业性来分析这些信息,并进一步求证。

(二)运用逻辑推理进行判断

对于事件的可能性、准确性,网络媒体可从信息细节、信息表述形式、信息创作条件等方面进行推测判断。离奇、有悖于常识的,处理时应慎重;过于浮夸的,处理时应保持冷静;逻辑上存在破绽、混乱的,处理时应保持质疑的态度。

(三)从同类媒体及读者的反应来判断

对于那些真实发生的、具有广泛影响力的突发事件,众多媒体往往在极短的时间内都会进行报道。发布较快的媒体会在第一时间获得受众反馈,媒体便可以根据受众的反应,判断内容是否真实。例如“比尔·盖茨遇刺”的消息,不少媒体转载报道,但事件本身的真实性存在较大的疑问,所以很多官方媒体当时并没有跟进报道。编辑可以将权威媒体或受众的反应作为判断的参考。

(四)多方信源求证判断

对于从单一信息源获取的消息,编辑应从其他渠道来印证。如果多个信息源之间是矛盾的,就要意识到内容会出现错误。通常而言,相互印证是鉴别新闻真实与否的一个好办法。

四、网络新闻稿件的修改和梳理

修改包括推敲主题、纠正差错、修改辞章等,这和传统媒体的做法基本一致,这里不再赘述。下面简要介绍网络新闻的修改和梳理。通过对网络新闻的观察,我们发现,有着良好传播效果的网站新闻多半会有如下特点:

(1)同天同时段发布的同一主题或类型新闻,在排序设计上尽量放于同一列表,最重要或最新发布的新闻放在最前端;

(2)突出关键字和关键内容,方法包括链接、字体变化和颜色变化;

(3)使用有意义的小标题并予以突出显示;

(4)像排行榜一样,将大意清楚地逐条列出;

(5)一段一个内容,每段的开头要有吸引力;

(6)文章尽量简短。

(7)注明新闻来源,或在标题中注明,或在文末注明;

(8)适应多媒体报道的要求,提供不同的媒体表现方式。

此外,长消息并不适合网上阅读,因此转载传统媒体上的长消息时应作相应处理。处理长消息有以下几种常见办法:在报道中增加小标题或关键词,使用户能迅速了解全文的主要内容、快速读完整篇报道;分层报道,运用摘要和链接提供给用户;提供简讯和详细报道两种形式供用户选择阅读。

第五节　网络新闻报道的策划与组织

新闻报道主体要着眼于既定的目标,依从新闻传播规律,分析研究已有信息,辨真伪、取精华、由浅入深、由此及彼,在着眼已知、把握现实、预测未来的基础上制订相应实施策略,以创造性策划活动求得新闻传播的最佳效果。网络媒体同样要重视新闻报道的策划与组织。

一、新闻报道的策划

按照不同的标准,新闻报道的策划可分为以下类型:

1.以新闻事实发生状态为标准

可分为可预见性报道策划和非可预见性报道策划两类。可预见性报道策划是指事件性新闻的发生是确定的,如卫星发射、两会召开、奥运会等。[①]这类新闻报道策划可提前准备。非可预见性报道策划是指针对突发事件进行报道策划,如战争、自然灾害等,其报道策划一般在事件发生后。

2.以运行时态为标准

可分为周期性报道策划和非周期性报道策划两类。前者是新闻采编部门按周、月、

① 蔡雯.新闻传播的策划与组织[M].北京:新华出版社,2001:190.

季等周期性时间为标准，在日常新闻报道策划中采用的常规性策划。后者是针对突发性新闻等临时性需求而进行的报道策划，是临时性的一种应变机制，往往在事件发生后才形成需求。不过，这两类策划往往合并在一起，往往你中有我，我中有你，互相依存。

3.以运行方式为标准

可分为独立型报道策划和联动型报道策划两类。前者是指报道策划独立存在，与其他策划活动无关，如人大、政协会议召开，新闻媒体不介入其中，只是以旁观者的姿态予以客观报道。后者是指报道策划关联其他策划并相互作用，例如策划救助学生的公益活动时，该活动可以作为新闻事实而予以报道，报道策划与活动策划“联动”，报道者既是“服道者”，又是“当事人”。这类策划有三种情况：一是其他活动策划在先，报道策划在后；二是两种策划同步进行；三是报道在先，过程中又策划其他活动，然后继续进行报道策划。

二、对新闻资源的重组

新闻资源重组目前是新闻报道组织的一个重要方面。新闻资源重组是指网络媒体针对那些由传统媒体所提供的新闻资源，运用筛选、配置、整合、深度加工等手法来进行处理，使其成为符合网络传播特征的新闻，一来可以深度开发资源内容，二来可以使网络新闻增值，减少资源浪费，避免“千网一面”的局面。有效重组新闻资源要做到以下两点。

1.处理好新闻编辑和发布的几个辩证关系[①]

首先，辩证地认识优质新闻资源与新闻资源重组之间的关系。优质新闻资源仅仅是一种新闻资源，不能直接变成网络新闻成品。如果编辑将自身局限于“搬运工”“理货员”的角色，只会一字不改地照搬，不仅难以发挥出资源优势，还限制了自身的主观能动性，扼杀了创新活力。

其次，辩证地认识质与量、长与短之间的关系。网络新闻信息量大，更新快，但又要“靓”，以保证点击率。这就要求在保证数量的基础上，加强质量的追求。“短”也是编辑工作的重点，除了很有吸引力的新闻可略长外，新闻篇幅应尽量保持在一屏500字左右。

① 董天策.网络新闻传播学[M].福州：福建人民出版社，2003：234-235.

篇幅长、信息量大的长新闻,可在文章末尾注释相关新闻,以这种方式化整为零,补齐“短”的缺憾。

最后,辩证地认识抢与压、快与慢之间的关系。网络新闻的最大特点就是快,为了保证这一点,不妨以简短信息及时上网,后继进行综合性的、更具深度的报道。抢好新闻是必然的,压一压那些没有把握的新闻也无妨,得到明确的证实后再发布也不晚。

2.制定严格、可行、统一的操作规范

因为新闻资源重组难度较大,所以严格、可行、统一的操作规范就显得非常重要。对操作流程、发布格式甚至长度都做出明确的规定,让重组后的新闻“精致”起来,“统一着装”,凸现“这一个”的新闻强势。另外一个重要的方面是,编辑要“挂牌服务”,在稿件后署名,明确责任,强化管理,这样既可避免“无错不成网”的局面,又能打出编辑知名度,塑造网站形象。

知识回顾

网络传播的信息量巨大,泥沙俱下已成为普遍现象。“信息沙漠化”是部分专家对这一现象的形象比喻。网民面对“信息沙漠化”现象,迫切需要有人帮他们筛选、整理网络传播信息,从而能更高效地获取真正有价值的信息。网络新闻编辑当仁不让地成为把关人这一角色。[①]网络媒体与传统媒体相比,在舆论导向、影响力上更具优势,针对信息进行辨别、筛选、加工的编辑人员必不可少。网络编辑也必须具备较强的政治素养,做个合格的守门员。

思考题

1.如何对网络新闻的真实性进行鉴别?

2.为何进行受众定位对新闻网站的发展具有重要意义?

3.新闻网站编辑如何用网页表达其倾向?

4.选择某一天的某一时间点,比较同类网站的头条、要闻区新闻,比较不同网站的选稿标准。

① 胡栓.网络新闻编辑流程中的几个问题[J].新闻与写作,2004(03):44-45.

第五章　网络新闻评论

知识目标

1. 网络新闻评论的分类与特点。
2. 网络新闻评论的功能。

能力目标

1. 网络新闻评论的选题与策划。
2. 网络新闻评论的引导。

思维导图

- 网络新闻评论
  - 网络新闻评论概述
    - 网络新闻评论的含义
    - 网络新闻评论的分类
    - 网络新闻评论的特点
    - 网络新闻评论与传统新闻评论的共同点
    - 网络新闻评论的功能
  - 网络新闻评论写作
    - 网络新闻评论写作的选题与立论
    - 网络新闻评价的写作特点
  - 网络新闻评论与舆论引导
    - 网络新闻评论引导舆论的现实需求
    - 网络新闻评论引导舆论的方法
    - 打造出网络新闻评论的多种样式

@ 案例导入

与传统媒体一样，网络媒体除了发布新闻、提供信息服务外，也要对重要新闻事件发表意见和看法，发挥引导舆论的作用。例如，第28届中国新闻奖的网络新闻评论获奖作品是《于欢案直播，让公众在身临其境中感受到公平正义》。这篇评论围绕一起典型的“媒介审判”事件展开。“于欢案”后，成千上万网民掀起了一场关于“法与德”的争论，但未能讨论出结果。这篇获奖作品在“于欢案”二审后迅速发布，不仅时效性强，更是跳出了法与德的争论，转向呼吁大家信任法律的公正，引导公众摆脱在“于欢案”中普遍存在的对政府和法律的不信任。

第一节　网络新闻评论概述

网络新闻评论的产生和兴起，离不开互联网的普及和信息技术的发展。网络新闻评论是新闻评论在新媒体时代的一种发展形态，在舆论引导方面的作用将会越来越明显，是构建和坚守网络空间舆论阵地的重要一环。

一、网络新闻评论的含义

新闻评论是针对现实生活中新近发生的、具有普遍意义的新闻事件和迫切需要解决的问题而发议论、讲道理、直接发表意见的文体。它是新闻宣传的旗帜和灵魂，并与新闻报道一起形成新闻宣传工作中两种最基本的形式。

网络新闻评论是指在网络媒体上发表的，就当前新闻事件或事态发表的评价性意见。这种新闻评论既包括网络媒体自身在网络上所发出的声音，也包括网民在网络上对某一新闻事件或现象做出的评价和发表的意见，还包括专家、学者针对某一事件或社会现象做出的分析和评论。

网络新闻评论和以报纸、广播电台、电视为载体的传统新闻评论同属新闻评论的范畴，因而遵循一般新闻评论的规律。由于网络媒体自身的特性，网络新闻评论又具有自身的特色。这在后文进行具体阐述。

二、网络新闻评论的分类

根据撰写和发布主体,网络新闻评论可以分为以下三类。

1.专家评论

专家评论是网络媒体邀请某领域的权威专家撰写评论,在网络上发表观点。这些专家包括与网络媒体形成长期合作和供稿关系的评论员,也包括网络媒体针对某些突发重大事件而聘请的特约评论员。

2.编辑评论

编辑评论是新闻网站编辑自己原创的评论,或通过整合其他媒体、专家、网民观点的评论,如专题评论等。

3.网民评论

网民评论是广大网民自愿参与网络讨论,并在网络媒体上就某一议题发表自己的观点和看法。

三、网络新闻评论的特点

网络新闻评论是在传统新闻评论的基础上发展起来的,既有传统新闻评论的一般特性,也具有自身的独特之处。网络新闻评论的特点主要表现在以下五个方面。[①]

1.交互性大大加强

互联网技术的快速发展促成了一种全新的新闻评论模式,那就是网络媒体论坛。在网络媒体论坛中,最突出的变化便是媒体与受众、受众与受众之间的关系。在传统媒体时代,媒体主导传播过程,受众只能被动接受,即使传统媒体也使用了一些方法来增加互动,如刊登读者来信、邀请群众参加座谈等,但受限于版面、时效性、规章制度等因素,很难从根本上改变传统新闻评论互动性差的状况。而网络媒体论坛中,媒体与受众之间是双向的、平等沟通的互动关系。受众从原本单纯的媒体评论信息接受者,转变成评论发送者和接受者的双重身份。而且,由于受众能够自由地在论坛中进行讨论,受众内部也存在互动,能够相互影响,给予对方启示。可见,互联网促使新闻评论从媒体主

① 姚永玲.网络新闻评论及其功能[D].北京:中央民族大学,2004.

导模式转向多方互动模式。

2.新闻时效性特点得到更好体现

时效性是新闻的生命力，对于一些突发的重大新闻事件而言更是如此。过去，一条报纸新闻评论从素材采集、撰写到排版，再到刊登发布，需要一定的时间。即便在信息传输技术、印刷技术得到极大提升的今天，一条新闻评论要见报，还是要经过不少的程序，因此时效性较差。广播和电视的时效性虽然比报纸好，但新闻评论在播出之前也要经过录制程序，花费不少时间。因此，传统新闻评论的时效性比不上网络新闻评论。在网络平台上，当记者或编辑撰写完新闻评论后，就可以使用专门的发布系统将其上传到网络上，时效性明显增强。

3.评论的广度和深度明显增强

传统媒体受版面的限制，不可能对每条新闻都发表评论，而筛选出来的重要事件，往往会单独发布新闻评论。电视受制于节目时长，通常只会在节目的最后说出点评人的观点或媒体自身的立场。因此，传统新闻评论难以覆盖到广泛的重要事件，也难以对事件进行深挖，其广度和深度都有待提升。

网络新闻评论的广度和深度明显增强。原因在于，网络媒体拥有海量的储存空间，不受版面和时长的限制。网络媒体可以建立数据库，将传统媒体的新闻评论吸纳进来进行存储，便于网民查找和浏览。一些商业网站也会转载传统媒体的新闻评论，成为网民就某一议题进行讨论的平台，为普通民众发表新闻评论创造条件。

4.与信息的配合更加紧密

不管是传统新闻评论，还是网络新闻评论，都应包含最基本的两部分——新闻事实和评判论述，使“事”与“理”融合在一起。但是正如前文所述，囿于版面和节目时长，传统媒体难以详细地呈现新闻事件的原委和细节；而网络媒体则能够充分利用超链接，通过页面的跳转，详尽地展示意见性信息之外的事实性信息。例如，在时评页面上设置“相关阅读”链接，让网民能够在阅读新闻评论的同时，通过点击超链接，便捷地了解到相关新闻事件的详情。这使得事实性信息更为丰富、充实，也扩大了意见性信息的内涵和外延。

5.行文自由

网络新闻评论的行文较为自由，用语也较为通俗和灵活，表现在以下三个方面：

一是使用口语化的表达，用受众喜闻乐见的方式传递观点。以《建议铁道部部长读一读郑大嫂致富传奇》为例，这篇网络评论这样写道："坐火车的人一般都不是在车上待十分钟半小时，长时间地站立，是个什么滋味？不知道部长同志是否体验过？建议全体铁道部官员实际体验生活一个月"，几乎与口语毫无二致。

二是篇幅可长可短，没有明确的规定。网民可以就某一议题发表简短的评论，甚至一句话。例如，在《人民日报》微信公众号的评论区，网民就"土坑酸菜"被连夜查封的食品安全议题进行评论，有网民简短地评论道："不能光道歉，有关食品安全，必须重处重罚""让中国的老百姓食有所安！食品安全确实应该重视"。网络评论篇幅也可以很长，通过严谨的逻辑步步推理，以此来增强说服力。

三是用语灵活，不那么死板和严肃，会适当地引入新兴的网络语言。例如人民网的《一线抗疫人员发脾气，"破防"之后更要关爱》就通过引入网络语言，来倡导民众尊重和关爱一线抗疫人员。

四、网络新闻评论与传统新闻评论的共同点

传统新闻评论和网络新闻评论都属于新闻评论的大类，因此，网络新闻评论与传统新闻评论之间也有很多的共同点。

1.新闻性

网络新闻评论与传统新闻评论最基本的共同点就是，它们都属于新闻评论体裁。既然属于新闻评论体裁，那理应具有新闻性，对新近发生的社会事件进行论述和评价。

2.政治性

网络新闻评论与传统新闻评论都具有一定的政治性。这是因为新闻媒体不是处于真空之中，它的报道内容总会反映国家、政党或某些政治团体的利益和诉求，与普通民众的政治生活息息相关。在这种情况下，新闻评论始终具有政治立场，谋求通过评论的内容引导民众形成特定的政治观点，做出特定的政治行为。网民发表的评论同样反映了他们自身的政治观点。

3.论理性

网络新闻评论与传统新闻评论都起源于古代的论述文，从属于议论文体裁。议论

文最重要的特点便是通过罗列证据，以严密的逻辑证明论点，达到以理服人的效果。因此，网络新闻评论与传统新闻评论都具有论理性，讲究以理服人。

4.群众性

网络新闻评论与传统新闻评论都具有群众性。传统新闻评论的载体——报刊、广播电台、电视台所发布的新闻评论都是面向广大的人民群众。不管是为了实现经营目标，扩大受众面来增加广告收入，还是为了向更广泛的人群传递党的思想，更好地履行舆论引导的职责，传统媒体都希望拥有覆盖面更广的受众。而新闻评论作为传递传统媒体声音的重要新闻体裁，自然也拥有群众性。网络媒体也有自身的经营目标，也希望拥有更多的用户。所以，即便是网络新闻评论中所包含的网民评论，同样具有群众性。

群众性具体表现在以下两个方面：一是选题方面，新闻评论的主题内容要选择那些大众感兴趣或者密切关注的事件，才能吸引更多人的注意；二是语言层面，新闻评论的用语要通俗易懂，用一种平视的姿态与群众平等对话，而不能故作高深。

5.社会责任

不管是传统媒体还是网络媒体，在撰写新闻评论时，都要坚持正确的舆论导向，自觉承担起社会责任。这一条准则是所有媒体都必须遵守的。只有坚持正确的舆论导向，传播先进文化，弘扬主旋律、正能量，才能阻止各类歪理邪说和反动文化乘虚而入，才能够凝聚人心、团结社会、推动社会发展，从而实现中华民族伟大复兴的中国梦。

五、网络新闻评论的功能

要使网络新闻评论最大限度地发挥作用，就必须对它的功能有全面的了解。

（一）开辟了体现民意的新通道

民意是社会的公共意志，是人民意识、精神、愿望和意志的总和。在古代，判断统治者是否开明的一个重要标准便是是否了解民意和尊重民意。进入现代社会，许多国家都通过宪法赋予和保障公民的言论自由权利。互联网为民意的表达开辟了新道路。

1.互联网为网民提供了更为自由的言论平台

在互联网出现之前，民意由下至上的传送途径主要有以下三类：一是传统媒体充当政府和普通民众的沟通中介，通过报道反映相关舆论；二是政府渠道报送的资料；三是专门了解民意的机构进行基层调研。但这些途径存在着一些不足，如时效性不强，难以及时反映最新的民意；涉及面较窄，调研的覆盖人群不够广泛；互动性差，公众难以随时参与。网络媒体由于具备交互性、匿名性等优势，能够弥补传统民意反映渠道的不足。网络媒体在民意表达过程中的参与更随机、更全面、更及时、更大众化，覆盖的人群也更广，更能鼓励民众积极参与。

互联网为实现更广泛的自由和民主提供了平台。因为互联网的匿名性特征，使得网民在现实生活中的外貌、身份、地位、职业等因素被隐去，减少了网民表达时的顾虑，也带给网民更多的安全感，使他们能够畅所欲言，对各类社会议题进行自由的讨论。此外，这种匿名性也有利于网民去除彼此间的偏见，更加平等地进行交流。只要不触碰法律法规的底线，网民就可以畅所欲言。

2. 非主流观点也有了表达的机会

虽然传统媒体是民意表达的重要途径，也会关注社会弱势群体，但由于种种原因，传统媒体无法为持有各种观点的人都提供表达的渠道。除此之外，以前持有不同意见的人或因文化水平的限制，或因担心成为“少数派”被他人排挤，往往会选择沉默，不敢公开表达自己的观点。互联网能够帮助人们摒弃“坐而听”的无奈选择，为人们提供了一个“起而言”的重要平台，使民意的表达渠道更加畅通。网民与媒体之间存在交互作用，能够相互影响，这有助于将民间的声音引向主流渠道。

3. 缩短了国家管理者和普通大众的距离

传统的民意反映渠道有一个难以避免的缺陷，那就是可能无法将普通民众的意见完整地传递给国家管理者，不利于相关决策者全面地了解民意。而网络媒体能够弥补传统民意反映渠道的这一缺陷，给国家管理者提供了一个体察民情的绝佳渠道。网络新闻评论使普通民众与国家管理者之间的距离变得更近了。

（二）聚焦热点问题发挥舆论监督功能

网络媒体与传统媒体一样担当着舆论监督的职责。一些社会事件最初没有被传统媒体报道，但随着时间的推移引发了大众的广泛关注，可能是因为这些事件最初被当事人在网络上“爆料”，网民对这些帖子进行浏览、点赞、评论和转发。当参与的网民越来越多,具有高度新闻敏感性的传统媒体也会开始介入,根据网络上的“爆料”或网民留言去采访和深挖线索,理清事件脉络,做出相应的权威深度报道。由此,网络媒体、网民与传统媒体达成了互动,相互影响,推动社会共识的形成。三者间的相互作用能够在现实生活中产生实实在在的影响,有助于相关部门体察民意,并依据舆论做出或调整决策。

网络新闻评论在引导舆论方面的最大优势在于,它可以把以往传媒的发言权和审判权部分移交到人民手里,形成了舆论监督社会、公众监督舆论的良性循环,促进舆论监督权利的社会化、公开化、民主化。

(三)为管理者和决策者治理国家提供参考与依据

互联网用户数量庞大,他们在网络平台上积极表达自己的意见,广泛参与各类社会事务。多数人的意见通常能够反映民意。基于此,各级政府机关及工作人员可以去网民中听取他们的意见,以更好地了解社情民意,在此基础上更有效地制定和推行政策。

1.为人民参与和管理国家社会事务提供平台

如今,网络渗透进人们日常生活的各个环节中,人们通过网络讨论积极地参与国家事务。而且,网民的素养也逐步提升,他们在网络上发表的言论比以往更加理性。不少网民发表的网络评论扎根于社会实践,是他们经过深思熟虑后形成的想法,因而能够反映事物的本质,能够为相关部门的决策者更好地进行社会治理、管理社会事务提供参考。

2.为贯彻执行国家政策开辟道路,并及时反馈政策执行情况

国家相关部门要出台新的政策法规,并使其获得民众的配合和支持,通常需要媒体(包括传统媒体和网络新媒体)进行前期的宣传,从而保证政策法规能够顺利地落地执行。在为贯彻执行政策法规开辟道路的过程中,网络媒体的互动性是极大的优势。网络媒体的互动性,不仅可以帮助网民及时获知关于政策法规的最新消息,而且可以让网民同步了解这些政策法规的实施情况,参与舆论监督。

(四)网络新闻评论促进了国家法制的健全

网络新闻评论可以发挥新闻媒体应有的社会监督职责,促进相关部门公平公正地执法,促进司法公正。媒体发布网络新闻评论,能够引导公众关注具有重大意义的社会事件,继而形成舆论浪潮,促使相关部门制定、完善相关的法律法规。

以孙志刚案为例。2003年4月25日,《南方都市报》披露了孙志刚事件,一石激起千层浪,引发网民对孙志刚事件的密切关注,汇聚起声势浩大的网络舆论。网民要求政府对凶手进行严厉的惩罚,并保证事件处理过程的透明和公正。如此巨大的网络舆论浪潮是民意的一种反映,最后成功使得《城市流浪乞讨人员收容遣送办法》被废止,《城市生活无着的流浪乞讨人员救助管理办法》及其实施细则相继出台。

(五)发挥道德评判的作用

道德作为公众的社会生活准则和行为规范,通过舆论对人们起约束作用。由此可见,除了法律的强制力外,道德在维系社会稳定、保证社会秩序正常运转方面,也发挥着不容忽视的作用。对于那些在现实生活中违反公共道德的行为,我们能够利用网络新闻评论对它们进行讨论和批判、谴责,甚至督促改正。例如,人民网发表的评论《"病媛"粉墨登场?值得警惕!》就鲜明地批评了社会上的不良风气。

第二节 网络新闻评论写作

随着新媒体在现实生活中日益普及,新闻评论受其影响的程度也越来越深。网络新闻评论写作需要贴近生活,关注新媒体,汲取养分。

一、网络新闻评论写作的选题与立论

恰当的选题是撰写出一篇优秀新闻评论的首要条件。选题关注的是写什么内容,也就是要评价的事物或要讨论的议题。在确定选题后,便到了立论的环节。立论就是旗帜鲜明地表达自己的观点和立场,并运用充分的证据和严密的逻辑,证明自己的主张的正确性,以尽可能地说服读者。网络新闻评论属于新闻评论的一种类型,自然也得重视选题和立论。

1.网络新闻评论的选题要求

网络新闻评论的选题依据主要有以下三点:(1)这一主题能否反映人民群众的迫切需求和利益?(2)这一主题能否配合党和政府的舆论宣传部署大局?(3)这一主题在社会层面上是否具有普遍性的意义?

网络新闻评论的选题要求有三方面。第一,选题要建立在正确的政治方向的基础上,这也是对选题的最基本要求。写作者可以研读中央发布的最新政策文件,从中获取选题的启示,紧跟舆论动向,配合宣传任务。第二,不能脱离人民群众,也不能脱离生活实践,必须“从群众中来,到群众中去”。因此,写作者应该密切关注社会实践的新情况、新形势和新矛盾,关注人民群众的新需求和新呼声。这些都是永远不会枯竭的新闻评论选题源泉,也是新闻评论践行群众路线的关键。第三,一些新近的典型新闻事件或先进人物应该成为新闻评论的选题。这类选题能够提升新闻评论的感染力,唤起读者的积极情绪,传递正能量,弘扬正气。

2.立论的基本要求

针对性、新颖性、准确性和前瞻性,是新闻评论成功立论的关键。

立论的针对性,指的是新闻评论的立论不能泛泛而谈、凭空想象,而是要能针对当前社会的突出矛盾、各种不良现象和风气,运用先进典型作正面引导,或采用直接批判的行文方式,真正触及社会问题的本质,达到弘扬正确的价值观、引导人们树立高尚情操的目的。

立论的新颖性,指的是要有创新,不落俗套,不要人云亦云。要体现立论的新颖性,可以从紧跟社会和时代发展实践的论题、独到的主张、最新的案例等方面入手。

立论的准确性,包括传播准确的论点,把握好分寸;采用实事求是的论据,不编造虚假信息;完整并准确地将党和政府的文件指示和政策精神传递出去。

立论的前瞻性,指的是敏锐地洞察和预见社会矛盾的发展趋势,设想在未来会发生的问题,做出具有科学性的预测,并基于这种设想尽可能找到对应之策,从而能够对社会思潮、舆论动向进行引导,指引事物朝着好的方向发展。

3.选题和立论的前提——调查研究

调查研究是新闻评论选题和立论的必要前提。只有经过周密的调查研究,写作者才能充分掌握实际的动向,了解最新文件和政策精神,发现社会问题所在并尝试进行分析,提出有用的解决路径。

二、网络新闻评论的写作特点

网络新闻评论的写作有五大特点，具体如下：

1.以网络为载体的超文本写作方式

网络新闻评论依托于网络这一载体，运用超链接这种非线性的表达形式进行呈现。如一篇网络新闻评论的末尾通常都有链接的评论空间，读者可以超越时空的限制，从某个议题的评论页面跳转到另一个议题的评论页面。网络新闻评论还具有多媒体的写作特点，其表现形式可以是文字，也可以是图片、动漫、视频等多媒体形式。

2.篇幅简短，语言简练

在当下，人们已逐渐适应节奏越来越快的生活，对于长篇幅的新闻评论没有耐心逐字逐句地看完。为了适应读者的这种阅读变化，新闻评论也呈现出由长篇大论向简短精练转变的趋势。篇幅简短、语言简练的网络新闻评论（如编者按、编后、短评等）被广泛采用，并受到网民的青睐。

3.选题立论贴近生活

老百姓生活中的热点话题是网络新闻评论取之不尽、用之不竭的选题源泉。只有在选题层面贴近生活，从老百姓关心的话题入手，才能写出言之有物的新闻评论，从而拉近与普通民众的距离，提升新闻评论的感染力，更好地引导舆论，最终助推社会发展。

4.说理平和，语言生动

用更温和的方式和更生动有趣的语言来以理服人，是网络新闻评论的演变趋势。正确的论点要真正对人产生影响，促使人们自愿接受并改变自身原有的看法，就得先吸引人、打动人。这绝不是靠高高在上的语气和陈旧古板的用语就能做到的。新闻网站的评论频道应该充分发挥其互动性、新颖性和亲近性，探索用更亲切自然的方式来论述严肃的新闻议题，同时把握好有趣与严肃两者的“度”。

5.紧跟现场，同步直播

当下，现场直播成了一种广受欢迎的新闻报道形式。直播能够即时反映新闻现场，使新闻的时效性得到最大限度的体现。在快节奏的社会生活中，人们不仅渴望及时获得最新的新闻事件动向，而且希望在获得事实性消息的同时了解更多与之相关的新颖、独到的观点。媒体可以充分利用直播的形式，在现场播报事件的同时输出“新鲜出炉”的评论意见，将新闻报道与新闻评论紧密结合。

第三节　网络新闻评论与舆论引导

网络新闻评论借助网络的即时性和互动性，帮助受众全面认识新闻事件和社会现象。不过，网络新闻评论也存在不少问题，如选题杂乱、立论肤浅、难出精品、网民参与度不高等。针对这些问题，我们需要采用多种举措来改进，提高网络新闻评论的质量，净化网络环境，使人们能够全面认识新闻事件，以理性的姿态思考问题。

一、网络新闻评论引导舆论的现实需求

网络平台营造了开放、自由的舆论氛围。不管现实生活中的职业、身份、地位、文化水平如何，只要拥有一台可以上网的设备，任何人都能够在网络上发表自己的意见和观点。各种各样相悖的观点、价值观在网络上相互交锋，形成了复杂的网络舆论环境。与传统媒体时代相比较，网络时代的舆论更加难以控制。网络新闻评论引导舆论的现实需求由此产生。

二、网络新闻评论引导舆论的方法

网络编辑应该积极、主动地担负起积极引导网络舆论的重任。加强网络评论的舆论引导功能，主要有以下几种方法：

（一）加强网络新闻评论的议程设置

议程设置是大众传播的重要社会功能和效果之一。20世纪70年代，美国传播学者麦克姆斯和肖通过实证研究发现，大众媒介具有一种形成社会“议事日程”的功能，通过赋予各种议题不同程度“显著性”的方式，影响公众瞩目的焦点和对社会环境的认知。

随着网络的发展，网络媒体的议程设置功能对网民产生着越来越大的影响。

1.优化议题

网民的讨论中包含不少肤浅、武断、情绪化且没有事实依据的观点。新闻网站应承担起作为媒体的舆论引导责任，发挥议程设置功能，使网络舆论朝着积极、理性的方向发展，助推正向网络舆论氛围的形成。新闻网站可以采取不少措施去优化网民讨论的议题，引导网民形成正确的观点。例如，新闻网站可以在首页设置排行榜、专栏，或邀请名人作为嘉宾吸引网民参与等，引导网民讨论相应的议题，保障网络舆论的主流不会偏移。除此之外，设置精华帖、开设“精选评论”等，都是网络媒体设置议题的途径，有助于让权威、可靠的观点占领网络意见市场。

2.整合资源

网络新闻网站可以直接阐明本媒体的立场和观点，由编辑直接撰写评论，通过审核后发布到网站的评论栏目中。还可以为各种观点提供碰撞的平台，吸引更多媒体的言论，例如其他媒体的评论、专家意见、网友声音以及国外媒体的报道。新闻网站可以转载其他媒体的评论报道，也可以引用权威专家或机构组织的观点，使网站评论栏目中的内容来源更加丰富多元。

新闻网站常见的做法是将这些评论按主题分类，如两会专题、冬奥专题等，为读者按主题检索或浏览提供便利。一些新闻网站也会定期举办活动，吸引网民参与新闻评论的写作，例如佛山新闻网在2021年举办了“E品佛山”网评大赛，鼓励各界人士和广大网友对指定的主题撰写评论，投稿参赛，这也激发了网民建言献策的动力。为了提升网络新闻评论的质量、扩大影响力，新闻网站可以在网民中找寻一批具有独特个人魅力和评论写作能力的人，将他们培养成固定给网站供稿的专职或兼职评论员，或通过各种激励手段使他们聚集在网络媒体论坛上，定期发布评论，从而提升媒体的影响力，吸引更多读者。

（二）打造精品网络新闻评论栏目

为了增强与其他媒体的区分度，提升竞争力和盈利点，不少网络媒体都在打造自身的网络评论品牌，开设专门的网评栏目。例如人民网的《观点》、环球网的《评论》。

网络评论品牌能够凸显网络媒体的独特性，其中除了汇聚全网重要媒体的评论观点外，更重要的是独家的原创评论。当今，网络评论品牌愈发重要。随着传播技术的发展，挖掘独家新闻越来越难。网络媒体要想避免与其他媒体的报道“撞车”，就得从评论上下功夫。不同媒体对同一新闻事件如何发出新颖、独到的评论，是网络媒体需要研究的新课题。

目前，新华网、国际在线、人民网等新闻网站借助母媒体的供稿优势，精准定位受众的需求，为网民提供具有自身特色的网络评论服务，并形成全方位、多维度的网评舆论阵地。例如，国际在线网站开设的《国际漫评》《国际锐评》栏目，新华网开设的《学习网评》《多棱镜》《专家漫评》等栏目。

（三）与传统媒体联动引导舆论

良好、和谐的社会舆论环境的形成，离不开传统媒体与网络媒体的共同引导。我们应当在遵循各类媒体信息传播规律的基础上，推进媒体融合，让多种来源的新闻评论在网络平台上汇聚。在新媒体环境下，网络新闻评论一方面要发挥自身开放性、互动性等优势，另一方面也要借鉴传统媒体新闻评论的长处，生产出更多积极向上的、有助于国家和社会进步发展的高质量新闻评论，并与传统媒体联动来引导舆论，形成理性的社会话语空间。

三、打造出网络新闻评论的多种样式

网络新闻评论的对象和范围十分广泛，从宏大的国际局势、国家大事，到微观的市民日常生活小事，都可以包括在内。由此可见，在内容层面，网络新闻评论的议题非常广泛。在形式层面，网络新闻评论能够融合多种媒介表现形式，如文字评论、漫画评论、视频评论，还有当下时兴的短视频等。

目前，在加速推进媒体融合的背景下，各类媒体都在不断创新网络新闻评论的内容和样式，以吸引更多的用户，尤其是青少年用户，同时提升舆论引导力。例如，中央广播电视总台新闻新媒体中心在2019年推出了《主播说联播》栏目。《新闻联播》的主持人一改严肃的播音腔，使用通俗化、生活化的新媒体语态来解读和评价新闻事件。而且，《主播说联播》使用竖屏短视频的传播形式，每一期视频的时长1分钟左右，在微博、抖音、微信等社交媒体上发布，适应了当下移动化、社交化的媒体变革趋势，获得了不少年轻用户的追捧。这些年轻用户在《主播说联播》的议题设置和引导下,也积极参与讨论,甚至自发地剪辑相关内容来进一步传播。由此,主流媒体通过创新网络新闻评论的内容和样式,牢牢地把握住舆论引导的主导权,坚守网络空间中的主流舆论阵地。

知识回顾

网络新闻评论是在网络媒体上,就人们关心的重要新闻事件或社会现象、社会问题发表的评价性意见。网络新闻评论能让普通受众积极参与其中,极大地调动了人们参与社会活动、关注人生命运的热情;有利于实现真正的舆论监督;促进公民社会的形成。网络新闻评论最突出的社会功能是引导社会舆论和进行舆论监督。随着互联网的发展和网民的增多,网络新闻评论的影响力渐增。网络新闻评论理应运用网络的特性发挥本身的优势,积极发挥其舆论引导的作用。新闻网站可以从多方面入手,如建设新闻评论专栏等。

思考题

1. 网络新闻评论与传统新闻评论有何异同?

2. 自行选择人民网《观点》栏目中一篇重要新闻评论,分析其在选题与立论上的特点。

第六章　网络新闻文本结构与写作

知识目标

1. 网络新闻的文本结构。

2. 网络新闻的文本写作。

能力目标

1. 掌握网络新闻的常规文本结构。

2. 掌握网络新闻的写作要点。

思维导图

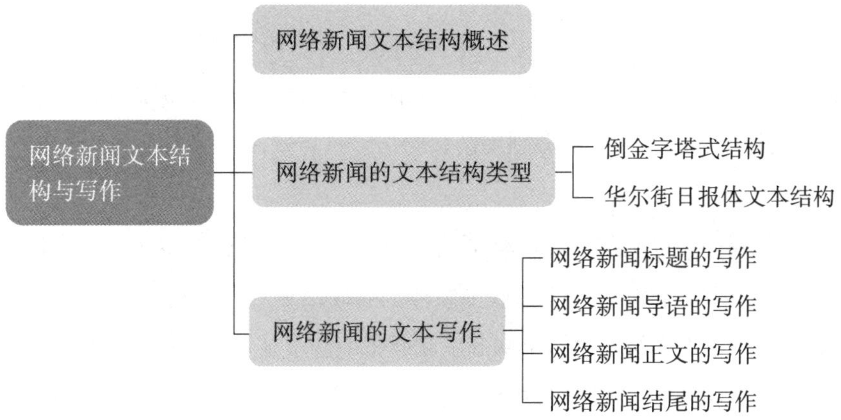

案例导入

2018年9月15日，光明网转载《光明日报》的一篇文章，编辑对原标题进行了修改。原标题为《一面鲜红的精神旗帜》，修改后的标题为《中宣部授予中船重工第七六〇研究所抗灾抢险英雄群体"时代楷模"称号》。同样是对中船重工第七六〇研究所抗灾抢险英雄群体先进事迹的报道，《光明日报》采用了较为模糊的虚题，读者只看标题并不知道"鲜红的精神旗帜"具体指什么，必须通过阅读正文来补充。而光明网的标题则直接概括性地表明新闻的基本事实，读者通过标题即可获知"谁干了什么"，从而减轻了读者的阅读负担。对于网络新闻用户来说，他们往往阅读标题，而不一定点击进行详细阅读。因此，修改标题虽然只是细小的变化，但不能忽视其对受众接受信息的影响。

第一节　网络新闻文本结构概述

从宏观层面来看，网络上海量的新闻文本呈现网状结构，这不同于平面、线性的传统媒体，而是多维、立体的，通过超链接将位于不同赛博空间的新闻层次有机地联结成一个信息整体。[①]最关键的主题新闻处于整个体系的中心，通常以快讯的形式呈现；而相关的新闻事实如背景、细节以及新闻事实的详细展开则作为枝叶层次位于外围，在骨干新闻中凡涉及枝叶部分的关键词分别用链接给出。这样便使新闻形成由骨干中心向枝叶外圈辐射延伸的多维网状文本。

从微观层面来看，具体到某一篇网络新闻报道，其文本主要分为以下四个层次：新闻标题、新闻导语、新闻正文(单一文字或多媒体)、新闻结尾。网络新闻的文本结构指的是，将标题、导语、正文和结尾这四个部分串联起来的叙事结构，即贯穿整篇新闻的逻辑架构。常规的网络新闻文本结构包括依照事实重要性由大到小排列的倒金字塔式结构、信息量逐层递增的斜金字塔式结构、充满人情味和故事性的华尔街日报体结构等等。这是本章重点关注的内容。

对新闻文本结构的处理，体现了新闻采编人员对信息价值的把握，也体现了对新闻

① 赵媛媛.网络新闻文本结构模式探究[D].郑州：郑州大学，2009.

专业性的掌控和对受众阅读习惯的把握。网络新闻文本诞生于传统媒体，成长于新媒体，对传统新闻文本的叙事结构既有继承又有创新。网络新闻一方面需要遵循一般新闻的基本要求；另一方面，由于网络媒体的特性，又有其特殊的新闻文本结构性质。

网络新闻编辑人员可以基于新闻体裁、新闻事实等方面，灵活选择相应的文本结构，综合运用超链接、声音、图像、动画等形式来进行新闻写作，安排标题、导语、正文、结尾这四部分各自的内容和衔接，从上到下向受众呈现新闻事实以及延展的背景信息，全方位重现事件的真相。[①]

第二节　网络新闻的文本结构类型

新闻的文本结构类型是多种多样的，记者可以根据新闻叙事的需要来调整新闻材料的排列方式，以吸引受众的目光，增加点击率和浏览率。倒金字塔式结构和华尔街日报体结构是使用得最为广泛的两种传统新闻文本结构类型。进入网络新媒体时代，这两类新闻文本结构仍然具有其价值，并且在网络新闻报道中也较为常见。

一、倒金字塔式结构

倒金字塔式结构指的是依照新闻事实的重要性来对新闻材料进行排序的一种报道结构模式。顾名思义，这种排序方式像一个倒置的金字塔，上面大下面小，“头重脚轻”，呈现在报道最前面的是最重要的新闻事实，越往后的材料越不重要。

1.倒金字塔式结构的特点

第一，倒金字塔式结构是按照重要性对新闻材料进行排序，将最重要、最新近的事实或受众最关心的事实放置于新闻导语中。读者在阅读新闻导语时，就可以了解到本篇新闻的关键信息。在正文部分，编辑再按照重要性排列其他材料，一一阐述新闻事实，将重要的事实放在前面，将较为次要的事实依次放在后面的段落。

第二，倒金字塔式结构在行文时主要使用“断裂”的叙述方式，也就是说，新闻正文

① 徐明华.网络新闻采写[M].武汉:华中科技大学出版社,2014:216-221.

部分的各个新闻材料并不是按照时间的先后来排序的，而是通过材料间隐含的内在逻辑关系来排序的。每一个段落的篇幅都比较短小，往往一个段落只对一个新闻事实进行阐述，而不会将过多的内容集中在一段中。同时，段落之间的衔接能够体现出新闻事实之间的内在联系，紧扣新闻主题，从而实现“形散而神不散”。

第三，倒金字塔式结构采取因果叙述的方式，新闻导语部分阐述的往往是最为重要的新闻事实，通常也就是最靠近新闻核心部分的“果”。而新闻正文的内容则是对“果”进行详细阐述，也就是“因”。[①]

俄总统普京与奥总理内哈默举行会晤

中新社莫斯科4月11日电（记者 田冰）俄罗斯总统普京11日与到访的奥地利总理内哈默举行会晤，就乌克兰局势交换了意见。

此次会谈在莫斯科郊外新奥加廖沃俄总统官邸以闭门形式举行。俄总统新闻秘书佩斯科夫当天晚些时候对媒体表示，双方会晤已经结束，但并未透露会谈的细节。他解释道，闭门会晤由奥方倡议，也无计划发布会晤图像和媒体声明。佩斯科夫对俄媒表示，他还不能就这次会谈内容发表任何意见，“按照最近的标准，此次会谈时间很短”。

这是内哈默去年年底出任奥地利总理后，俄奥领导人首次面对面接触。内哈默也是俄方在乌克兰开展特别军事行动以来首位访俄并与普京会晤的欧盟国家领导人。

内哈默在结束与普京会晤后对媒体表示，双方的会谈坦诚、直接而艰难，双方各自立场强硬。奥地利媒体援引内哈默的媒体声明报道称，这不是一次“友好访问”。内哈默在会谈中呼吁必须结束战争，因为战争没有赢家。他向普京转达了乌克兰总统泽连斯基希望与普京进行直接会谈的信息。双方还就建立人道主义走廊交换了意见。内哈默强调，只要乌克兰还有民众死亡，（西方）制裁就将继续并会更加严厉。

内哈默计划与欧洲伙伴讨论本次会谈情况并协商下一步措施。

内哈默10日在接受媒体采访时说，他主动提出访问俄罗斯，以促进俄乌展开对话并停火。他已就此次莫斯科之行与欧盟委员会主席冯德莱恩、德国总理朔尔茨和土耳其总统埃尔多安进行了磋商。在对俄罗斯访问前，内哈默9日访问乌克兰首都基辅，并与泽连斯基举行了会晤。

资料来源：http://www.chinanews.com.cn/gj/2022/04-12/9726238.shtml(2022-04-12)[2022-06-24]

上面的案例展示了中国新闻网一篇报道《俄总统普京与奥总理内哈默举行会晤》。

---

① 徐明华．网络新闻采写[M]．武汉：华中科技大学出版社，2014：114.

这篇报道就采用了倒金字塔式结构，段落篇幅较短小，不会过于复杂，并且段落与段落之间按照事实间的联系来进行排序，逻辑性较强。最为关键的是，读者能够从导语中就获取报道最重要、最核心的内容，即俄罗斯总统与奥地利总理举行会晤。导语之后的正文段落是对这次会晤的前因、会晤的细节、会晤结束的后续发展进行描述。

2. 倒金字塔式结构在新媒体时代的价值

网络环境影响下，读者的阅读方式呈现碎片化的特点。由于倒金字塔式结构对碎片化阅读方式的契合，它仍然是网络新闻写作的主要方式。以往，报纸和PC屏幕的容量相对较大，能够通过丰富的语言来凸显报道的重点，吸引读者的阅读兴趣。而移动终端的屏幕容量较小，可能在第一页只能呈现出标题和导语，因此需要通过新颖的标题和导语来吸引读者，倒金字塔式结构将最重要、最新近发生的事实放置于标题和导语中，正好符合移动终端阅读的需求。

图6-1 新华网客户端报道截图

资料来源：https://h.xinhuaxmt.com/vh512/share/10714965? channel=weixin(2022-04-07)[2022-06-08]

倒金字塔式结构解决了移动终端屏幕小、阅读受限的情况，使读者在阅读标题和导语时就能够获得整篇报道最为重要的信息。例如，BBC新媒体新闻撰写的过程中，坚持“前四段”的行文方式，也就是将新闻报道中重要的信息反映到前四个段落中。前四个段落就完整、详细地讲述新闻报道的故事情节，即使读者阅读时间不足，也可以通过前四段的内容，获取到足够丰富的信息量。例如，新华社客户端所报道的《广东佛山南海发生火灾致3死2伤（见图6-1）》，屏幕的第一页就全面地反映出了该新闻的时间、地点、伤亡情况等核心内容，信息量已经满足了受众快速阅读的需求。如果受众想进一步了解更详细的事故信息，如救援工作进展、相关善后工作，可以继续下拉屏幕来浏览。

3. 从“倒金字塔”到“斜金字塔”

随着网络技术的广泛应用，大众的阅读习惯发生了巨大变化。技术对内容的传达方式变得多元，对固定结构的传承与创新成为新的问题，倒金字塔式结构已经无法完全满足网络新闻报道的全部需要。

西班牙的卡那维拉斯根据网络媒体的特征，对倒金字塔式结构进行了调整，提出了斜金字塔式结构。斜金字塔式结构能够较好地诠释网络新闻叙事结构的特征和规律。相较于依据重要性排序的倒金字塔式结构，在斜金字塔式结构中，新闻材料的编排是按照信息量逐层递增的次序来组织的，实现了新闻写作范式的转变。也就是说，是从“质的视角”（即由记者判断重要性）向“量的视角”（即让受众根据自身需求来获取和积累信息）的转变。斜金字塔式结构更注重新闻中所包含的信息量，以用户对新闻信息量的需求作为导向。

通过对斜金字塔式结构进行的层次分析可知，它主要包括四个层级：基础层、解释层、情境层和探索层（见图6-2）。

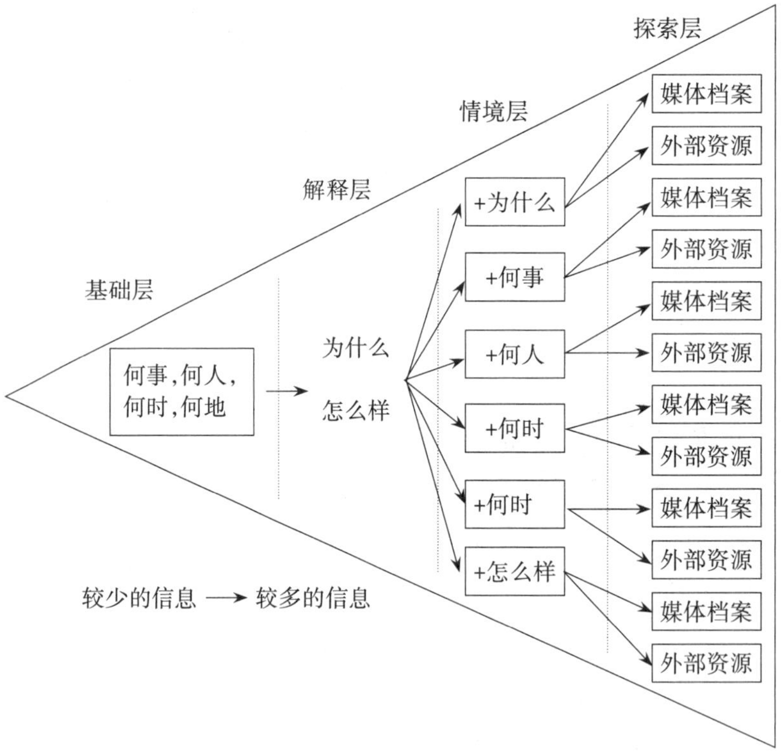

图6-2　斜金字塔模式①

① 史安斌，刘滢.从“倒金字塔”“斜金字塔”到“正金字塔”——基于社交媒体的新闻话语体系和传播模式初探[J].新闻记者，2014(07):14-20.

基础层主要明确新闻的三个最基本要素，即新闻事件发生的时间、地点以及重要人物。基础层一般会使用文字和图片对整个报道内容进行概括，起到导引的作用。在网络时代，人们会通过关键词来搜索相关新闻。因此，关键词的设定至关重要。假如关键词设置得当，新闻网页的浏览量便会提高。

解释层接着阐述新闻事件发生的缘由和新闻事件发生的具体过程，补充基础层的信息。解释层也会使用文字和图片进行描述，还会使用链接，从而让受众能够通过多元路径来了解更多、更详细的资讯，对该事件也能有全面了解。这里的链接包括定义型链接和文件型链接。定义型链接为报道的具体细节提供更多信息，文件型链接指向下一层的背景数据。

情境层将对报道的语义解析也纳入其中，使得信息的情境化得以体现，也就是说，为报道营造一个特定的情境。在这一部分，不仅包括图文，还包括视频、音频等诸多样态，以及一些数据表格等，将新闻中的信息具象化，便于读者有更直观的理解。

探索层的信息密度更大，细节性内容也更为丰富。这一层次的主要服务对象是那些新闻信息需求量最大的用户。对整个新闻事件感兴趣的读者可以对这一部分进行深入阅读。探索层有文件型链接，这些文件型链接背后受到内部和外部数据库的支撑，可以为用户了解媒体内部的档案信息和互联网上的外部资源提供便利。

斜金字塔式结构始终以读者的需求作为新闻编写的切入点，对不同渠道的读者进行充分考虑，以信息量的逐层递增作为叙事结构的依据，从而形成一个网络新闻信息层级模型。此外，多媒体元素是随着信息层级的增加而增加的，确立了一种网络新闻的多媒体语法。这种多媒体语境有别于传统媒体语境，其中既包括图片、文本、定义型链接、文件型链接，还包括动态图片、视频音频、信息图表等。由于在网络上，所有信息都能够实现即时储存，满足读者的个性化需求，可以借此来进一步丰富多媒体语法的内涵和外延。①

二、华尔街日报体文本结构

作为西方新闻行业的主流写作模式，华尔街日报体结构在商业上取得了巨大成功。

① 史安斌，刘滢．从“倒金字塔”“斜金字塔”到“正金字塔”——基于社交媒体的新闻话语体系和传播模式初探[J]．新闻记者，2014(07)：14-20.

华尔街日报体结构最初是《华尔街日报》头版新闻的常用叙事结构，后来被其他媒体借鉴。这种新闻文本结构在非新闻事件的报道中应用十分广泛，一般是以某个典型人物或某个具体情境描写作为新闻的开头，以此吸引受众的目光，再进一步深入新闻主题，在新闻的结尾部分也通常采用人物和情境描写，十分生动形象。

例如中国新闻网的一篇报道《他退休24年，依然是农民朋友眼中的"吴局长"》就采用了华尔街日报体结构。以退休干部"吴局长"在田间为村民解答问题的情境描写为开篇，十分生动且贴近生活，勾画出一个心系农民群众的退休干部形象，随后围绕"吴局长"如何广授技术、定向帮扶农民脱贫来进行讲述。

他退休24年，依然是农民朋友眼中的"吴局长"

中新网新乡4月18日电 4月15日，在河南省延津县南郑庄村的麦田里，村民站在田埂上，看着绿色的麦苗向一位老人招手："吴局长，快来给俺们指导指导，预防病虫害您肯定有招。"没有客套寒暄，被称为吴局长的老人蹲下身子，耐心解答村民的问题。

这位老人名叫吴新德，今年83岁，是原延津县农业局的退休干部。退休前虽为局长，但他大部分工作时间都在基层一线，为农民提供农业技术指导。现今退休已经24年，可他仍是身不离土地，心不离农民，依然活跃在农业生产一线，依然是农民眼中的"吴局长"。

广授技术，情系"一亩三分地"

不当局长了，而且已是83岁的高龄，为啥还在田间地头奔波？"发挥余热嘛！"吴新德说，"农民需要什么，我们就讲什么，能为农民解决困难、让农民增收就有意义。"

数十年来，延津县的农业种植专业合作社、种植大户、家庭农场、贫困户等，都是吴新德农业科技讲座的服务对象。

……

"我这岁数，几十年没生过什么病，都是天天呼吸田间新鲜空气的功劳。"吴新德风趣地说，退休后，他在延津县12个乡镇讲了24年的课，他的朋友都是农民，"他们听了讲座，学了知识，也了解了国家政策，对干好农业有十分的信心。"

"咱也没干什么惊天动地的大事，但用一己之长助力农业生产、农民增收，是我一辈子的奋斗目标。"吴新德说，他要学到老，干到老，一直干到不能动的那一天。

资料来源：http://baijiahao. baidu. com/s? id=1730420605357949453 & wfr=spider & for=pc (2022-04-18)[2022-08-07]

1.华尔街日报体结构的优势

通过对华尔街日报体结构的分析可知,它主要有三个优势。[①]

第一,华尔街日报体结构以某个具体人物来展开叙事,能够让新闻的内容更具有故事性。在这种叙事模式中,阅读者能够很快进入到故事中,体会新闻人物的内心世界,而且获得深刻的阅读体验。

第二,华尔街日报体结构所选用的人物或情境具有典型性,贴近现实生活。实际上,新闻内容越贴近现实,就越容易激发读者的阅读兴趣,并能够让读者感到亲切。

第三,采用华尔街日报体结构的新闻报道往往表现出浓厚的人文情怀。这类新闻报道总是以现实生活的某个细节入手,描述的都是与普通人生活息息相关的情境或事物,所以能够引发读者对相关新闻议题进行思考。

2.华尔街日报体结构的局限

华尔街日报体结构也存在以下几点不足。

第一,为了增强故事性,很容易导致为了讲故事而讲故事,没有将故事与新闻完美结合。要明确一点,那就是故事是为新闻报道服务的,绝对不能单纯讲述故事,否则就会丧失贴近现实的优势,并使得故事与新闻主题两者断裂。

第二,华尔街日报体结构的适用范围有限。华尔街日报体结构的最大特点就是将故事融入新闻报道,使新闻报道带有人文关怀,但是如果对突发事件进行报道,就不适合采用这种写作模式。

第三,可能会导致新闻失真,违背新闻真实性原则。华尔街日报体结构通常以大众的日常生活情境或典型人物为切入点,激发读者的阅读兴趣。在这种模式中,采编人员需要耗费大量的时间去对相关人物进行采访,或驻地深入观察事件的进展,从而获得相应的素材。但是有的时候采编人员为了省事,或者为了满足时效性的要求,会对故事进行虚构,来配合此类文体的写作,导致写出来的报道与事件的真实情况不相符。

① 徐明华.网络新闻采写[M].武汉:华中科技大学出版社,2014:117.

第三节　网络新闻的文本写作

新闻归属于应用文体,因此新闻具体的文本构成也可以沿用应用文体的分类。基于应用文体的四分法,新闻的文本构成可以划分为标题、导语、正文、结尾四个部分。下面具体阐述它们各自的写作要求和技巧。

一、网络新闻标题的写作

新闻标题指的是使用精简又准确的词语,概括新闻事实的主要内容或作者想要传递的意见性信息。新闻标题一般具有四个功能:揭示新闻内容;评价新闻内容;吸引用户点击阅读;说明报道形态。[①] 对于网络新闻来说,吸引用户点击阅读的功能更加突出。网络媒体的超链接方式使它的标题承担了吸引受众阅读的重任。一则新闻要从众多的新闻中凸显出来,吸引读者点击,靠的就是标题的出彩。

(一)网络新闻标题的构成要素

网络新闻标题的构成要素包括标题主句、题图、题解、附加元素等。

1.标题主句

又被业界称为主标题。如:

负面消息缠身!特斯拉因空气污染在美被罚27.5万美元

多国宣布制裁措施,专家称对俄罗斯影响有限

2.题图

指的是在新闻文字标题旁附上的现场图片或漫画。

3.题解

又被业界称为提要,通常采用一句话或一小段话对标题做注解。如:

两会将启 多部门晒建议提案办理“进度条”

全国两会将启,23日召开的国务院政策例行吹风会上,多部门介绍2021年相关建议提案的进展情况。

① 王燕.抓住网络特点制作新闻标题[J].中国地市报人,2014(08):68-69.

网络新闻标题通常是单行的，简明扼要，不拖沓。编辑为了使标题保持在一行，不得不省去一些重要的信息。不少媒体通过新闻摘要的形式来弥补网络新闻标题单行化的缺陷。新闻摘要可以分为两种类型。第一类与报刊上的小标题十分类似，即在单行标题下附带简短的注解。第二类是当用户将鼠标移动到标题上面时，会自动弹出一个小方框，这个小方框内便包含了文字形式的新闻摘要。

4.附加元素

网络新闻标题有时还有附加元素。通常包括：

(1)随文标记。在标题的前面或后面，使用小字、括号或一些特定的符号图标，注明新闻的来源、发布时间、形态等。一些标题使用随文标记注明了该报道的形态，如标题前面加上播放符号就是视频新闻。

(2)有时网站编辑也会使用一些闪烁发光、不断变换颜色和移动位置的图标。如有的标题左方有发光的"live"图标，是直播的标识。

以上这些元素，只有标题主句是必须有的，其他元素不一定会被运用。

(二)网络新闻标题的制作技巧

制作网络新闻标题要在一般性新闻标题准则的基础上进行，但由于网络媒体具有自身特性，因此又有其特殊的制作方法和技巧。下面用实例来说明网络新闻标题的制作方法与技巧。

1.一句话实题标题

一句话实题标题是现阶段各大网站常用的标题形式。编辑在制作这种标题时，需要把握新闻事实的"5W"要素，并将这些要素巧妙地组合在一起，最好是能够提炼出最重要的元素，将关键的价值点出来，而不是全面概述正文内容。例如：

北京一家游泳馆被曝池水余氯超标一倍

美国南加州大学一中国留学生深夜被袭身亡

2.单行两句话标题

如果标题内容较复杂，可制作单行两句话标题。可以是一虚一实，也可以是两个实题。或前一句概括新闻要素，明示基本内容，后一句突出重要内容，强调意义和价值；或进行补充说明，完整表述新闻内容；或是进行评议、评价。两分句的组合并无定式，完全依照新闻内容以及编辑的新闻价值来拟定。①例如：

"以史为鉴、面向未来"中日举行外交当局磋商

震慑恐怖组织和分裂势力 俄军演习进入实战阶段

3.适当使用标题集群

新闻标题集群，即基于某一新闻事件或某个社会议题设置一个大标题，然后在大标题下再设置多种小标题。小标题可以是文字、图片、声音等多种形式。它是网络新闻标题的一种特殊样式，通常在较为明显的位置进行展示，其本身所营造出来的空间感能够吸引读者的注意。值得强调的是，所有的小标题都需要加中括号，不过也有部分网站是以"大字号标题+小字号标题"的形式来进行展现的，此时的小标题不加中括号。②

4.生动活泼，融入情感

网络新闻的标题往往会带有更多感情色彩，以情动人，让读者印象深刻。

在网络新闻标题中，也常使用口语化的生动表达方式，让受众们具有亲切感，更容易接受标题传达的信息，因标题的趣味性而对内容产生兴趣。例如：

哈哈哈哈哈！老师向学生炫耀新衣服："恁师娘给我买的！"

还没组织好语言就卖光了！外国驻华大使直播"带货"，直接懵圈了

在网络新闻标题更加贴近大众的同时，应该注意趣味性和权威性的平衡，避免过度追求生动性而产生不合时宜的新闻标题。

5. 合理使用实题与虚题

报纸上的标题讲究虚实结合。虽然出于揭示内容的目的，报纸标题必须是实题，但为了吸引读者，也会加入一些虚题，增加抒情、设问、议论和起兴等形式。网络新闻标题的主要目的也是吸引受众点击，注重对内容的概括，大多为实题。对于专题新闻或深度报道，可设虚题，配引言或导语。网络新闻的标题如果采取虚题的方式进行，务虚、空泛的评论和感慨可能会让网民不知所以然，最终影响新闻点击率。③

6.不可盲目转换传统媒体新闻标题

在将传统媒体中的新闻标题编辑为网络标题来进行呈现时，编辑要对新闻的内容进行深层次的理解，结合文章内容对原标题做恰当的调整。将传统媒体新闻标题转换

---

① 唐敏.网络新闻标题制作探讨[J].新闻与写作，2002(10):45-46.

② 李华，严红.浅析网络新闻标题的特殊性、表现样式和制作技巧[J].中国编辑，2008(05):42-46.

③ 吴晓斌.浅议网络新闻标题的作用、特点及制作手法[J].视听，2013(08):108-109.

为网络新闻标题,有如下几种情况:

(1)网络新闻标题是报纸新闻标题的翻版;

(2)略去报纸上较长的引题和副题,只保留主题;

(3)将报纸上的引题或副题作为网络版新闻标题,当报纸主题是虚题时,就选用为实题的引题或副题作为网络版的标题;

(4)将报纸上的几行标题精简为网站上的单行标题;

(5)在报纸标题无法满足网络新闻标题的规范时,网络编辑跳出原有的标题框架,自己拟定标题。

二、网络新闻导语的写作

导语是新闻中的特有概念,用简明扼要的语言展现新闻事实的基本要素,点出报道主题,并为整篇报道定下基调。威廉·梅茨就曾说过:“抓住读者或者失去读者,取决于新闻稿的第一段、第一句甚至第一行。”导语还承担着激发读者阅读兴趣的使命。网络新闻的导语在一定程度上脱胎于传统新闻,继承了传统新闻导语的一些特点,但有着自身的特色。

和传统新闻一样,网络新闻导语的一个重要作用就是展现新闻事件的亮点、最重要的要素或最能够吸引人的内容,从而勾起受众的好奇心。如果导语平淡无奇,毫无亮点,那受众很可能没有耐心继续往下阅读。而且,借助于超链接,网络新闻的组织是多层级的。这与传统媒体在一个平面就将所有内容呈现给受众明显不同。当受众浏览新闻网站时,他们首先看到主页上的新闻标题列表,随后通过点击进入第二层级的新闻正文页面,开始阅读新闻。在这一系列阅读行为当中,新闻标题作为新闻报道的第一层次,无疑担当着引发受众阅读行为的决定性作用。而接下来的第二层次,则基本上提前完成了网络新闻受众的整个阅读行为。从这一意义出发,对于现在的网络新闻受众来讲,有一部分人的阅读行为可能结束于导语,即第二层次的写作。因此,除了要有引人入胜的标题之外,还需要制作精彩的导语,以吸引受众继续往下阅读。

网络新闻导语最主要的写作模式主要有四种,分别是直述式导语、悬念式导语、引用式导语和细节式导语。[①]

---

① 史为恒.新闻导语写作四法——以第27届“中国新闻奖”获奖作品为例[J].应用写作,2018(07):23-26.

1.直述式导语

在网络新闻导语中,直述式导语占大多数。这种模式开门见山,直述不曲,十分简洁明了地传递出新闻事实的关键和精华,符合受众扫描式甚至是浮光掠影的阅读习惯。受众只需阅读导语部分,便能够获取新闻事实的本质。例如,新华网的以下报道就采用了直述式导语。

美国国务卿和国防部长访问乌克兰(标题)

新华社基辅4月25日电 据乌克兰总统网站25日发布的消息,乌总统泽连斯基24日在基辅会见来访的美国国务卿布林肯和国防部长奥斯汀时,呼吁进一步加强对俄罗斯的制裁。(导语)

河南嵩山龙门队引入5名新援(标题)

新华社郑州4月28日电(记者刘金辉)中超河南嵩山龙门足球俱乐部28日官宣波兰中场阿德里安·梅泽耶夫斯基、黄紫昌等5名新援加盟球队。(导语)

2.悬念式导语

悬念式导语强调要引发受众的好奇心,吸引受众继续阅读下去。好的新闻导语不仅要凝聚新闻的核心内容,还要能够吸引读者的阅读兴趣,让其产生一种欲罢不能的阅读期待。在网络时代更是如此,因为新闻网站不受篇幅容量的限制,存储了海量的新闻资源,要想提升网站的浏览量,吸引更多用户,就必须在导语方面下功夫,如通过悬念式导语让读者产生"接下来发生什么"或"为什么会发生"等疑问,勾起他们往下阅读的兴趣。

例如,第27届"中国新闻奖"二等奖作品《4亿元科研"替代经费"无奈沉睡》就采用了悬念式导语。在读完导语后,受众会产生疑问"为什么高达4亿元的经费会一分钱也没有花出去",进而会迫切地想继续阅读,在主体部分找寻答案,一探究竟。

"政策出台一年多了,4亿元财政替代经费一分钱都没用出去。"昨日,在省财政厅科教文处,工作人员翻开一份2015年104号红头文件,无奈地摇摇头。《湖北省省属高校院所自然科学应用研发及成果转化财务管理暂行办法》印发于去年5月,旨在鼓励省属高校院所及其研发团队积极申报中央部委科研项目(纵向科研项目),支持科技成果转化。该《办法》在全国领先。

3.引用式导语

引用式导语是指在导语部分引用与新闻主题相关的人物的精彩话语。这一模式"如见其人,如闻其声",能够彰显新闻的真实性,提升可信度。引用分为直接引用和间接引用。直接引用即对新闻人物的话语不做任何修改,原封不动地搬到导语中,通常需要加上双引号。间接引用即对新闻人物的话语进行主题凝练或转述,编辑可以只挑选最能够凸显新闻主题的部分内容保留下来。引用式导语借助鲜活的新闻人物之口,表达编辑的立场观点,传递新闻要旨,更有感染力,也十分接地气,能够缩短与受众之间的距离。例如,新华网的一篇报道《掐灭诱惑青少年的水果烟 1.6万种口味电子烟引人入"坑"》就通过对烟民话语的直接引用,生动地反映出国家电子烟监管政策的效力。

"没有了就不抽了,国家帮我强制戒烟了。"北京女孩娜娜是薄荷味电子烟的狂热爱好者,烟龄4年,平均两天一个烟弹。听到调味电子烟从5月起禁售的消息,她有种解脱感。

4.细节式导语

细节式导语强调要凸显和放大新闻事件中的人物、场景或环境的局部、细节,从而增强报道的感染力,让受众产生新闻情境的沉浸感、现场感,尽可能引发受众的情感共鸣。美联社著名记者休·马利根曾说,把大量的细节加以巧妙运用,就可以写出可读的新闻。生动的细节可以使纸面上的文章留在人的心灵上,渗透到人们的情感中。

例如,中国军网的报道《除夕夜,陆海空三军军医大学医疗队紧急出征驰援武汉》就采用了细节式导语。时间是除夕夜,当普通市民在家中观看春晚时,解放军的医疗队则飞往武汉援助。时间上细致入微的描写,在本应一家团聚的除夕夜晚援助武汉抗击疫情,凸显了解放军医疗队的大无畏精神和为人民服务的初心,报道也一下子鲜活了起来。而且,这则导语中还包含一系列数字和修饰词,如"450人""23时44分"等。这些具体可感的数字,宛如一幅画面呈现在受众面前,更能够打动人,让受众产生代入感。

除夕夜,大家都在家看春晚,一群最美"逆行者"出发了。经中央军委批准,解放军派出3支医疗队共450人24日晚分别从上海、重庆、西安三地乘坐军机出发,于当晚23时44分全部抵达武汉机场,25日将正式加强到武汉地区指定接诊新型冠状病毒感染的肺炎病例较多的地方医院开展救治工作。

三、网络新闻正文的写作

新闻正文指的是导语之后、结尾之前的部分在报道中占据最多篇幅。新闻正文承接标题和导语,并对导语进行拓展和补充,使得导语部分所概括的新闻事件变得更加详细和具体。网络新闻正文还将新闻背景纳入其中,或者通过超链接的方式对新闻事件做出更加详细的阐述,使人们能够通过新闻正文对事件的前因后果有清晰的了解。如果有必要,网络新闻正文还会将相同类型的新闻事件、具备相同精神或行为的新闻人物、同一事件不同地点的相关新闻等进行整合,通过梳理和分析有关新闻,做出有针对性的分析和评论。①

写好网络新闻的正文部分,要注意层次清楚、点面结合、精选材料,并且与导语呼应,力求生动活泼。网络新闻采编人员在撰写新闻正文时,需要遵循以下两点写作要求。②

1.围绕导语展开,层次清晰

新闻正文的作用是对新闻导语进行拓展和补充,因此,新闻正文的内容要与新闻导语一致,这样才不会出现脱离新闻主题的情况。在撰写网络新闻正文的过程中,还需要搜集更多的相关背景材料来对新闻主题进行阐述,这样才能起到升华主题的作用。

网络新闻正文的写作要紧紧围绕着一个主题,并搜集与之相关的事实材料。在编排材料的过程中,要做到布局合理、层次分明,不仅使新闻正文简明扼要,而且能够全面地表达新闻事件。段落的划分也要合理,这样才能层次清晰。

网络时代的人们已经习惯碎片化阅读,以便快速获取相关信息。因此,要合理把控新闻正文的篇幅和叙事节奏,通过节奏明快、简明扼要、层次清晰的讲述,传递新闻要旨。

2.言之有物,形象生动

网络新闻正文作为网络新闻的躯干,要生动具体地反映新闻事实,不可出现空洞的情况。网络新闻正文要言之有物,紧扣新闻主题。要想吸引更多受众的兴趣,就要对新闻细节进行详细阐述。因此,记者在报道的过程中,要善于把握新闻事件的细节,这样才能更加生动地描述新闻事件。但是,需要注意报道有度,要真实地反映,不可添油加醋,混淆视听。

---

① 李文.《南方都市报》微信公众号新闻文本研究[D].广州:暨南大学,2016.

② 徐明华.网络新闻采写[M].武汉:华中科技大学出版社,2014:107-110.

四、网络新闻结尾的写作

新闻的结尾部分发挥着总结前文、升华新闻主题的作用。不过，在传统的新闻文本中，结尾被一些学者认为是“可有可无”的，如谢晖认为有的新闻文本的结尾在结构上不明显，内容上也没有特别之处，只是新闻事实的一个平列的构成元素，或者是非事态逻辑必然的补充信息元素。快讯、简讯、短讯等新闻文本只是报道一个新闻基本事实，语言简练，没有一般所说的“结尾”。①

在网络新闻中，结尾部分在新闻写作中普遍发挥着重要作用。这主要是因为，传统媒体的版面有限，编辑往往会从报道的末尾开始进行字数的删减，以适应版面的要求，这样一来，结尾部分就会缺位。而网络新闻文本的版面空间十分充裕，只要相关新闻文本有结尾的必要，编辑往往不会删去。

在网络新闻中，结尾的方式更加丰富，并不局限于文字，以图片或视频来结尾也比较多见，还包括使用超链接来拓展相关新闻的文本信息。链接的内容主要有对同一新闻历史消息的回顾、对同类型新闻的罗列、对某一新闻的持续关注或系列报道、对新闻事件或新闻人物背景的补充等。因此，编辑在结尾部分应充分运用多媒体形式，设置链接，重视扩展。网络新闻结尾的写作还需要做到不吝于表达意见、态度，这不仅适用于政治新闻和辟谣类新闻，即使是最接地气的民生新闻，也需要编辑鲜明地表达意见和态度，从而达到“长于发声，敢于发声”的效果，②发挥好深化新闻报道主题、引导好网络舆论的作用。

知识回顾

网络新闻的文本结构在一定程度上脱胎于传统新闻，在继承传统的倒金字塔式结构和华尔街日报体结构的同时，也有创新，涌现出了斜金字塔式结构。编辑可依照新闻体裁、新闻事实等方面选择相应的文本结构，来进行网络新闻的写作，安排标题、导语、正文、结尾这四部分各自的内容，向受众呈现新闻事实以及延展的背景信息。在网络环境下，新闻标题、导语、正文和结尾也有了新的写作要求和技巧，网络编辑需要与时俱进，适应网络新闻事业的发展要求。

① 谢晖.新闻文本学[M]北京：中国传媒大学出版社，2007：120.

② 李文.《南方都市报》微信公众号新闻文本研究[D].广州：暨南大学，2016.

思考题

1. 网络新闻的常规文本结构有哪些?

2. 网络新闻标题制作中有哪些实用技巧?

3. 网络新闻导语的写作模式有哪些?

4. 网络新闻正文要遵循哪些写作要求?

第七章　图片、图表及视频新闻编辑

知识目标

1.图片新闻的传播优势。

2.访谈节目策划的要点。

能力目标

1.掌握选择图片新闻的基本要求。

2.了解多媒体新闻在网络传播的优势。

思维导图

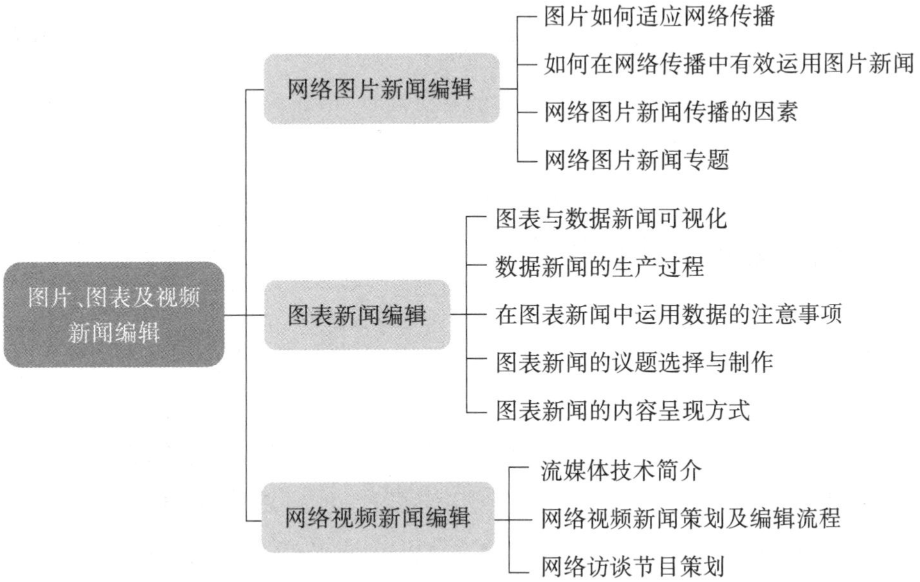

@ 案例导入

“红色百宝 奋斗百年”是新华社播出的百集融媒体短视频，通过100集短视频、100件文物、100个文物故事向受众讲述党的百年奋斗历程。这些文物分别由中国国家博物馆、地方博物馆和革命纪念馆提供，100件文物承载着全国各族人民团结一心、共创幸福生活的美好愿望。“红色百宝 奋斗百年”以文字、动图、短视频的形式向受众展现百年历史，生动讲述了革命先辈百年来艰苦奋斗的故事。短视频轻量化的传播方式减少了受众的心理压力。“红色百宝 奋斗百年”平均每集3分钟，用户利用零碎时间就可以“追剧”学党史。“红色百宝 奋斗百年”自2021年2月18日开播，到6月30日播出最后一集，全网观看量近50亿次，100集短视频中有40集被置顶或登上热搜榜。每集短视频的片尾还设置了“百宝猜猜猜”，节目组根据短视频内容设计了几个简单问题，要求用户在规定时间内作答，最后给出正确答案。通过这样的设置，把单向传播变成了双向互动，让受众在记住文物及其背后故事的同时记住了党的历史。

第一节　网络图片新闻编辑

这里所讲的图片新闻是狭义的，指新闻照片。图片新闻是网络新闻的主要形式，相较于文字新闻，其优势在于更加便于受众的直观理解，增加新闻含义的直观度，对于阅读者具有“望图知意”的便利。

一、图片如何适应网络传播

随着网络媒体平台的大量兴起，人们的生活节奏加快，碎片化的图片阅读模式更受人们的青睐，“读图时代”由此来临。

相较于文字，图片形式的信息传播能给人更加直观的感受。图片是具象化的，人们对于这种具象信息更容易接受和记忆。使用不同语言的人，都能够读懂同一图片的信息；即使不识字，也能理解图片表达的含义。可以说，图片是人类普遍能够接受的信息传播模式。

内容丰富的图片信息能够带给读者强烈的视觉冲击力。图片内容基本都是客观事物,能够反映事物的本来面目,如果只用文字来表达,反而会显得过于单调。一张内容丰富、信息表达准确的图片胜过千言万语。

图片比文字更能抓住读者的眼球。当人们打开新闻网站时,首先关注的是各种内容的新闻图片,而不是具体的文字信息,因为图片信息更能调动人们的思考,引发读者的好奇心,从而对新闻内容产生兴趣。在互联网新闻传播中,无论是事件还是人物,都需要通过图片来准确地传递信息。读者通过阅读图片,能够直观地掌握新闻事件的核心要素。

网络新闻图片编辑和报纸基本一样。选择图片要满足三个基本要求:

(1)能有效传播信息,能突出、醒目或恰当地陪衬信息;

(2)能吸引用户注意,引起阅读兴趣;

(3)能加强文章其他方面的效果。

二、如何在网络传播中有效运用图片新闻

在当代社会,人们更加习惯视觉的表达形式,图片已经充斥着人们的生活。所以,我们需要就如何更有效地将图片传播模式运用到网络新闻传播中进行分析。

1.充分发挥图片的优势

在新闻传播中,图片不仅具有纪实性,而且能够真实反映事情真相。随着图像技术的不断革新,如今,无论是行星还是微生物,以及人们生活的方方面面,都能够借助图片来传递信息。读者通过阅读图片,能够更加直观、准确地掌握新闻内容,图片新闻在新闻传播中逐渐成为主要方式。

2.要提高图片占比

由于网络新闻传播不受页面的限制,如此一来,就能够更好更灵活地使用各种图片。此外,还能通过超链接实现文字与图片的转换,以及大图与小图的转换。基于这一优势,在网络新闻模式中要尽可能地多使用图片模式,让读者对新闻事件更加感兴趣。

当然,图片与文字结合才能将新闻事件完整地呈现给读者。图片要有相关文字进行说明,图文结合才能让读者准确地掌握新闻事件的核心内容。通过文字,读者能够知

道事件发生的时间、地点、原因和主要人物。说明性文字能够突出新闻事件的主题，让读者了解事件的来龙去脉。

3. 采用专题图片，实现深度报道

相较于文字内容而言，图片只能反映一般客观事实，深度不够。因此，人们就如何通过图片来实现深度报道新闻事件进行了研究。有学者提出了专题图片模式，也就是我们常说的“组图”。

所谓专题图片模式，就是在某一个新闻事件中，通过多组互相关联的图片来进行深度报道，将新闻细节以图片的形式完整地展现出来。专题图片内容更为丰富，信息含量大，可以全面地展现新闻的细节，提升报道的深度。

4. 要提升图片的真实性

随着图片编辑技术的发展，人们用相机拍摄出图片后，可以借助电脑软件来进行细节处理。图像处理的技术优势，为摄影艺术创作提供了广阔的空间。但是，如果有人故意通过这种手段来混淆视听，制造虚假新闻从中牟利，就会使新闻丧失了本来面目。

近年来，新闻图片造假屡见不鲜。比如，《今日美国》曾经发布了一则关于国务卿赖斯表示驻伊美军短期内不会撤军的报道，在该新闻下面有一张赖斯的照片。有人指出，该照片是经过人为处理的，对人物面部细节作了特殊处理。此后，《今日美国》撤换了这张经过特殊处理的图片，将原始图片重新刊发上去，并就此做出解释，原图确实被编辑人员进行了特殊处理。

5. 要确保图片尺寸的合理性

相较于文字信息，在网站上打开一张图片所需的时间要久一点。如果图片长时间无法打开，用户会选择关闭网页。网络传播过程中，浏览网页中图片的速度取决于带宽。此外，图片尺寸越大，打开速度越慢。图片分辨率可以进行调整，确保能够快速浏览网页。

6. 要确保新闻图片资源得到充分利用

在全民读图的背景下，新闻传播越来越多地使用到图片，只靠本单位有限的摄影记者根本解决不了问题。所以，要想满足当前的图片阅读模式，必须建立起完善的图片市场交易机制。图片市场的主体是图片公司，这类企业将图片有偿提供给广告企业、杂志、出版社以及媒体等。图片公司是图片拍摄者与新闻网站二者之间的关系纽带，作为

一种中介组织存在。

中国新闻社下属的新闻图片网络中心是我国每天播发新闻图片的机构之一。该中心完全运用线上交易模式，将当天的新闻图片全部转为电子文本，然后发布到相关平台，确保图片资源能够实现最大效率的利用。用户可通过该图片网络中心进行图片浏览、搜索和下载。在该平台上，所有新闻图片的大小、分辨率以及格式都有标准设定。该平台上存储了海量的历史新闻图片，用户完全可以根据需求来查找以往的图片。

三、网络图片新闻传播的制约因素

虽然网络图片新闻有其优势，但在传播过程中依然存在不足。网络图片新闻传播效果的制约因素主要有以下两点：

(1)面对不同性质的媒体，受众的读图习惯有所区别。传统媒体的图片不用付费，因而报纸上的图片大家都会关注。而网络图片需要付出经济代价，受众就会谨慎一些。

(2)制约网络图片新闻传播效果的另一个主要原因是网速。如果网速快，受众对于图片的兴趣就会提高。过慢的网速会限制图片的阅读率，削弱传播效果。

四、网络图片专题

在新闻进入读图时代的今天，很多门户网站都设立了自己的品牌图片栏目。在组织图片专题的过程中，要注意以下几点：

1.选题内容贴近人心

从现有各大网站策划的图片专题来看，选题内容多集中在贫困、疾病、灾难、老人、小孩、打工者等主题，摄影的对象多是普通人。他们所遭遇的坎坷人生，最能引起大众的情感共鸣。精心挑选符合栏目定位的选题，是图片专题取得成功的关键之一。

2.整合传媒资源

门户网站的网络图片专题，大部分来自与传统媒体的合作。很多优秀的摄影师扎根在传统媒体中，为栏目提供了很多优秀的作品。这种合作模式也有一定的弊端。来自传统媒体的稿件，一般会要求在原媒体刊登后才能在网上发表，出版周期受限，时效性在一定程度上会被影响。

随着越来越多的门户网站推出相似的图片专题,追求独家逐渐变得困难。买断摄影师一期的作品,价格往往高达上万。成本过高,导致图片专题不能频繁地推出独家稿件。各大门户网站的图片专题编辑思路可能会有一定的差异,然而整体而言还是呈现出同质化趋势,这不利于塑造图片专题的品牌个性。

3.打造独家摄影团队

为了避免因同质化而丧失品牌优势,除了被动地等待来自传统媒体的优秀稿件,图片专题还可以建立自己的摄影团队,以获得独家的新闻图片。作品由摄影师和编辑共同商讨选题后拍摄,这有利于深度独家专题的建立。在摄影师拍摄期间,编辑便可提供选题建议,拍摄虽历时较长,然而最终推出的作品大都是有影响力的好作品。高质量加上独家模式,有利于塑造图片专题的品牌个性。

4.重视图片的版权

为了丰富稿件来源,图片专题应持一种开放的态度,这有助于保持生命力。图片专题也会在网络上直接寻找资源,要注意的是维护创作者的版权,为每位摄影者提供稿酬。这对维护图片专题的口碑具有积极意义。

第二节　图表新闻编辑

从广义上讲,图表新闻是图片新闻的一种。统计图、示意图等都属于图表新闻的一种类型。图表新闻中,不仅包括文字、图形、图片,还包括数据、线条等元素。图表新闻便于读者集中阅读,一目了然。

一、图表与数据新闻可视化

网络媒体使用最广泛的是数据新闻模式。从制造流程来看,信息可视化环节是最为关键的一个步骤,将新闻事件所包含的数据进行整理汇总,最后绘制成图表,保证新闻的真实性和简明性。读者通过阅读图表,就能了解新闻事件的来龙去脉。

(一)数据新闻

数据新闻是基于数据的抓取、挖掘、统计、分析和可视化呈现的新型报道方式。随着信息技术的发展,海量的数据影响着人们的工作和生活,受众需要的是对信息更明晰的呈现、更准确的分析和更深层的解读。这对新闻生产方式也产生了广泛的影响。[①]《数据新闻学手册》一书中讲到,数据新闻的意义是帮助记者用图表讲述一个错综复杂的故事,并且帮助解释新闻事件和个人之间的关联。

2012年,国际首个数据新闻奖Data Journalism Award诞生了。该奖项旨在表彰在数据新闻方面有突出贡献的个人或组织。从设立至今,已有不少新闻媒体获得了该奖,例如英国的《卫报》、BBC以及美联社等知名媒体平台。

在数据新闻模式中,新闻的传播需要借助数据来实现,从信息的收集、编辑到报道,数据技术渗透到了所有环节。在这种模式下,图表、数据占了很大比重,文字篇幅较少。编辑首先需要运用数据挖掘和分析技术,对数据进行采集、筛选和汇总;继而从中找出新闻线索,理清新闻事件的脉络,或者采集大量的样本数据,突出主题,进行深度报道;最后将有价值的数据进行可视化处理,形成直观的图表,便于读者阅读。

数据新闻主要从新闻来源、新闻素养和新闻含义三个方面显示出自己的特性。

1.新闻来源

传统新闻的来源是记者出去打听线索。当有新闻时,记者便扛着摄像机到达新闻现场采写新闻。数据新闻则是从海量的数据中进行挖掘来获取线索。《纽约时报》善于记录数据,如船只到达的时间、货物量等;《华尔街日报》则长于记录股票数据。这些数据都将为以后的挖掘做准备。数据不仅仅是定量的数字,还包括其他形式的资料。

2.新闻素养

传统新闻对记者的要求除了职业道德以外,主要包含两个方面:新闻敏感性和叙事能力。数据新闻则更注重获取海量数字信息的能力和数据处理与可视化能力。

3.新闻含义

传统新闻的定义强调对新近发生的事实的报道,而数据新闻可以理解为对新近"发现"的事实的最新报道。所以,传统新闻是基于事实本身的公开报道,而数据新闻则是对事实进行深挖而获得的事实背后的故事。

---

① 沈阳.数据新闻的未来:数据新闻、数据服务、数据体验的结合[J].中国传媒科技,2014(Z1):11-12.

(二)数据新闻的意义

数据新闻开启了新闻界全新的时代,其意义有如下三个方面。

1.数据新闻提升了新闻报道的科学性和真实性

数据新闻跨越时间、空间,增加了报道的广度和深度。长期以来,在新闻报道中,人们总是想在整体真实和部分真实之间寻找最佳平衡点,因为二者总是存在矛盾。数据新闻的出现,给新闻人员提供了不一样的思考角度,借助网络技术对海量数据进行筛选,收集更多的样本数据,运用统计分析方法,能够确保这些数据全面、完整地反映新闻事件的全貌。[①]2020年12月30日,新华社的编辑部与知乎合作推出了视频《2020,36亿数据绘出这条线》。这其实是一项社会意向调查,通过对36亿条新闻数据以及其他热点事件数据进行汇总整理,并要求网友对相关问题进行回答,最终完整、直观地展现了2020年所发生的所有重大事件,并借助大数据技术,将抽象的情感进行具象化处理,形成数据表格,对2020年的所有新闻事件进行了汇总盘点。这次尝试是一种十分新颖的有创意的新闻报道模式,引发社会大众的强烈反响。

2.科学的数据分析法能够快速找到焦点信息

通过科学的数据分析法,编辑能够从大量碎片化的信息中找到变化趋势和发展规律,从而凝聚新闻焦点信息。例如,《经济学人》抓住世界多国生育率降低这一焦点现象,推出了一篇文章《历史的终结和最后一个女人》。这篇文章根据现有生育率的发展规律,对各个地区最后一个女人降生的时间进行了推算。这篇文章引发了公众对生育率下降的思考。

3.科学技术推动了数据可视化的发展

如今的新闻可以通过信息图表、动态视频等形式展示数据。和传统的文字描述相比,图表和动态视频等交互式数据信息设计能让用户体会到数据信息带来的乐趣。法国数据记者让·阿比亚特西在《"傻瓜"的艺术品市场》一书中,对320件高价拍卖的艺术品的相关数据进行了分析。在这一数据新闻作品中,用户能够找到各个年代、各个流派的高水平艺术家;还可以通过依照艺术作品的年份、艺术家的个人信息、作品的销售情况、作品拍卖地以及艺术作品的诞生年代等,在已经梳理好的艺术品数据中找到自己想要的信息。

---

① 方洁.数据新闻为媒体注入创新活力[J].中国报业,2014(05):48-49.

(三)图表:数据新闻可视化

在新闻市场中,可视化的图表新闻已经成为重要的新闻呈现形式。图表新闻的数据分析特征更明显,数据阐释能力更强。在报道涉及大量数据的事件时,常常通过图表来呈现数据的变化规律。通过对数据的实证分析,可以提升新闻的可信度,提高报道的客观性,同时帮助读者从多个角度了解事实,明确新闻事件产生的本质,掌握其内在规律,这也是图表新闻成为重要的新闻呈现形式的原因之一。

国外的《纽约时报》、BBC等传统媒体开始以信息图表的形式呈现数据新闻信息。国内多个网站也推出了图表类新闻专栏,如搜狐的图表新闻栏目《数字之道》,其重点在于“信息可视化,图表说新闻”。网易的《数独》栏目,提出“用数据说话,提供轻量化的阅读体验”。央视网也推出了其图解栏目。

二、数据新闻的生产过程

数据新闻的生产过程包括以下几个方面:新闻选题、收集数据、处理数据、可视化、故事化。①以下将结合作品《大阅兵后再看这组外媒数据,忍不住又红了眼眶!》进行说明。该作品获得第30届中国新闻奖融合创新类二等奖,由《最燃“C”大调》短视频和量化数据内容分析两部分组成,首次把外媒对华报道的稿件数量变化,以视频形式呈现在网友面前,创意新颖,取得了极好的传播效果。②

1.新闻选题

据主创团队介绍,他们创作该作品的目标非常清晰,就是通过直观且能引起全球网友情感共鸣的方式唱响中国发展的强劲旋律,让闪耀着时代光芒的发展理念,成为讲述中国故事的主要叙事。通过整理外媒的对华报道总量和中国GDP变化的相关数据,直接呈现中国的发展历程,这一选题具有较高的新闻价值。

2.收集数据

数据由“他证”和“自证”两个板块组成。它们互相补充,保证了数据短视频的权威性和科学性。“他证”部分,也就是70年来外媒涉华报道的数据统计部分。纵然带着偏

①章戈浩.作为开放新闻的数据新闻——英国《卫报》的数据新闻实践[J].新闻记者,2013(6):7-13.

②王清颖,郜新鑫.让数据新闻解码年终报道新场域——创意视频《2020,36亿数据绘出这条线》综述[J].中国记者,2021(02):99-100.

见，西方媒体却在不自觉的状态下用了70年讲述了东方大国崛起的故事。以《纽约时报》为统计对象，因为《纽约时报》历史悠久，具有较广泛的代表性，并且可以从权威渠道搜索到《纽约时报》横跨70年的发行报刊，为精准统计数据提供了可能性；以头版为考量范围，因为头版是报纸所有版面中分量最重的一部分，头版数量的意义尤为突出。“自证”部分，选用世界银行历年的各国（经济体）GDP排名为开放性公共数据，权威性高。

3.处理数据

整个数据统计过程耗时近两个月。短短30秒的画面背后，是对70年10万余篇《纽约时报》头条新闻的整理、分析。通过对比分析、结构分析、平行分析、分组分析、综合分析和相关分析等方法，对数据进行描述性、探索性和验证性分析，进而得出结论，实现数据向社会知识的转变。

4.可视化

拉开70年的时间轴，用动态的柱状图展示《纽约时报》头版涉华经济新闻的数据变化，用横向的条形图展现全球GDP数据动态排名及演变。

5.故事化

《最燃“C”大调》短视频发布的时候，《中国日报》在官方微信平台配发了一篇长文，详解隐藏在数据后的深刻背景，形成了一个由浅入深的传播过程，让网友不只看得明白，更看得透彻。文章中梳理了70年外媒报道的四个阶段：第一阶段，蔑视封锁中国；第二阶段，被迫正视中国；第三阶段，炒作“中国威胁论”；第四阶段，炒作“中国崩溃论”。结果，让西方媒体感到失望的是，中国的GDP总量在2010年全面超过日本，跃居世界第二。70年《纽约时报》的报道，从侧面证明了：70年来，没有任何一个国家、任何一种力量能够阻止中国发展。

三、在图表新闻中运用数据的注意事项

大数据时代为数据新闻提供了丰盛的“食材”，信息图表的报道任务就是将这些食材烹饪出适合受众口味的色香味俱全的大餐。为保证“美味”，在制作过程中需要特别留意以下两点。[①]

① 周咏缗.大数据时代信息图表新闻的生存之道[J].新闻界，2014(01)：68-71.

1.数据的可信度

第一，保证数据来源的真实性和可靠性。数据信息来源要有据可查。一般来说，政府组织、行业中的权威机构所提供的数据信息具有较高的可信度，而民间调查公司、民营组织所给出的数据可信度相对较低。近年来，我国政务公开程度不断提高，信息公开量不断加大，公共数据越来越多地被披露出来，这一方面为新闻媒体提供了可靠的数据信息，另一方面为数据信息的可视化发展提供了机遇。

第二，在数据信息可视化的过程中，可以通过多项数据对比的形式提高数据的可信度，增强数据的客观性，使民众更直观地了解新闻主题。在数据对比中，有横向和纵向两种对比方式。纵向对比即历时数据的对比，是某一类别的数据在一段时间内的变化情况。横向对比指的是在同一时间段内不同类型数据的比较。

2.数据的准确性

在数据新闻的采集、编辑和发布过程中，都必须遵循准确的原则。信息编发所涉及的单位、具体数字指标、国外译名等，都应确保准确性。比如财经类新闻或调查类新闻，要确保数字正确，不能出现小数点位置打错、多一个零或少一个零等现象。

校对环节是对数据信息的重复检测环节，主要是检查数据信息的标题、数字、色彩等一系列细节信息是否符合规范，例如，报道灾祸类信息时，不能用暖色调的背景图。

四、图表新闻的议题选择与制作

在选题原则上，图表新闻与一般新闻一致，所关注的议题多为牵涉公众利益的话题，比如社会福利、环境、旅游、健康以及地区文化等。

通常来说，图表新闻的制作流程为：首先对原始数据进行抓取，接着根据既定选题聚焦数据中的部分信息，最后对这部分信息进行重组和分析，深度挖掘其背后意义。其中，最后一个步骤体现了数据新闻的本质。

比如，在网易的报道《青年就业怪现象：没好工作宁愿待业》中，记者分析了我国青年失业率和受教育情况的关系。结果表明，青年受教育的程度越高，越有可能失业，这是一种就业怪象。作者将中国青年就业情况与美国进行对比，并参照我国应届生公务员报考情况，得出结论：这种就业怪象之所以产生，有两个原因，一是教育结构和市场劳动需求并不相符，二是年轻人的就业观念和预期存在一定程度的误区。

五、图表新闻的内容呈现方式

图表新闻一般由可视化的信息图表和简单的说明文字组成。信息图表是一种设计表达，又称作数据可视化，其最大的特点是用丰富的设计语言表达数据或信息。

传统新闻中使用的图片、视频等，都是辅助说明新闻内容。而在图表新闻中，信息图表才是整个报道中的重点和亮点。信息图表设计的好坏，会直接影响到该新闻能否在第一时间吸引读者的注意力，能否让读者理解新闻内容，能否带给读者良好的视觉感受。图表新闻的呈现，要注意以下几点：

1. 多种图表形式结合使用

说到数据统计，很容易让人们联想到柱状图、折线图、饼状图这类数据统计结果的呈现形式。网易《数读》对数据统计分析的结果呈现不仅包括上述形式，还包括由地图、实物模型、抽象图、关键词等元素设计而成的原创图表。

2. 设计风格鲜明

以网易《数读》为例，其信息图表在内容表现上做到了简单清晰，并且总是能用非常简单的设计元素排列出让人眼前一亮的图形。

图7-1所示案例是网易《数读》中常出现的圆形元素：

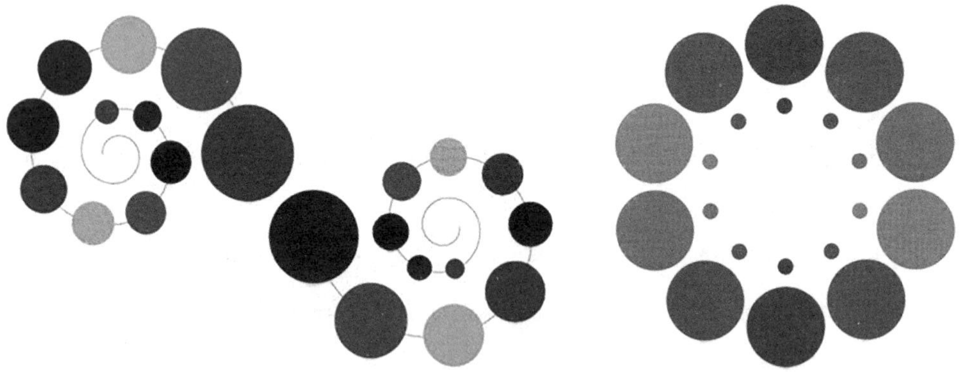

图7-1　网易常用图表设计中的圆形元素

图表中用不同颜色的圆来表示不同的类别，不等大小的圆表示所占的百分比大小。这两幅图用的设计元素都是圆，但排列出了不一样的图案，给读者带来了新鲜的阅读体验。

3.色彩搭配

在色彩搭配方面,网易《数读》仍然贯彻清晰的原则:使用的色调较少时深浅搭配;使用的色调比较多的时候冷暖相间,让整个图表色少而不单调,色多而不杂乱。

第三节　网络视频新闻编辑

网络视频新闻是基于互联网流媒体技术的新闻。流媒体技术用于新闻报道的方式大致有两种。一种是用于对新闻事件的记录,比如北京冬奥会期间,新华网会及时发布夺冠信息,同时以流文件的形式附上选手的精彩瞬间。受众既能及时得知比赛的胜负,也能够观赏最精彩的比赛环节。另一种是网上访谈。传统的广播电视媒体会将嘉宾邀请到媒体演播室进行访谈,以此加强媒体和受众之间的互动。网络媒体也开始策划和开展访谈节目,强化与网民之间的沟通交流,并利用流媒体技术在网络上实时转播节目。

一、流媒体技术简介

所谓流媒体,指的是在网络中使用流式传输技术,即在互联网上以数据流的方式实时发布音视频多媒体内容的媒体。音频、视频、动画或其他形式的多媒体文件都属于流媒体之列。所谓流媒体技术(或称为流式媒体技术),就是将音视频信息进行压缩处理,然后直接放到网络服务器上,受众无须把整个多媒体文件都下载完才能进行观看、收听,可以一边下载一边浏览。[①]流媒体是流媒体技术的核心。

自从1995年Progressive Network公司(即后来的RealNetwork公司)推出第一个流产品以来,网上的各种流应用迅速涌现,逐渐成为网络界的一大亮点。1995年4月,Progressive Networks公司推出了RealAudio软件,这个软件可以通过“流”的形式将音频信息实时传送到互联网上。那时候,市场对信息的需求着重于时效性和发布的速度,媒体更

① 邵培仁,章东轶.论流媒体时代的挑战与电视生存[J].浙江广播电视高等专科学校学报,2004(01):9-12.

关注是否能顺利发布信息，所以，流媒体出现之初，影像质量相对较低。用户能够通过网络了解大致的信息内容，但不能清晰地了解所有信息。后来网络信息技术迅速发展，用户对多媒体文件质量的要求越来越高。在流媒体应用方面，也从单纯的基础信息传递发展为得到视听享受。随后，流媒体技术飞速发展，音视频文件的质量得到极大的提升，拥有CD音质的音频和接近电视画面质量的全屏视频登场。

各种形式的多媒体文件能够实时传播，要归功于流媒体技术中的两项具体技术：数据压缩技术和数据缓冲技术。数据压缩技术可以将大容量的音视频数据压缩成小文件，这些压缩后的文件内存占比只有传统音视频文件的3%~5%，十分适合在互联网上传播。数据缓冲技术则是指，播放器在播放音视频内容之前，会在系统中提前缓存一部分数据，等到媒体需要播放音视频时，流媒体的播放器可以从中直接提取缓存数据。如此一来，即使网速偶有变化，依靠已经缓存的数据余量，依然可以流畅播放流媒体文件。打个比方来说，一个底部有一个小洞的杯子，如果在杯中先存储一定数量的水，那么即使从上面杯口倒入的水突然变少或中断，只要预先存储的水没有被消耗完，水就会不间断地从杯底的小洞流出，且流速保持不变。流媒体播放器所具有的缓存功能就相当于预存水的功能。

流媒体技术能够缩小多媒体文件的体积，在上传文件时，即使传输宽带质量不高，也可以实现文件的顺利上传，同时，小体量的文件有利于存储。流媒体技术提高了信息的时间敏感性，使信息实时传播成为可能。与传统媒体技术相比，信息的实时传输是很大的技术优势。流媒体技术出现之后，普通网络用户也能通过网络欣赏丰富多彩的多媒体节目甚至同步直播。用户无须经历长时间的下载等待，也可以观看流畅的视频，收听高质量的音频。在播放时长比较长的文件时，流媒体的优越性更加明显。另外，流媒体技术的传输协议比较特殊，用户端播放器和服务器是双向交流的，服务器能接收实时的用户端反馈信息，并根据反馈的信息（如跳跃、快进、倒退等）自动调整数据的发送。①

二、网络视频新闻策划及编辑流程

在对流媒体进行编辑之前，有一系列工作需要完成。②

（1）了解需求。确定提供什么声音和图像、提供给谁等问题。

① 章东轶.流媒体技术的现状和发展前景[J].今日科技，2003(07)：10-11+5.

② 何苏六等.网络媒体的策划与编辑[M].北京：北京广播学院出版社，2001.

(2)确定形式。确定以什么方式表现,用什么样的形式把内容呈现给用户,对于制作样本、资料收集、编辑等各个环节影响很大。

(3)提出草案。明确对象和形式,制订完成任务的方案,包括:对象是什么,准备交付什么,要交付的东西现在够吗,交付平台是什么,包括哪些多媒体元素,在什么地方能找到帮助,应用的预算有多少,有哪些环境限制等。

(4)做出样本并评估。在新网站或栏目刚开始使用时,根据草案和已确定的形式,找一个具体例子做详细的样本。评估主要分为三个方面:①是否满足用户需求;②是否充分发挥了影音的优势;③审核预算。

(5)采集资料。这是一项非常具体的工作,是在草案指导下参照样本进行的,但又不拘泥于样本。它包括声音、图像、文本、图片和动画等的采集。

(6)汇整资料,就是将资料分类并放入相应的数据库中。

(7)进行编辑。根据形式,从数据库中读取资料组成完整的信息,亦即信息组合。这一步需要考虑一些较细的问题,且技术性很强,如界面如何设计、如何充分利用资源、如何利用多媒体的交互性、如何建立超链接等。

(8)运行经过编辑的作品。对编辑完成的作品进行试运行,模拟用户使用过程,从整体层面和具体细节上考察,最重要的是对交互性等特殊功能的测试,找出一切可能发生的页面错误。

(9)调试与修改。对运行结果进行总结和评价,修改不妥之处。

(10)投入使用。在内部运行完成之后,声音和图像信息就可以正式放在网上。注意定期更新和维护。

网络视频新闻使用流媒体编辑软件的视频压缩功能,生成可以用于网络传播的新文件格式。观众可以通过互联网登录网络视频新闻发布网站,观看自己需要的新闻。

知识回顾

多媒体新闻并不是由视频新闻、广播新闻、图片新闻以及文字新闻等简单叠加而成的,与单纯的网络视频新闻也存在差异。就定义来看,多媒体新闻应该是多种媒体报道形态的有机融合,具备自身的特点和内涵。多媒体新闻对记者的素质提出了更高的要求,不仅要求具备使用多媒体的能力,更需要具备综合运用技术、策划选题、分析整合信息等多种能力。

思考题

1. 数据可视化的发展对图表新闻有什么影响?

2. 如何在网络传播中有效运用图片新闻?

3. 请你谈谈对网络图片专题传播效果的看法。

第八章　网络新闻专题策划

知识目标

1. 网络新闻专题策划的分类。

2. 网络新闻专题策划的发展。

能力目标

1. 了解网络新闻专题策划的步骤。

2. 了解网络新闻专题策划的基本思路。

思维导图

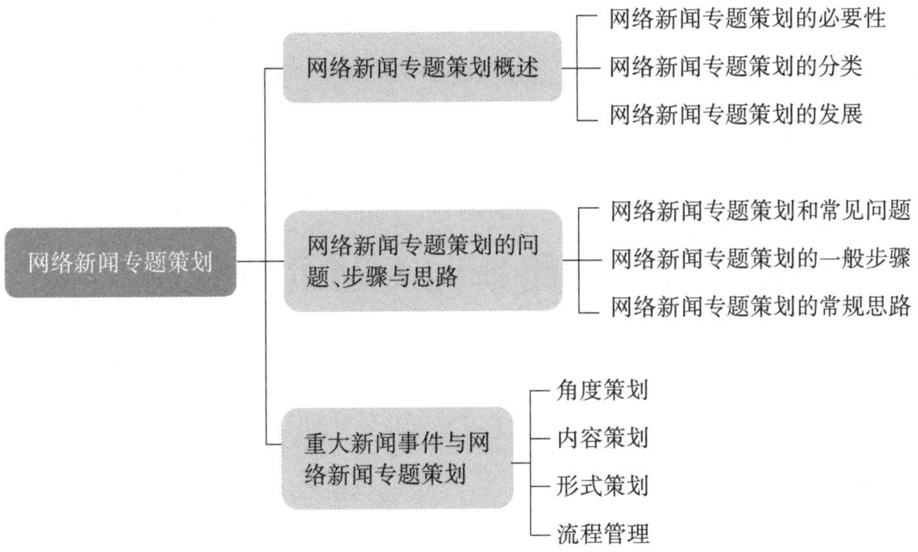

@ 案例导入

第26届中国新闻奖评选中，中国江西网制作的《千年大墓 惊世挖掘——南昌海昏侯墓出土》荣获中国新闻奖网络专题类一等奖。这一新闻专题依托网络传播规律，讲好了“北有兵马俑，南有海昏侯”的考古故事，传递了文化自信的正能量。

据了解，作为考古所在地的主流媒体，中国江西网多次专门召开专题策划会，组建采访、编辑、技术、美工等团队，目标很明确，就是要精心创作出一个优秀的网络专题，全方位、立体化地报道这次历史性考古发掘。

策划中，主创人员悟到，南昌海昏侯墓出土的文物之多、种类之丰富、工艺水平之高，正是文化自信的最好诠释。于是，专题定位于：通过海昏侯墓葬发掘过程和发掘成果，介绍文物知识和价值；通过展现海昏侯墓葬文物，体现中华民族博大精深的文化；设置系列互动环节，引导价值取向，激发受众的文化自信。

同时，在专题内容选取上实现互联网“融”的特色：一是报网融合，将《人民日报》《光明日报》《经济日报》《江西日报》《信息日报》《江南都市报》《南昌晚报》等中央及地方纸媒关于海昏侯墓发掘的文字图片融入；二是台网融合，将中央电视台、江西广播电视台、南昌广播电视台等关于海昏侯墓发掘的音视频融入；三是原创融合，将采编团队采写的原创内容进行融媒体报道，通过高清图集、小专题、小视频、微博、微信、H5、全景、论坛等形式呈现。通过这些互联网的“融”特色使各种媒介相互配合，相互作用，浑然一体，受众畅游其间，应接不暇。

第一节　网络新闻专题策划概述

网络新闻专题以社会中的热门事件或具有重大影响的事件为核心，在特定的时间内，以图片、文字、视频等为表现形式，并结合问卷等互动手段，对页面、栏目等进行规划和制作，以进行全方位且具有连续性的深入报道。网络新闻专题以其及时性、整合性、全面性、互动性以及多媒体性等多种优势，体现出网络新闻传播的价值规律，自诞生以来，就成为网络新闻报道与编辑最独特的方式之一。

与其他新闻报道形式相比，网络新闻专题具有明显的全面性，融合了多种媒体表现形式，体量很大，因此需要预先进行周到细致的策划，以引领实践。

策划涵盖了两方面的内容：一是看待问题的视角；二是推进项目的程序。网络新闻专题策划指的就是，引领整个专题制作的主导思想及具体落实的方案策略，不但要提出高屋建瓴的理念思维，从高度上统领整个新闻专题项目，还包括在具体流程中的细节上进行包装。基于此，网络新闻专题策划分析，并不是局限在专题的理念思维，而是需要从选题、角度、内容、版面等多个层面进行分析。①

一、网络新闻专题策划的必要性

网络新闻专题是一个系统性的工程，策划显得尤为重要。只有经过精心的策划，网站编辑才能做出有深度、有内涵、可读性强的专题。网络新闻专题几乎穷尽重大新闻事件的方方面面，没有周到细致的策划，整个专题就会像一盘散沙。

纸质媒体的重大事件专题，最多也就十几个版面，加起来不过十来万字，几十张图片。网络新闻专题的容量远远超过纸质媒体。例如，第26届中国新闻奖的网络专题《你好，中国》第三季（青春季），以促进中俄青年友好交流为目标，选择了50位中国青年各自拍摄的微电影素材，向俄罗斯朋友介绍“中国梦”，其中涵盖了图片、文字、视频等多种形式的多媒体素材，全方位向俄罗斯青年展示了“中国梦”的真正内涵，体现了网络新闻专题报道的强大优势和鲜明特色。如此大的容量，不进行策划和前期准备肯定是行不通的。

二、网络新闻专题策划的分类

策划制作网络新闻专题前，网站编辑要准确掌握网络新闻专题的核心目的，弄清楚是为了宣传某人物、报道某事件还是聚焦某话题，正确、合理地选择网络新闻专题的类型，从而围绕中心开展策划。②依据专题的属性分类，网络新闻专题策划大体上可以划分为事件类专题策划、主题类专题策划、挖掘类专题策划。

---

① 贺倩．网络新闻专题策划研究[D]．西安：西北大学，2016.

②朱习芳．浅谈网络新闻专题的策划与制作[J]．新闻前哨，2019(08)：23-24.

1. 事件类专题策划

事件类专题一般源自突发性事件，有强动态性的特点，在事件发生前没有办法做任何策划准备。这类专题策划不需要在选题上大费周折，因为事件是突然发生的，本身就非常有新闻性。对于突发重大新闻事件，策划的关键是抢时效性，在事件发生后应快速发布专题页面。这需要编辑尽快收集到关于该事件的更多信息材料（如类似事件报道、背景资料），这样才能更好地满足受众需求。而且，策划人员要实时追踪该事件的发展进程，不断跟进、完善专题策划方案，并尽可能在第一时间发布事件的进展。受众一般不会满足于只了解事件的初期阶段状况，而是会对事件的发展产生好奇心，希望对后续的进展有更多的了解。在跟进报道事件发展的同时，编辑需要搜集、整合事件的花絮、评论等相关资料，发掘事件更深层的社会背景。通过这些信息，受众可以知道社会对该事件的看法和反应。

突发事件的报道是有次序的，首先是时效性，其次才是持续跟进报道。因此，专题策划人员应合理利用有限的精力，做到分清主次轻重，有序地进行编辑行为。在事件发生的初期，策划人员无须注重版面、声像和包装的雕琢，而是重点关注对事件的跟进。

突发事件的专题策划需要媒体做到高效快速反应，这给网站带来了更大的挑战。但是如果网站能够应对好这样的挑战，就会推动媒体品牌的塑造。

2. 主题类专题策划

主题类专题通常都是由可预见的主题发展来的，宣传性、服务性较强。此类新闻专题所关注的新闻事件具有周期性，例如两会专题等，有程式化特点，会在一定时间或周期内重复出现。因此，需要专题策划者想方设法抓住会议提出的关键精神、会议讲话的重点，以及与过往不同之处。如果策划者能抓住这些特点，牢牢吸引住浏览者的眼球，那就会使这类专题成功出彩。

主题类专题的策划通常都可以提前计划好，预先设定有针对性的宣传要点和报道计划，从而使准备时间比较充足，在报道时能按预先设计好的策划方案做。但是，要在这种模式中把握热点推陈出新，策划人员就要有更高的新闻敏感性。

例如，针对神舟十三号的专题策划报道，关于出征时间、出征的宇航员、宇航员何时出舱活动、出舱活动的任务以及飞船在轨停留时间等，都已经有确切的消息，整个事件的安排和走向都是明确的，这就是可预知的事件。

选择合适的报道手段、报道角度、报道时机和规模，是可预知事件的专题策划重点。

新闻网站策划关于神舟十三号的专题报道时，应注重变换角度，可以关注航天员执行出舱任务、航天员生活、航天员跟青年学子的“天宫对话”、知识科普等角度，以及“写给太空的留言板”等具有互动性的板块，而非文字、视频以及滚动公告等平常报道。

除此之外，策划人员可以花费充裕的时间进行形式上的创新，转变这类专题在受众心目中的呆板形象，以此吸引大众的眼球。如引入新的设计形式，形成自己的风格，提高识别率。还可以邀请相关领域的专家参与到节目制作中，进行“嘉宾访谈”，吸引更多的受众参与互动。

3. 挖掘类专题策划

挖掘类专题策划就是把新闻事件有关的所有素材进行归纳、整理、分析，进行二次创作，从中找新的视角、新的观点再次进行报道，为受众展现新闻事件的实质及其背后的新闻。新闻策划人员对新闻事件在网络上的大量相关信息进行过滤和筛选，避免受众被不实信息所误导，并能够让受众用最短时间全面了解新闻事件的起因、过程、结果和后续影响。挖掘类专题的代表有《聚焦“讨工钱”专家孙武胜》等。

挖掘类专题需要在整合原有新闻报道的基础之上，找到新思路、新视角、新的能够引起受众共鸣的内容，而不是对原有新闻进行简单的“复制”和“粘贴”。这要求策划人员独辟蹊径，找到不同的解读思路和观点。

三、网络新闻专题策划的发展

互联网的快速发展，改变了过去单一的新闻专题模式，孕育出形式更新颖的网络新闻专题。这也推动了网络新闻专题策划的进步。

1. 从编辑型专题策划到采访型专题策划

编辑型专题策划就是首先寻找一个有新闻价值的题目，然后从传统媒体中获取跟该题目相关的素材，再对现有资料和素材进行分析、整理、汇总，最后找到合适的视角将上述素材组织起来。编辑型专题策划非常考验策划人员的社会观察能力和自我思考能力。它要求策划人员在选题和报道视角的选取、独特内容的展现以及语言组织等方面具有很高的素质。所以，策划人员需要具备创新精神。

在非时政新闻领域方面，由于没有政策限制，新闻网站更有创新空间，可以自由选择主题进行策划，结合自己的人力、物力资源完成整个专题的内容。这类专题既要汲取传统媒体在选题和采访工作中的精华，又要发挥出网络新闻传播的优势，形成适合非时政新闻的策划工作方式和流程。目前，网络媒体的社会影响力逐渐增强，也越来越重视采访型专题策划。

2.从事件型专题策划到非事件型专题策划

事件型专题策划是指选定某个具体的新闻事件作为核心，围绕其策划专题报道的内容。中国新闻网站的事件型专题内容就是在一系列突发新闻事件或者影响力较大的活动中孕育、发展起来的。后来，此类专题报道逐渐发展为网络专题最常见的类型。

事件型专题也存在缺陷，容易受限于突发性新闻事件等外界条件，与其他网站内容同质化的风险较高。要拓展网络新闻专题的选题范围，就得突破这种局限，于是非事件型专题策划逐渐得到重视。非事件型专题关注的是某个时间段社会上突出的现象、矛盾或问题，实现了对单一新闻事件的超越。非事件型专题策划的时间范围更广，主题范围更宽，可以挖掘新闻事件的潜在报道价值和隐匿性比较强的话题，充分发挥媒体的环境监测功能。如今，各个网站在选题策划上的竞争就集中于非事件型专题的报道力度。

3.从客观型专题策划到主观型专题策划

目前网络新闻行业在稿件的选择与编排上，存在两种截然不同的思维方式：一种是追求客观而全面的稿件，选择稿件时采取较为简单的归类原则；另一种更强调专题中稿件与稿件之间的逻辑关联性，整体性很强，稿件之间的组织架构带有编辑强烈的主观感情在内。前者可称为客观型专题策划，后者可称为主观型专题策划。需要指出的是，国内互联网行业兴起初期普遍注重客观型专题策划，但是近几年以来，新闻网站正积极探索主观型专题策划，在这方面投放了更多的资源。

主观型专题面临更大的风险，这对工作人员挑选稿件的能力提出了更高的要求，需要挑选适合进行主观性评价的主题。在策划时，还应该提高站位思考能力，这样才能够准确挖掘社会现象的本质。主观型专题应尽可能地避免发布者的意见凌驾于用户意见之上，同时也应该避免只展示一方观点的情况，最好能够同时展示多方的观点。

4.从“堆砌式”专题策划到“混凝土式”专题策划

在多媒体素材日益多元的背景下，网络新闻专题策划需要关注如何更好地整合多媒体资源。在一开始，很多以多媒体为载体的新闻专题报道往往只是简单地将不同形式的素材进行堆砌，素材之间缺乏逻辑关联性，同时也没有体现出差异化信息之间的互相补充和相得益彰的关系。[①]这是在进行网络专题策划时需要克服的问题。

让不同形式的多媒体素材之间体现出深层的逻辑关系，这是多媒体新闻专题策划发展的目标。多媒体中涉及的动画、音频、图片等素材，应该像水泥、砂石一样被浇筑成牢不可破的混凝土。比如，新闻报道中经常采用的Flash动画可以将图片、音频等进行有机整合，从而将信息更好地传递给受众。这个过程中，多媒体的各个元素除了发挥信息传递功能以外，还相互交织，产生共同的信息传达效应。

要实现多媒体应用的高层次要求，专题策划人员就必须在素材的选择、设计、编辑加工等环节采用融合思维方式，从而为多媒体素材提供更大的发挥空间，让每一种新闻报道形式都能够得到最合理的应用。这就对新闻网站的策划人员提出了更高的要求，当然也是对新闻人才培养模式提出的一种新要求。

第二节　网络新闻专题策划的问题、步骤与思路

网络新闻专题的策划和组织，是网络媒体在特定的时间跨度内，充分整合文字、图片、音频、动画等多媒体表现形式，再结合专家连线、实地调查等多种手段，对特定新闻主题进行全方位、立体式报道的过程。

一、网络新闻专题策划的常见问题

网络新闻媒体在策划专题方面有很多值得称道的地方，但也存在不足之处，主要有以下几个常见问题：

1.策划时没有突出重点，罗列和堆积信息

罗列和堆积信息，专题内容重点不突出，这是目前网络媒体专题策划中的通病，最典型的是商业网站。比如新浪网策划的专题《2020北京两会》，将来自众多媒体的与2020年北京两会相关的消息罗列出来，包括新华网记者采写的《推动京津冀协同发展 北

① 李浩鸣，周婕，李娟娟，李媛．网络科技传播问题浅析[J].科技传播，2013，5(22)：41-43.

京今年这么干》,《新京报》的《北京城市治理和服务将全面进入2.0时代》,《北京日报》客户端的《同心建言资政 凝聚圆梦力量》,等等。专题内容很翔实,但缺少一条明晰的线索。罗列新闻的形式很容易造成信息简单堆砌和无效的重复,尤其是不同信息之间的逻辑关系不清晰;在使用超链接文本时,会导致很多新闻细节偏离主题,这对形成清晰的新闻印象非常不利。①

2.不注重发出自己的声音

信息的堆积必然导致另外一个问题——在专题中不能发出自己的声音。目前,各大网络媒体策划的重大新闻事件专题都十分重视内容的详尽。这种做法会导致各大网站的新闻专题大同小异,新闻发布窗口失去了特色,在网民中没有品牌认同感,表达不了自己的声音。

新闻媒体主办的网站就非常重视表达自己的主见,在专题中发出自己的声音。比如人民网策划的重大新闻专题报道,都会派出自己的记者在一线进行采访,在网上发布自己的独家报道。人民网也重视转载别的媒体的新闻,但是在处理上有一些技巧,转载的内容一般在版面上比较靠后。专题都有一定的思想性和引导性,不会盲目地堆积信息。阅读这些专题,可以明显地感到它们有一定的策划导向,引导读者往某一方面思考。

3.互动性栏目的策划和监管不力

目前,许多网络新闻专题的策划人员已经意识到与受众互动的重要性,策划了不少互动专栏,如线上调查、留言板等。采用这种互动形式可以将网民纳入事件的讨论环节,积极引导网民在专题中抒发自己的意见,进而形成热烈讨论的氛围,达到聚拢人气、引导舆论的最终目的。但是,不管哪种互动形式,都不能替代或改变政策方针的真实含义,不能对社会稳定造成危害,不能对公共利益造成损害。因此,在策划方案的后续执行中,要对网民发表的意见和看法保持高度的警觉,严格进行审查,不符合规则要求、不利于社会稳定的意见、观点应该及时删除。

二、网络新闻专题策划的一般步骤

网络新闻专题策划一般可以分为三个步骤,分别是调查分析、编制策划、改进策划。

① 王迅.浅析网络新闻深度报道中"整合"理念的应用[J].新疆石油教育学院学报,2005(05):87-89.

1.调查分析

在网络专题策划的前期筹备阶段，媒体需要进行广泛、深入的社会调查分析。在这一阶段，媒体了解社会热点事件、议题，评估它们的新闻价值以及选题的可行性，确定专题的主题。在确定了合理的主题后，再收集相关的资料，设计策划方案，其中要涵盖专题的主要内容及其发展变化、公众对这一议题的关切和看法、其他媒体机构对这一议题的报道等。通过对比分析各类媒体的内容和表现形式，决定网络专题的内容和特色。

2.编制策划

在调查分析后，可以进入编制策划阶段，这是网络新闻专题“外化”的重要步骤。网络新闻专题不仅需要丰富、翔实的内容，还需要精巧且引人注目的外包装，才能吸引受众，扩大影响力。在编制策划这一步骤，编辑需要对专题的内容进行更具体的策划，如在网页上设置哪些栏目、栏目的主要内容、专题首页的栏目列表样式、内容页的版面设计、采用哪些技术表现形式、需要哪些图片音视频和Flash动画等。

3.改进策划

网络新闻专题的策划过程处于动态变化中，不是一成不变的。它随着专题所关注的新闻事件或议题的发展而变化，也应该依据受众的反馈意见进一步改进。新闻网站可以通过问卷调查、留言区、粉丝群等方式收集受众对专题的反馈，并基于这些反馈，寻找促进新闻专题策划的改进方案。

三、网络新闻专题策划的常规思路

优秀的策划是保障网络新闻专题质量的基础，现提供几点思路仅供参考。

（一）依不同选题的特点进行策划

1.突发事件

网络新闻专题启动迅速，在应对突发事件上具有自己的优势，但是目前同质化的现象非常严重。因此，必须加强对网络新闻专题策划的重视程度，从对突发事件的解读视角和报道资料的充实度入手，充分发挥网站自身所具备的特殊优势。目前主要有三种针对突发事件的策划思路，具体如下。①

(1)进程式：主要是对突发事件的过程进行报道，让受众能够及时获知重大突发事件的发展过程和结果。

(2)前因式：通过报道对突发事件的起因进行探索，如分析社会环境等因素是否是重大突发事件的诱因，让受众对重大突发事件的偶然性和必然性有更加全面的认知。

(3)影响式：着重于突发事件对社会发展所造成的影响，同时解答受众的疑惑，减缓受众对事件所造成的消极影响的担忧和疑虑。

2. 可预知重大事件

针对可预知的重大事件，在策划的过程中，需要重点考虑报道的时机、主题、规模、手段、视角等。

从报道时机的角度划分，目前主要有两种方式：(1)先发式：由于时间的可预知性，在事件发生前的某一个时间点就可以拟好新闻专题，并综合考虑各个方面的因素，选择恰当的时间早于其他媒体推出专题，从而占领先机；(2)同步式：在事件发生的时候同步进行报道，这样可以让受众觉得新闻报道的效率非常高，时效性也有保障。②但是，这种报道方式容易出现多个新闻网站报道雷同的情况。而报道雷同所带来的影响，则需要通过合理选择独特的报道角度、确定新颖的报道内容、设计丰富的形式等方式来进行弥补。

从报道的角度和规模进行划分，主要有以下两种方式：(1)全景式：将新闻事件的全过程展现给受众，让受众对新闻事件有全面的了解；(2)特写式：通过某个重点方面来映射出整个新闻事件，这一重点方面可以是基于时间上的纵截面，也可以是基于空间上的横截面。这种方式的优点在于集中资源，从某个角度对新闻进行深度挖掘。

3. 重要的社会现象或问题

对于当前社会热点或者"冰点"进行报道，并开设相应的新闻专题，这对于网络新闻专题的策划能力来说是一种挑战，可以按照以下思路来进行：

(1)横向拓展与纵向延伸相结合。基于纵向的时间历史进程和横向的扩展范围对新闻议题进行深度挖掘，从而判断是否有纵向延伸和横向拓展的可能性。这需要编辑的思维更加发散地在固定新闻主题上找到更多的亮点，对相关信息进行深度整合。因

① 彭兰．网络新闻专题编辑系列之二·网络新闻专题的内容策划[J]．中国编辑，2007(05)：31-35.

② 彭兰．网络新闻编辑教程[M]．武汉：武汉大学出版社，2007：252-253.

此，在整合新闻素材时应选择一个具体的题材为切入点，构筑一个时空交织的坐标轴，在这个坐标轴中融入包括社会影响在内的其他因素，从而找到能够体现专题内涵的报道空间。这既是深度的体现，也是新闻专题策划报道的特色之处。

当新闻事件发生时，新闻编辑人员可以将与新闻事件相符但未披露的历史事件作为报道对象，或者将当前的新闻事件与类似的新闻事件相比较，从中寻找规律，并将其作为新闻专题。这是纵向延伸的常见做法。纵向延伸还可以根据新闻事件对未来的趋势进行预测，对某一个时间点可能发生的事件进行报道。横向拓展则是以已经确定的专题为核心，寻找类似的话题，从而选择合适的报道对象。

(2)单点分解或多点聚合。单点分解是将一个主题进行细分，从而为新闻报道寻找合适的落脚点。将主题进行细分，能够对某一个子主题进行深入探讨。目前，单点分解的方式主要运用在形势分析、政策解读等报道中。多点聚合则是指将零散的新闻事件进行整合，形成一个统一的主题，将其作为报道对象。例如，腾讯网的专题《我们的城市为何如此脆弱》就是将当前城市在天灾人祸中遭受各种损失的事件结合起来，统一进行报道。这种报道方式不仅可以明确主题，而且能够让受众站在更高的角度对这类问题进行深入思考。

(二)从不同角度进行策划

从不同角度进行新闻专题的策划，称为角度策划。新闻角度是报道新闻的过程中，对事实进行挖掘、展现的切入点。合适的新闻角度，能够增加网络新闻专题的价值。

专题的角度策划带有编辑强烈的个人色彩。选择哪个主题，如何评定，传递怎样的价值观，都与编辑自身的认知和经验有关。因此，编辑应该用多元角度看待问题。角度策划还体现在媒介视角的选择上，从注重宣传性和启发民众的视角，到注重事实的视角，再到贴近民生的视角，其存在的必要性在历史中得到深刻的认知。新时代面对不同选题，如何选择适当的视角和呈现形式达到传播效果，是从新闻策划角度就应该思考的。

具体而言，在策划网络新闻专题的角度的过程中，可以参考以下几点思路。

1.抓住阶段性特征以显示事物的进展

要明确不同时间段报道对象的特征，尤其是当前阶段报道对象所展现出的新特征、新发展趋势，通过这种方式来展现事件的发展经过。

2.通过透视背景来剖析现实

可以通过透视事件的背景来解读现实，对事件的背景进行仔细、深入的探究和考察，让受众能够从纵向的视角理解、感悟当下所发生的事件。

3.通过典型人物反映一群人或一个事件

在一类人群中寻找具有代表性的典型人物，并对典型人物进行报道，就可以引导受众对这类人或与之相关的事件的理解。编辑在收集素材时也有了寻找的重点。以典型人物为角度进行的新闻报道，能够使受众的关注点更加集中。

4.通过典型时刻反映全程

不少新闻事件的时间跨度都比较大，从典型时刻视角来综合反映事件，可以让受众看到事件的全部面貌。

5.以典型空间或环境为场景表现对象

专题的报道对象必然依附于一定的空间环境。以典型空间或环境为场景来表现报道对象，可以确立新闻报道的独特角度。

6.通过典型数据勾勒全貌

通过搜集事件的相关数据，对数据进行深度挖掘后用来反映事件的全貌，这些数据是对新闻主题不同纵截面或横截面的真实反映。

7.通过典型意见来反映事件的影响

以受众对某个新闻事件或者主题的意见为切入点，对其进行报道，是当前网络新闻专题的主要表现方式之一。这种方式适用于能够引起社会强烈反响的事件。从这个角度进行新闻报道，需要明确媒体自身的定位，保持中立的态度，将各种观点收集起来。在编辑此类报道的内容时，可以将编辑人员的观点与网友的评论相结合。

8.以专业眼光审视大众话题

一般来说，新闻报道的事件都是人们所熟知的话题。如果单纯从大众化的角度进行新闻报道，很可能不会产生良好的效果，因为报道的内容很可能没什么亮点，只是人云亦云。站在媒体人的专业角度对事件重新进行审视和报道，可以帮助大众超越自身思维的桎梏，尝试从一个更专业的层次对事件有全新的认知。

(三)对专题栏目的策划

专题栏目的策划与设计效果,是决定一个网络新闻专题能否取得成功的重要因素之一。版面设计的审美形式,直观地决定着受众进一步阅读的兴趣。栏目设计具体包括要闻栏、消息栏、背景栏、互动栏等,它们共同构成专题的组织架构。

在设计专栏时,要注意以下事项:合理安排栏目位置,做到栏目结构主次分明;栏目设计应该有一以贯之的线索与逻辑;首先展示关键性、整体性信息;栏目设置全面,分类界定清晰。

网络新闻专题栏目的主要表现形式有如下几种。

1.平行聚合式

每一个栏目以主题的某个角度为分析的切入点,多个角度结合起来,就能够全面地反映新闻事件。在这种结构中,各个栏目是处于同等地位的,栏目间一般不存在必然的先后顺序。这种结构适用于信息丰富且处于动态发展、客观性较强的新闻主题。

2.层层递进式

层层递进式结构的栏目之间存在严密的逻辑关系,前一个栏目是后一个栏目的基础,后一个栏目是前一个栏目的发展。受众在浏览专题栏目时,应该按照这个顺序来浏览,才便于理解。

栏目之间的逻辑关系主要有以下几种:(1)时间的先后顺序:关于最早发生的事件的栏目排在最前面,较晚发生的事件的栏目排在后面,这种时间上的递进关系符合受众一贯的认知方式;(2)观察事物的顺序:以视觉为主要感官,按全景——中景——近景的顺序来对事物进行描述;(3)认知事物的习惯:人们对事物的认知,一般是从表象到内在、从现象到原因,这种排序方法适用于主观性较强的专题。

3.观点争鸣式

这种结构主要是揭示各方对事件或议题的主观性意见,以观点之间所存在的冲突作为栏目结构建立的依据,每一个栏目集合一个视角或一个立场,用多个栏目同时呈现各种观点。

(四)对专题采用技术的策划

网络新闻专题的技术设计为整个专题提供支撑。网络技术的发展,使得图片、文本、音频、视频、动画都能融合呈现，如何妥善运用从而达到表达的效果，同时考虑其操作的可实施性，也是在专题策划中要重点考量的部分。[①]

1. 文字

文字传承了其在传统媒体中的功能，以消息、特写、深度报道、评论等形式存在。文字在专题中还能充当黏合剂和过渡段的角色，离散的稿件需要文字穿针引线，整合组建；许多技术手段的串联，也需要文字解释说明；在必要的关键位置，文字还能提供相应的背景资料和科普知识，扩充专题的内容。

2. 图片

除了佐证信息、调节视觉感受之外，图片还能以漫画、指示图、资料图等形式呈现。恰当的图片能起到无声胜有声的效果，缩短时空距离，引起受众的共情，增强感染力。

3. 视频

视频在专题中主要是现场新闻的回顾、实况转播、影视资料放送等。视频能够生动形象、直观地展现新闻事件。

4. 时间线技术

时间线技术可以直观地描述事件起源、发展和结果等演变过程，既可以通过Flash实现，也可以通过图片展现，其目的是增强受众的理解与直观感受。

时间线也适用于历史资料的梳理。有些史实缺乏相应的图片及视频资料，仅使用文字叙述不能实现传播效果，引入时间线有利于庞杂信息的梳理，带领受众穿梭在时空隧道中，直观地感知历史信息。

5. 互动技术

网络专题中常见的互动，一是受众调查，二是与社交媒体的联动。在受众调查中，投票式的问卷方式最易被接受。受众可以针对事件表达态度，对专题形成反馈。社交媒体的联动是如今更为常见的互动模式，微博、微信以及其他社交平台的用户群不在少数。新闻专题与这类社交媒体进行联动，更易提升用户的参与度。

网络新闻专题的策划十分强调表现形式的整合，其目的在于凸显网络传播的特色。网络新闻应该将新媒体与传统媒体的优势进行有机结合，使听觉和视觉、文字和图片、

① 贺倩. 网络新闻专题策划研究[D]. 西安：西北大学，2016.

音频和视频等结合起来，可以避免信息数据出现遗漏和损耗的情况，向受众提供更加真实的新闻。在当前计算机技术的辅助下，还能够将信息转换为全息影像、三维动画，构建虚拟的阅读环境，让受众能够体验到更加真实的临场参与感。

第三节　重大新闻事件与网络新闻专题策划

重大新闻事件的报道，可以利用网络专题的形式得到非常好的传播效果，通常可以借助于微型网站的网络专题报道来实现对重大事件的实时跟踪，借助于网站的平台优势可以很好地将图片、音频、视频、直播等报道形式与新闻专题相融合，只需要将上述素材统一于同一个新闻主题即可。[①]可以这样说，网络专题不一定都是重大新闻事件，但重大新闻事件一定可以用网络专题形式表现。

重大新闻事件发生后，网站为了时效性，都会关注这一事件，并以此为主题开始策划和制作新闻专题。重大新闻事件专题一般有两种策划方向：一是寻求角度的独特性，策划人员需要找到一种独特且合适的角度，要具有网站自身的特色；二是追求角度的全面性，也就是专题策划人员可以考虑以一种“集装箱”的形式，把和特定新闻事件相关的所有信息打包，为受众提供多个角度来解读重大新闻事件。这样可以为受众提供多样化的阅读素材，受众能够对不同新闻平台、不同政党派别、不同国家的信息进行分析比较，提炼出自己关注的信息。与之相比，传统媒体常常只能将部分信息传递给受众，并且受众很容易受到传播者自身意愿的左右。

策划人员在确定了重大新闻事件专题的角度后，要对专题报道内容的详略进行拟订。重大新闻事件从出现到发展的过程中，都处于瞬息万变的状态，因此，在专题的内容策划上，编辑往往会采用跟踪报道的形式，利用滚动式报道不断刷新事件的发展情况。换言之，要在内容策划上关注重大新闻事件的过程，把细节放大，为网民提供更为丰富的事件信息。这样策划出来的新闻专题具有以下几个特点：首先，可以帮助受众对重大事件的发生和发展有全面的了解；其次，可以吸引更多受众参与到事件的讨论中；

① 周科进.网络媒体表现形式的集大成者：网络专题[J].新闻战线，2004(06)：64-67.

最后，能够提高报道的全面客观性，避免出现新闻失实的现象。

重大新闻事件专题的形式策划强调不同媒体报道形式的融合。对于重大事件，单一媒体报道样态不能全面、生动地展现所有信息和事件的全貌。这恰恰是网络新闻报道的优势所在。策划人员要考虑如何更好地融合各种媒体报道形式，使专题的呈现效果更佳，如采用包括音频、视频、动画在内的多媒体途径，涵盖特写、评论、专家连线、观众互动等多种形式，从而为大众提供全方位、立体式的新闻事件报道。

和常规新闻报道所不同的是，重大事件的新闻报道涉及的信息量更多，造成的社会影响更为深远，因此广受关注。关于重大新闻事件的网络专题报道规模通常也比较大，专题报道的进程也较长。这凸显了流程管理的重要性。专题策划人员要综合考虑人力、物力、财力的分配，同时统筹好发稿计划。只有制订了详细的发稿计划，才能保证报道的有序性、整体性、全面性、多样性。在组织架构上，可以根据专题报道的内容和进程，组织采编力量成立临时性工作组。重大新闻事件的专题策划需要在实施中不断调整，通过听取受众的反馈意见，修正原来的策划方案，确保专题实现理想的传播效果。

知识回顾

当发生重大事件时，网站都会在第一时间策划、组织并推出相应的新闻专题，为受众提供相应的信息。随着网络新闻专题逐渐成为新闻网站市场竞争的“法宝”，其策划也被提升到越来越重要的地位。与其他新闻报道形式相比，网络新闻专题具有明显的全面性，融合了多种媒体表现形式，体量很大，因此需要预先进行周到细致的策划以引领实践。网络新闻专题策划不仅包括提出高屋建瓴的理念，还包括具体流程中的细节包装，涵盖了选题、角度、内容、版面等多个层面。网络新闻专题的策划过程处于动态变化的状态中，随着专题所关注的新闻事件或议题的发展而变化。因此，新闻网站可以基于受众的反馈改进策划方案。

思考题

1. 请详细考察人民网最近策划的一次重大新闻事件的专题报道，分析其特点。

2. 当前网络新闻专题策划的发展趋势有哪些？为何会呈现出这些趋势？

3. 网络新闻专题策划的一般步骤有哪些？

4. 在策划重大新闻事件的网络专题时，有哪些注意事项？

第九章　自媒体时代的网络新闻

知识目标

1. 自媒体的特点。
2. 自媒体对网络新闻的影响。

能力目标

1. 了解博客、播客等自媒体的基本要素与运行特点。
2. 掌握常用自媒体平台的操作技能。

思维导图

- 自媒体时代的网络新闻
  - 自媒体概述
    - web2.0与自媒体
    - 自媒体的特点
    - 新一代互联网技术对网络新闻的影响
  - 博客新闻
    - 博客概述
    - 博客新闻的发展
    - 博客新闻的特点
    - 博客的新闻化过程
    - 博客新闻网站的兴衰——以《赫芬顿邮报》为例
  - 播客新闻
    - 播客的发展
    - 个人播客新闻的内容来源
    - 个人播客新闻存在的问题
  - 微信新闻的内容生产
    - 微信新闻的发展现状
    - 微信新闻的特点
    - 微信公众号平台的内容创作

@ 案例导入

四川富顺县是我国较早开始媒体融合改革的县域媒体之一。2018年7月，富顺县启动融媒体中心建设，将“富顺眼”App作为融媒体核心平台进行了全面优化，将之打造为一个集信息发布、民生服务、网络互动于一体的综合性可移动平台。

媒体融合之前，《富顺宣传》副刊的文化言论栏目《雒原新声》就县域内的文化现象、活动、事件进行评论，反响较好。富顺县融媒体中心承袭了这一传统，将《雒原新声》栏目搬到了“富顺眼”App上，倡导读者积极对信息进行思考，并判断其真实性。这一尝试的目的在于让时评走出新闻编辑部，让人们出于关注社会时事、社会经济发展的目的来进行时评写作。总体来看，《雒原新声》栏目的作者包括媒体人士、学校教师、业余文字工作者，以及有业余写作习惯的党政干部等，这些用户通常对时评背后所反映出的社会现象有更深次的认知和理解，并对其所涉及的知识领域较为关注。凭借着大量采纳用户生成的内容，《雒原新声》这一栏目收到了很好的传播效果，被认为可以让群众更好地表达自己的诉求，让政府部门更好地倾听群众声音。

富顺县融媒体中心重视用户生成内容的价值，通过降低平台的门槛，让更多的受众参与到信息传播的过程中，充分调动了用户的积极性，体现了新媒体提倡的互动、共享理念。“富顺眼”App的这一应用，强化了媒体与受众的联系，是全媒体时代走好群众路线的重要体现，也是主流媒体对自媒体进行开发利用的典型例子。

第一节　自媒体概述

自媒体通常又被称为公民媒体，这是由美国著名学者谢因·波曼与克里斯·威理斯在2003年提出的。他们认为自媒体是普通大众经由数字科技强化、与全球知识体系相连之后，一种开始理解普通大众如何提供与分享他们自身的事实、新闻的途径。美国新闻学会认为自媒体更强调个体所提供的各项信息内容，具有私密性与公开性两大传播方式。所谓私密性，指发布的内容由个体控制和主导；所谓公开性，指传播的内容进入了公共领域。自媒体涵盖的范围很广，如博客、微博、微信公众号、推特等。

一、web2.0与自媒体

Web2.0是指利用现有的Web平台,构建由普通用户所主导的内容生产模式,其通常与以往由网站员工主导生成互联网内容的模式相区分。Web2.0为我国呈现了新传播时代的实践图景,能够融合不同个体所具有的知识、热情以及智慧,实现在一定范围内的知识共享,而这也是当今传播时代的真正内涵与本质。①

作为Web2.0的核心和载体,社会性软件主要可分为博客(Weblog)、维客(Wiki)以及网络大众网站、社会化交友网站。社会性软件出现后,它为社会群体表达自身的各项意见、传达合作的意愿提供了更大的便捷性。社会性软件自身的内涵通常可细分为以下三个方面,即:(1)个人软件,是个人参与网络活动中的重要工具与手段;(2)社会性软件首先构建的内容便是社会网络,其中涵盖了强、弱关系链接两大方面;(3)社会性软件也包含个人与社会主体之间的协调统一,在社会网络关系的构建方面往往存在较大的社会价值,并最终形成社会资本。社会资本是社会运转的重要基础之一,也是个人被纳入社会的主要途径之一。②

Web2.0模式下的互联网应用具有以下显著特点:(1)用户可以不受时间和地域的限制分享各种观点,也可以发布自己的观点;(2)信息聚合;(3)以兴趣为聚合点的社群,在Web2.0模式下,聚集的是对某个或者某些问题感兴趣的群体,可以说,在无形中已经产生了细分市场;(4)开放的平台,活跃的用户,平台对于用户来说是开放的,而且用户因为兴趣而保持比较高的忠诚度,他们会积极地参与其中。上述这些特点使得Web2.0这类原本属于技术性领域的词汇承载了更多的人文意义。

二、自媒体的特点

自媒体的发展丰富了媒体形式,它具有平民化、个性化、低门槛、易操作、交互传播快、良莠不齐、可信度低等特点。

1.平民化、个性化

2006年末,美国《时代》周刊年度人物评选封面上反常地没有放置名人图像,而是刊

① 潘祥辉.论媒介技术演化和媒介制度变迁的内在关联[J].北京理工大学学报(社会科学版),2010,12(01):95-100.

② 齐蔚霞.Web2.0时代新媒体广告价值及在图书宣传领域的应用分析——以豆瓣网为例[J].出版发行研究,2011(09):38-41.

登了一个超大的“you”以及一台PC电脑。对此,《时代》周刊介绍道,全球社会正逐步实现由机构向个人过渡,个人逐步成为当今新数字时代社会的主要公民。因此,本年度的时代人物就是“你”,这个“你”也包括在互联网上创造一切内容的人。社会中的每个个体都能在互联网平台(如博客)上拥有属于自己的一份特殊“报纸”。人们可以在该“报纸”上随意填写自己的看法与观点,向社会展示自己的实际生活,表达自己真实的意见,并组成属于自己的独特线上社交关系网络体系。

2.低门槛,易操作

电视、报纸等传统媒体实际运作过程较为复杂,需要付出较大的人力、物力成本来维持。成立一个媒介机构需要通过相关部门的层层审核,门槛高。如今,普通民众在互联网平台成立一个属于自己的媒介是很平常的事情。在微博、微信公众号、B站等提供自媒体服务的平台上,个人只需要经过注册程序,便能从服务商所提供的空间和网络模板中选择自己所喜爱的,在其中发布文字、图片、视频等信息,构建属于自己的独特网络媒体。

3.交互强,传播快

数字技术的快速发展,使我们能够突破时空的限制,快速传播各类信息,提高信息的时效性。自媒体能够及时将各类信息传递到其他用户手中,而其他用户也能及时进行反馈。自媒体与受众之间的距离几乎可以忽略不计,其强大的交互性是传统媒介无法企及的。

4.良莠不齐

以个人化为主要特征的自媒体可谓鱼龙混杂。较为优秀的自媒体往往能够使受众得到启发,促进其实现自我价值。但更多的自媒体属于网络内容的搬运,或是对个人生活过程中小事的记录。良莠不齐的自媒体内容对人们的媒介素养提出了更高的要求,也需要国家出台政策进行规范和整治。

5.可信度低

目前,国内自媒体数量极为庞大,其拥有者也以“草根”网民为主。网络自身所具有的隐蔽性,给网民提供了更大的自由表达空间。但部分自媒体为了追求新闻发布的速度或为了博眼球,不惜违背社会的公序良俗,传播虚假、伪造、低俗的消息。久而久之,这会进一步降低自媒体的可信度。①

三、新一代互联网技术对网络新闻的影响

在新媒体时代，互联网的快速发展导致新闻传播方式发生了前所未有的变革，传统的新闻生产与消费方式不再适用。那么，正在进行的互联网技术创新究竟给网络新闻带来了哪些影响呢？

1.非专业人员在新闻生产领域的深层渗透

如果说第一代互联网为各类非专业机构与个人打开了新闻传播领域的大门，那么第二代互联网便为其提供了更为广阔的发展空间。在第一代互联网中，个体更多的是凭借无意识的行为来进行新闻的生产，而在第二代互联网中，网络群体可借助博客、播客等手段，提升参与新闻生产的专业性。那些聚焦专业领域的博客，正在逐步构建他们在各自领域中的“意见领袖”位置。在自媒体时代，部分非专业的新闻生产力量打破了传统新闻生产模式的垄断。虽然这些非专业的新闻生产力量仍然未能到达核心区域，但其与专业媒介机构的融合进程已经开始了，②新闻生产与传播的格局正在发生改变。因此，各类媒体机构都需要重新审视自身在新闻生产中所扮演的角色与所处的地位，思考如何在尊重非专业新闻生产人员的基础上，整合各类网络自媒体资源，与自媒体合作，优势互补，共同进步。

2.网络新闻内容结构的变革

由于P2P技术的出现，网络新闻的呈现形式更加丰富多彩，不再局限于文字符号。P2P技术改变了互联网媒体传播的结构与模式，各种各样的新闻信息都可以在网络上自主地传播。随着信息技术的迭代，未来的网络新闻将呈现出更多的互动性，网络新闻报道样态将更加多样，其传播和影响范围也会更加广阔。网络新闻内容结构的变革，使得视频新闻等融媒体互动新闻成为推动网络新闻发展的新增长点。

3.网络新闻生产层次的进一步清晰

在web1.0时代，各类网络新闻的生产过程主要是对传统媒体新闻报道的搜集和转

① 童清艳.新闻实务：内容策划与媒体设计[M].上海：上海人民出版，2013：93-94.

② 彭兰.新一代互联网再次改写的新闻传播景观[J].传媒，2005(12)：41-42.

载，处于劳动密集型领域。进入web2.0时代，网络新闻生产更具原创性，新闻报道的深度和广度都有所提升。而随着人工智能、算法技术的发展，网络新闻编辑的部分重复性工作在一定程度上能够依靠机器自主实现。网络新闻编辑有充足的时间和精力完成更深层次的信息加工、整合以及解读等，从而能够更好地为网络媒体的发展提供相应的保障。

4.网络新闻生产专业分工的细化与合作模式的多样化

随着现代信息技术的发展，网络新闻的生产过程会变得更加精细化，网络新闻从业者的专业化分工特征更加明显。这会促进更加多元化的网络新闻生产合作模式的出现。

在未来，网络新闻发展的轨迹必将在继承传统新闻要义的基础上，不断加强对各类信息传播技术的运用，充分利用多媒体所具有的互动性本质，形成网络新闻的特色和优势，提高网络新闻的竞争力。这需要网络媒体机构以外的力量来共同推动，加强相互间的合作。

5.网络用户新闻消费模式的多元化与社会化

以前的网络新闻往往与电脑上的网页浏览相联系。在第二代互联网时代，网络新闻消费具有更多的选择，人们的自主性更大，网络新闻消费往移动端的个性化、情景化方向变迁。除了常规的新闻网页之外，即时通信软件上的新闻发布（如媒体机构的微信公众号）、新闻客户端、手机App的新闻推送等形式，共同构建起新闻消费网络。这些形式受到更广泛的认可与接受。

而且，博客、社交软件等使网络新闻的消费结构由用户个体消费慢慢转变成具有较大规模的群体性消费。在第二代互联网时代，个体选择或偏好何种新闻，如何对新闻报道做出评价，如何认识和理解某个社会议题，都不仅仅受到个人因素的影响，而是成为一种典型的社会性行为。个体的网络新闻阅读行为会受到群体选择偏好和群体氛围的影响，需要重视的是，此类社会化消费行为将如何在更大的层面去塑造人们的价值观。

6.媒体融合局面的不断明朗

现代网络技术的快速发展，有效提高了网络自身的承载能力，不同媒体之间的融合程度也愈发深入。换言之，各类媒体传播渠道的融合趋势，会推动电视、电脑乃至手机等旧有的信息接收终端被淘汰，或者不断迭代升级，日积月累，形成新的媒介形态。[①]另外，互联网将会对网络媒体进行重新界定。网络媒体不仅反映现实社会的“拟态”环境，而且能够直接创造社会形态，通俗地说，就是借助虚拟技术构建一种真实的社会形态。人们也将习惯于在线上开展各类社会活动。

第二节 博客新闻

博客现象的产生，是为了使个人的自主传播需求得以满足。信息传播技术的深入发展，激活了那些以往根本不能完成的传播需求，且向产业行为转化。

一、博客概述

博客已成为社交网络的重要组成部分。一般来说，博客网站以个人管理为主，个人会在上面不断发布新创作的文章。有的博客会针对既定的话题进行评论，有的则将其当成个人日记。典型的博客会将文字、图像和其他博客网站链接等结合起来，读者能够通过互动的形式留下个人想法。早在1998年，网络中就出现了博客的构想，然而到2000年，这一构想才流行起来。同年，博客开始进入中国，但使用的人比较少。2005年，国内各门户网站也加入博客阵营，比较著名的有新浪、网易、搜狐等博客。

博客的个性化特征在于：(1)博客是每个人的心灵和思维的投射；(2)博客可以而且正在集成各种个性化的工具，包括各种社会化软件。因此，基于Web2.0的博客的个性化特征更加突出。博客的产生，使用户从单一的信息接收者转化成信息供应者的需求得以满足。博客通过RSS、博采、Trackback、SNS、TAG等技术，在用户之间构建社团机制。[②]博客服务提供商通过多样化的技术，进一步强化了社团联系。博客圈子的产生，会有效提升内容质量，增加内容数量。

博客的产生变革了网络传播技术，它在很大程度上降低了建站的技术和资金门槛。

① 田维钢.新技术时代的电视新闻制作与传播[M].北京：中国广播电视出版社，2009：91-92.
② 谢毅，陈冠兰.网络传播基础[M].北京：中国商务出版社，2008：102.

所有网络用户均可结合自身的需求,快捷、便利地在网络上建立自己的空间。在某种意义上,个人博客是类门户型的微型个人网站。博客开始迈向各个行业,在大众中的普及率不断提高。

二、博客新闻的发展

博客自2000年兴起以来,发展速度惊人。到2004年底,仅美国就有400万博客用户,他们每天平均在网上留言40万条。在短短的几年时间内,博客写作已经从边缘逐步进入主流。美国博客获得新闻采访权就是一个标志。①纽约大学教授罗森认为,这意味着"媒体"的概念再度扩大,它使我们看到未来新闻记者的大众化趋势。

2002年8月,"博客中国"开站第一天就申明:博客之于知识和思想,正如Napster之于音乐,Linux之于软件。博客的核心要素有三个:一是自由,二是开放,三是共享。由于技术和资金门槛不高,博客可以将精英文化转变为草根文化的过程体现出来,因此它最大的特点就是个人性。只要个体愿意,就能在博客中撰写和发布不同类型的信息。写手们的个性得到了淋漓尽致的发挥,这也是昭示着博客个体化时代到来的一个重要因素。

在世界博客的发展过程中,必须提及两件事。一是1998年的德拉吉报道。这一事件是全世界首次对博客的作用有全面感知的节点。1998年1月中旬,德拉吉在博客中发出了一则信息:"在复印前的最后一分钟,星期六晚上6点,新闻周刊杂志抽掉了一个重大新闻。这条新闻注定将动摇华盛顿的地基:一个白宫实习生与美国总统有染。"这一报道比主流媒体还要早。二是在2001年发生的"9·11事件",此为博客发展的转折点。人们通过这一事件,对最有效的信息传递方式有了切身的感受。全面、真实表述这一事件的并非《纽约时报》,而是幸存人员的博客;深入反思这一事件的并非记者,而是大多数博客成员。

在中国,博客新闻的发展也有代表性事件。2005年11月末,江西九江发生地震。结合相关数据可以看出,反应最迅速的并非传统媒体,也并非门户网站,而是生活在地震发生地区的百姓。在博客网站中,来自武汉的名为"寻找东海岸"的博主在上午9:04就发布了这一消息。这是当前发现的对这一事件反应最迅速的文字消息。网络媒体的制

① 王群英.博客写作的主流化与网络新闻的走向[J].写作,2005(11):23-25.

胜点就是速度,但在博客网站面前却败下阵来。新浪网在9:36报道,搜狐网是在9:51,腾讯网是9:50。这是博客首次彰显出自己在报道突发事件时的强大效力。

三、博客新闻的特点

博客对于专业传媒机构与专业新闻从业人员来说,意味着有了一种新的传播平台。与中规中矩的传统报道相比,博客具有一定的幽默性,个性化风格突出,而且具有亲和力,读者对其十分喜爱。对于专业新闻从业人员来说,博客平台是他们采写工作的延伸,具体表现为以下几点。

1.博客新闻成为专业媒体的重要信息源

博客相对弱化了把关功能,因此有机会爆出轰动性新闻,专业媒体也开始深入跟踪博客信息。如克林顿拉链门事件,就是先由博客爆料,传统媒体再跟进报道的。

2.博客网站成为专业记者稿件的回收站

记者博客群体的产生是必然的。一般来说,专业记者可以将内容刊登在媒体中,但还有很多采访的内容由于版面限制或含有敏感信息而不能刊出。[①]博客网站会成为上述信息的“回站站”。在博客新闻中,记者能够利用正式或非正式方式,二次传播自己采访的内容以及得到的新闻资源,从提升广度和深度入手,对新闻事件进行挖掘,并呈现在博客新闻中。而且,传统媒体机构也可以把博客网站当成一种补充渠道,把记者没有在传统媒体中刊登的文字、图片等在博客网站中发布。[②]

3.博客报道成为专业媒体报道的延续

部分博客网站把不同的专业媒体报道整理后,形成链接群并发布。整合专业媒体报道,对报道的主题拓展方面必然会有更广阔的视野,也更加有深度。在专业媒体中没有深入讨论的部分专题,也可以在博客网站中进行深入探讨。

四、博客的新闻化过程

随着博客技术的深入发展,所有个体均能创作新闻产品。这些“业余新闻工作者”

① 周海英.“博客”的传播学分析[J].江西社会科学,2004(07):170-172.

② 胡忠青.新闻博客与博客新闻[J].新闻界,2007(05):136-137.

通过不同形式和读者构建紧密联系，通过特殊的形式对不同类型的信息进行报道。公众博客新闻产品有着显著的自身特点，而且十分关注眼见为实，将更多的新知识提供给读者。①

在公众博客新闻刚产生的时候，国外的大部分传统媒体对其置之不理。他们认为博客不够专业和严谨，无法形成新的媒体形态。然而，博客在成功报道“白宫绯闻”“《纽约时报》造假案”等重大新闻后，以往居于优势地位的传统媒体开始对博客新闻进行再次审视，也逐渐重视起来。②

博客新闻化表现在以下几点。

1.传统媒体网站纷纷建立博客板块

由于博客新闻的快速发展，国外知名传统媒体转变之前的态度，不仅开始把博客作为关键的新闻线索，还将其从对手向朋友转化，通过各种方式寻求与博客的合作，希望有效应用这一新的传播形态。传统媒体开始在网站中开辟博客板块，以此为依托，构建与读者的沟通平台，了解读者内心的真实想法，同时获取新闻线索。

2.在重大事件上引入博客报道

传统媒体逐渐认识到博客新闻的重要作用。2003年，CNN还禁止战地记者凯文·塞兹在博客网站报道伊拉克事件。CNN的发言人还信誓言旦旦地说，CNN愿以比较结构化的形式来进行新闻报道，坚决不采用博客！

不过在2004年7月21日，CNN就转变了态度，宣布会通过博客来报道民主党全国代表大会的整个过程。同时，CNN还推出了《博客观察》，希望通过博客第一时间获取选举动态新闻，同时快速地利用网络发布出去。

3.传统门户网站整合博客新闻

随着博客报道的影响力凸显，门户网站也对博客新闻进行整合。2005年10月，雅虎声称在全部新闻搜索结果内将博客内容加入进来，在主页的搜索中会同时显示主流新闻和博客内容。雅虎认为，这一措施能够使人们与“草根”新闻有更深入的接触。雅虎提出，整合世界各地的“草根”新闻，并将其加入新闻搜索的结果，消费者能够对普通人发布的博客和新闻图像等提出自己的想法和建议，同时参与讨论。

---

① 张同刚.博客发展趋势浅见[J].新闻爱好者，2007(09)：14-15.

② 王莹.西方媒体如何与博客“共舞”[J].青年记者，2006(05)：74-75.

博客中国的董事长方兴东认为，博客不会摧毁传统媒体，但是会变革传统媒体。因为有了“个人媒体”的充分参与以后，传统媒体会真正拥有群众基础。它的这种平等、自由、民主的操作过程会更加完善。

五、博客新闻网站的兴衰——以《赫芬顿邮报》为例

随着互联网技术的革新，新的媒体平台不断出现，想要发声的民众拥有了多种选择，博客对用户的吸引力有所下降。传统媒体创立的博客新闻网站或博客板块也面临不少困境，《赫芬顿邮报》就是一个典型的例子。在新闻博客出现的前期，它在美国知名度很高，曾经有过一段快速发展期，但在2018年也不得不关闭自媒体撰稿平台。《赫芬顿邮报》的发展史能够从一个侧面反映出博客新闻网站的兴衰。①

《赫芬顿邮报》始创于2005年，着重于国内外时政新闻。2010年实现了盈利，当时的年度盈利为3500万美元。2011年，《赫芬顿邮报》网站每月独立用户访问量突破2500万，超过了《纽约时报》网站。2017年，美国著名统计网站eBizMBA发布的全美“最受欢迎的15个博客”和“最受欢迎的15个新闻网站”排行中，《赫芬顿邮报》分别位列第一和第三。

《赫芬顿邮报》网站在报道新闻时，主要通过两种方式：一种是将24小时内发生的新闻整合之后进行发表，另一种是将读者的评论实时显示在已发表新闻处。在《赫芬顿邮报》网站中，读者不仅能够读到媒体人、自由博客记者所撰写的原创文章，也能通过链接读到其他媒体网站的文章。其主页的版面设计简洁明了，主要内容分为三个部分：(1)当天的实时新闻；(2)读者留下的博客新闻评论；(3)投放的广告以及娱乐新闻。读者能够根据自己的需求迅速找到感兴趣的部分，并决定是否深入阅读。根据不同新闻的点击量，网站会及时将受欢迎的新闻排在靠前的位置，这是该网站的一个显著特征。

但是，《赫芬顿邮报》并不是完美无缺的，其存在的问题在博客新闻网站的运营中逐渐暴露。2016年8月，创始人阿里安娜·赫芬顿宣布离职，第二年就缩减员工超过40人。到2018年，《赫芬顿邮报》曾经引以为傲的博客自媒体撰稿平台关闭了。

有学者认为，《赫芬顿邮报》关闭博客自媒体撰稿平台的一个重要原因是无法规避众包模式的弊端。《赫芬顿邮报》会最大限度地整合用户生产内容，它只有150名带薪工

① 解晓东.《赫芬顿邮报》关闭自媒体撰稿平台的启示[J].青年记者，2018(15)：86-88.

作人员，但有12000名“公民记者”，这是它的“眼睛和耳朵”。它的读者也生产了许多内容，每个月有多达200万条投稿。《赫芬顿邮报》还邀请名人在网站开博客，如历史学家、知名主播、著名记者等。这种新闻模式被视为一种众包模式，是一个在生产者和消费者之间共享的事业，博主们都没有稿酬。问题在于，这些“公民记者”投稿的频率和质量难以保障。一些人出于兴趣等原因投稿，不在乎报酬，但是有一部分人需要报酬。《赫芬顿邮报》被收购时，因为拖欠了博主的报酬而遭到了起诉，其金额超过1亿美元。

随着传播技术的发展，新闻的消费方式也在不断变革，使用众包新闻网站来获取资讯的用户呈下降趋势。如果一个网站不向博主支付报酬，他们就会转向能支付更高报酬的网站撰写和发布报道。

第三节　播客新闻

“播客”是英文Podcast的中文直译。播客的发展在近几年呈现出突飞猛进的态势，已给新闻业带来了巨大的变革，推动了个人视频新闻的兴起和发展。

一、播客的发展

2004年8月13日，“播客之父”亚当·库利开通了世界上第一个播客网站——“每日源代码”，标志着播客的正式形成。随后，在短短几年的时间内，播客就如风暴般席卷了整个网络。2004年底，我国首个播客网站土豆网创立。

大部分视频网站的核心是长视频的购买与推广，成为网友观看剧集、电影的平台。但用户往往是通过搜索引擎来追随剧集、选择平台，虽然短时间内能为网站带来高流量，却无法形成极具黏性的忠实用户。长视频的版权购买价格又非常昂贵，因而不是视频网站发展的长久之计。面对这一问题，处于行业领先地位的几家视频网站开始各种尝试，寻找长远发展的出口。随着移动硬件设备的快速发展和用户使用习惯的转变，播客成为这些领军者看好的登陆点。

以B站为例，它十分重视扶持原创播客。2018年，B站公布了“bilibili创作激励计划”。如果Up主的粉丝数量和创作的视频播放次数达到要求,即可加入该计划。他们的稿件通过内容质量等多个维度的综合判断后,能获得B站的补贴。“bilibili创作激励计划”有望帮助B站走出一条“人才兴站”之路,不仅为优质作者扩展生存空间,帮助有态度、有特色的内容生产者快速成长,也保证了优质用户生成内容的来源。

用户生成内容一直是B站平台的重要组成部分。在此之前,在B站上制作原创视频的Up主并未像其他平台的原创作者一样获得系统性和规模化的补贴,而是由Up主自己投入资金来购入软硬件设施。如果一直保持这样的运营机制,B站在内容行业和平台之间激烈的人才竞争中显然不能占据有利地位。为此,“bilibili创作激励计划”在最大限度上为优质创作者助力,帮助他们降低创作成本与压力,增强持续创作的信心与积极性,创作出更多的优秀作品。内容行业的竞争归根结底还是人才的竞争,继微博和今日头条等平台提出各自的原创作者激励计划之后,B站也迈出了自己的步伐。

二、个人播客新闻的内容来源

随着视频拍摄和剪辑技术的门槛降低,越来越多的普通用户能够拍摄和分享视频,激发了用户拍摄和发布视频的积极性,反映了不同地区的社会现象。在网络信息传播的过程中,这是一种不能缺少的方式,用户在现场拍摄的视频能够确保真实性和多角度性。目前,个人播客新闻的内容来源主要有四个。①

第一,公共场所突发事件。公共场所有时会出现一些突发事件,这些事件具有比较高的新闻价值,很多不在现场的民众对其具有浓厚的兴趣。在现场的用户将事件过程拍摄下来发布到网上,便于大众了解事件的缘由。

第二,亲身经历的社会事件。发布个人视频新闻的用户与职业记者不同,他们发布的视频主要是自身经历的社会事件。不同的人有不同的人生经历,能够表现出独特的趣味性,引起民众的广泛关注。

第三,社会热点现象。如今,普通人也越来越关注社会中出现的热点问题。因为人生经历和思考方式不同,不同的人看待同一事件的角度也不同。用户通过浏览不同的人发布的视频新闻,能够对某个社会事件形成全面的了解,从而有更加清晰的认识。

第四,独特的主题策划。主题策划主要有两个来源:一是网站为了提高用户的参与

① 郭焕焕.公民视频新闻传播探析[D].郑州:郑州大学,2013.

度和积极性，设置一些特定的主题向用户征集原创视频；二是部分用户会根据自己的创意，设置不同的场景进行视频拍摄。

三、个人播客新闻存在的问题

播客在推动新闻报道发展的同时，也不可避免地出现了一些负面影响。目前，个人播客新闻存在的问题主要如下。

1.传播效力与占据空间的失衡

一些非专业的普通用户在拍摄视频新闻时，从题材的选择、后期的制作到选择网站上传等一系列过程，完全是自主完成的。其拍摄内容没有经过筛选，也缺乏专业技术和知识方面的指导，所以拍摄出来的视频通常比较简单和粗糙，没有新闻应有的高度和深度。

由于各方面的限制，个人视频的传播效率是比较低的。不过由于其数量巨大，占据了很多网络空间。一个时长四到五分钟的个人视频，有时存在大量无用的信息，有用的信息不到二十秒。低质量的视频数量过多，导致高质量的视频反而不容易被大众看到。

2.法律意识淡薄，侵犯他人权利

个人视频新闻是完全民间化的新闻传播活动。视频的主体是普通民众，但不是所有人都同意视频拍摄者对生活中的事件随意进行拍摄，并且上传到网络上供大家观看。这就导致视频会侵犯他人的隐私权、肖像权等权利。

3.“把关人”缺位

个人视频新闻在传播时具有比较强的自主性，是完全由个人拍摄并上传。在这个过程中，“把关人”是缺失的，由此可能造成假新闻泛滥。例如，曾经有一条关于“苹果公司CEO乔布斯心脏病严重发作”的假新闻，使得苹果公司的市值一度减少几十亿美元。因此，在真实性方面需要有播客平台编辑的把关。

第四节　微信新闻的内容生产

微信已成为移动社交时代人手必备的沟通工具。截至2021年6月30日，微信月活跃用户达到12.51亿人，是我国使用人数最多的即时通信软件。微信新闻主要指微信公众号新闻，既包括专业新闻机构生产的内容，也包括非组织化的自媒体生产的新闻。①微信公众号的出现，在一定程度上重塑了传统媒体的传播形式。它既是新闻生产的平台，也是信息传播的重要渠道。

一、微信新闻的发展现状

2012年8月，微信推出了公众平台功能，并逐渐分化为订阅号、服务号和企业号三类，统称为公众号。订阅号是自媒体新闻的主要发布渠道。公众号逐步开放自动回复、自定义菜单配置等功能。专业媒体和自媒体迅速把握机遇，开始进行内容布局。新闻传播类公众号的数量增长尤为明显。

微信公众号满足了人们利用碎片化时间随时随地进行阅读的习惯，用户还可以主动订阅自己感兴趣的公众号，接收精准推送，获得了大众喜爱。2014年，有79%的微信用户关注了微信公众号，人均阅读6篇文章。20%的用户主动选择订阅号中的内容进行阅读，80%的用户通过朋友圈分享、了解相关信息。公众号内容被转发和分享到朋友圈之后，实现了二次扩散，传播效果明显提升。微信公众号中的报道纪实类和观点评论类文章更加普遍。2013年4月1日，中央电视台新闻中心的官方公众号"央视新闻"微信公众号正式上线，以首发新闻、独家报道等为特色，利用自动回复和自定义菜单，增强了新闻的趣味性，迅速拉近了和人们的距离。

2017年开始，微信公众号新闻经历野蛮生长后，低俗信息传播、公众号打开率降低等诸多问题开始显现。2018年，微信公众号开始调整优化，进行公众号内容付费测试，开放转载功能，将已发送文章的错别字修改上限由5个上调至10个，同时支持增、删和替换。这些功能的上线优化了公众号内容生产者的体验，激励创作者完成更多创作。

① 谢静．微信新闻：一个交往生成观的分析[J]．新闻与传播研究，2016，23(04)：10-28+126．

与此同时，根据相关政策规定，未取得互联网新闻信息服务许可的自媒体账号不能再涉足新闻发布业务。微信公众号单日单次发布的限制也对新闻机构放开，认证主体为新闻单位、新闻网站等机构的公众号经过申请，能够单日多次发布新闻。如央视新闻与《人民日报》，每日群发的次数最高达到11次。专业新闻公众号具有了更强的舆论引导力，专注于发布权威信息。

2019年3月，微信公众号数量已经超过3000万，但受到短视频发展、用户兴趣下降等各方面影响，微信公众号打开率下降至1.78%。微信公众号进入倦怠期，但有巨大的潜在用户，优质公众号的新闻依旧存在大量忠诚受众。《人民日报》（海外版）的微信公众号“侠客岛”，专注于时事政治评论，用户量超过1000万，在大众信息接受渠道中仍占据重要地位，具有很大的传播影响力。在短视频和微博的冲击下，公众号依靠信息承载量大的优势，提供了图文、视频、音频和H5等媒体呈现形式，成为许多重要社会事件的传播源头，记载了新闻事件发展的流程，发布对新闻事件的多角度深层次解读。公众号新闻开始追求建设性、专业性和引导性，注重新闻内容的正面传播效果。

直播和短视频的快速崛起，让新闻内容的生产周期和用户关注周期逐渐缩短，对公众号新闻推送的时效性要求日渐严苛，公众号新闻篇幅也向短小精练发展。公众号即便以最快的速度推送热点事件、热点人物和热门话题，也难以与微博、短视频等碎片化信息传播平台匹敌。因此，公众号新闻转向利用微信用户的社交关系，选择贴近民生、反映民情和突发重大事件的内容，以获得网民关注和分享传播。

公众号发展至今，在内容生产、分发和运营等方面都遵循着固定的范式，很难有所创新。但微信公众号影响范围大，覆盖面广，传播效率高，成为引导舆论的重要阵地。随着各类传播手段的优化升级，公众号新闻坚持“内容是王道”的发展理念，创作优质新闻内容，保持着主流媒体公众号的权威性。

二、微信新闻的特点

为了适应人们的信息获取需求和习惯，微信新闻经过数次升级迭代，主要呈现出以下特点：

1.交互性强

在微信公众号这一平台中，无论是受众之间，还是受众与微信公众号之间，交互性都很强。当微信新闻的生产者成功创作一条新闻信息之后，自主选择对指定用户进行定时推送，接收到的用户自主选择是否查看这条信息，并选择点赞、评论、打赏，或分享到朋友圈。公众号编辑对评论进行回复，实现互动交流。微信为发布者和接收者创立了一个平等的交互环境。用户可以随时在公众号界面，通过文字或语音形式与编辑进行互动。信息发布者也可以选择设置关键词和底部导航栏，引导用户在公众号界面互动，或点击导航栏。

微信为用户提供了开始、暂停和中止交流的权利。受众掌握了更多主动权，交互性随之增强。例如，用户进入“GQ报道”后，能够通过底部的往期文章和GQtalk选择不同板块的文章阅读。在文章《苏炳添：9秒83，新的历史》的尾部，“GQ报道”鼓励读者在评论区留言，并及时回复。除此之外，还设置了“彩蛋时刻”，读者在公众号后台回复“彩蛋”，便能获得带有名言警句的精美海报。读者根据自己的喜好，点击“在看”或分享到朋友圈，在与朋友的评论交流中，增强了新闻传播的互动性。

2.私密性与公开性并存

微信新闻的传播模式本身具有一定的私密性，但所传递的新闻内容却具有明显的公开性。微信的信息传播是“点对点”的人际传播模式和“点对多”的大众传播相融合的复杂结构。但微信的公开性有限，与微博、短视频相比，微信新闻仅能在微信、QQ两个平台内实现直接分享，要通过分享链接才能在其他平台传播。

微信用户的好友多为现实好友，信息传递较为私密，用户之间信任度较高。再加上彼此之间的强烈交互性，更容易产生评论、分享等行为，所以好友之间点对点的信息传递和群聊中的信息分享都能够达到比较好的传播效果，用户间的新闻传播范围也由此逐渐扩大。

微信公众号和朋友圈的新闻传递则更集中地体现了“点对多”的传播方式。微信公众号的新闻传播，具有传统意义上的大众传播的特质，拥有大量的订阅受众，既能确保一对一地精准推送，让每个用户在对话框中享受信息体验和互动，也能够实现群发信息的可靠效果，最大化地传递公开信息内容。“微信公众号+朋友圈+微信群+微信好友”的联动式传播，让公众号新闻的传播范围和广度得以成倍扩大。

3.新闻话题高度集中，传播有效性高

选择大众化内容选题时，公众号新闻传播走向窄向化和分众化。由于每个新闻公

众号都受到自身立场、经济利益和新闻类型倾向等诸多因素影响，推送的新闻主题和话题相对集中，可以精确区分出不同的订阅群体，进行分众传播。[①]如《人民日报》公众号每天推出《来了！新闻早班车》，整合重要新闻信息。受众根据兴趣爱好自主订阅公众号内容，缩小了新闻话题范围，提高了传播的有效性。编辑分析受众的兴趣偏好，据此推送相应的文章，满足了用户获取个性化新闻的需求。

微信公众号设置的关键词回复，提高了用户自主选择新闻的效率。用户在微信公众号的界面，输入关键词获得相关新闻，起到了搜索引擎的作用。例如，用户在公众号“南方知道”的对话框中发送“雪糕”，便可以找到与雪糕相关的文章。

三、微信公众平台的内容创作

媒体从业者要想根据微信公众号的特点，为用户提供优质内容，实现自身价值，可以从以下几个方面出发。

（一）选题贴近大众生活

选择什么内容展开话题，决定着公众号新闻的实际传播效果。[②]传统媒体新闻需要在有限的版面内反映国家大事和重要社会事件，简短直观的微博新闻让娱乐消遣类信息得以快速传播，微信公众号则更适用于挖掘大众生活。公众号新闻需要及时追踪前沿热点，深挖社会痛点，及时抓取信息爆点，主动发掘可视化的新闻点。

针对同一内容，微信新闻的选题角度也有所不同。例如，新华网在神舟十三号成功发射的系列报道中，重点呈现发射场景和科研历程，内容较为严肃。新华社微信公众号则另辟蹊径，展示宇航员在太空里的生活，从大家常吃的饺子入手，拉近了与大众的距离。

（二）注重标题设计

公众号新闻的标题是受众最先获取的信息内容，新闻标题本身是否具有吸引力，成为影响受众是否打开文章阅读的重要因素。

---

① 罗苑晴.微信新闻类公众平台下的受众阅读新闻新特点[J].视听，2015(01)：102-103.

② 蔡国昌.微信公众号的传播特征与传播优势[J].采写编，2021(09)：101-102.

1.信息明确、通俗

与传统新闻标题相比，微信新闻的标题更明确、通俗，侧重于展现内容的趣味性。如报道神舟十三号航天员时，新华网文章的标题较为概括和书面化，而新华社公众号对内容进行了删减，标题也从细节出发，贴近大众生活，更加生动具体。两者标题如下：

新华网：叶光富的少年时光：航天梦是如何发芽的？

新华社公众号：妈妈借来的50元，是他飞天的起点……

微信公众号新闻需要直击主要问题，准确表达文章主旨，直击核心要义，通俗明了地让受众了解报道的主要信息。如：

最高人民检察院依法对董宏决定逮捕

数据能给人带来更直观的感受，利用数字对视觉的冲击，强调新闻事实的显著性和真实性，也能够更有效地提供读者需要的信息。如：

热搜第一，知名男星被强制执行33000000元

2.使用话题热词提升内容传播效果

微信新闻还可以在标题中适当添加情感色彩，运用网络热词的通俗化表达，在共情中扩大传播。

两会召开，你所关心的都在这里……

凉凉！《青春有你3》终止录制，取消决赛

3.善用修辞与配图增强标题的趣味性

微信公众号新闻多运用强调性元素和修辞，注重与配图的适配性，增强标题的可读性。例如“人从众”，强调人数众多；“又双叒叕”，强调事物的再次发生。恰当运用比喻、借代、设问等修辞，可以增强标题的魅力，进一步提升传播效果。如：

雄安新区：京津冀协同发展的“试金石”

“盘丝洞”里遇“美女”，他还不知自己被骗

屋顶建路？没毛病，这很重庆

标题配图的呈现效果虽然有限，但内容与图片的配合，确保了新闻内容的可信度，能够提升读者点击阅读的意愿。如“澎湃新闻”发布《武大这堂课爆火，“窗户上都挂满了人”》时，配图选择了许多学生站在窗外听课的热闹场面（见图9-1）。

图9-1 “澎湃新闻”公众号截图

4.设置悬念

标题中使用感叹号、问号和省略号，可以带动受众产生惊讶情绪，吸引受众关注。如：

砺剑苍穹！歼20、运20、直20……都来了！

孟晚舟走出舱门的经典照片，是怎么拍的？

还可以通过观点或重点前置设置悬念，选择最精彩的看点进行前置展示，引导用户阅读文章内容。如：

楼上下起“钞票雨”，意想不到的一幕发生了……

5.逆向思维式标题设计

多数人受教育经历、思维习惯和生活习惯影响，会形成思维定式。逆向思维便是挑战人们的常识，打破人们的固有观点，制造现实与认知的矛盾，由此产生阅读兴趣。如：

抗疫两年，“90后”小伙一头黑发变花白

28岁残疾拾荒者捐赠超百万！网友：希望他也能被温柔以待

什么？船开上高架了！网友：不晃，但就是脚软……

需要注意的是，公众号新闻须坚守新闻道德底线，避免出现“标题党”。在新闻标题设计中切忌盲目跟风，避免出现含有低俗、误导信息甚至扭曲事实的标题，如“不看后悔终身”等。这类标题会降低受众对公众号的信任，不利于公众号新闻的长远发展。

(三)吸引人阅读的封面与摘要

公众号新闻首先映入受众眼帘的除了标题外，便是封面缩略图和文章摘要。通常而言，人们会在3～8秒之间决定是否点击新闻，因此，使用吸引人眼球的图片和标题(如图9-2)，能够引起读者注意；或者为每个系列制作不同风格的图片，让读者直观了解新闻内容类型。

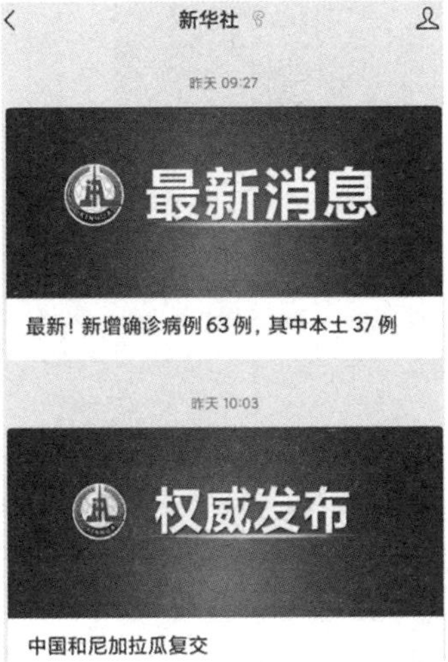

图9-2　新华社微信公众号新闻封面

图9-3　新华社微信公众号新闻类别

公众号封面缩略图可以分为单图文新闻和多图文新闻(如图9-3、图9-4)，搭配与内容相关的图片，让人直观地获得新闻信息。多图文新闻最多可以一次性发布8篇推文，单图文新闻则可以设置更长的新闻标题，提供更多的新闻内容。

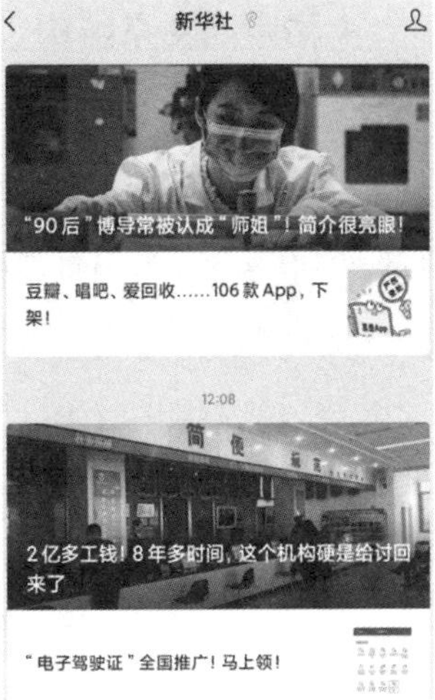

图9-4　图文新闻

单图文新闻还需要考虑封面缩略图下方的摘要撰写(如图9-5)，读者可以通过摘要快速了解文章内容，进而点击阅读新闻。多图文新闻在公众号内不显示摘要，但在用户的分享链接中依旧会显示。摘要的字数不能超过120字，一般在50字以内，内容可以根据标题拟定，通常为根据新闻内容进行设问，或是新闻的部分内容与感悟。前者适合时事热点新闻的摘要写作，可以吸引读者点击阅读，后者更适用于深度调查和会议讲话等报道，帮助读者理解新闻内容。

图9-5　公众号新闻摘要

(四)灵活兼容的内容表达

公众号的技术兼容性让新闻内容表达与时俱进，超越单一的媒体元素呈现和语言风格，同时采用多种新媒体表达方式，语言风格更加多样，内容策划各具特色。优秀的公众号新闻应该具备以下特点。

1.清晰的文章结构

微信新闻可以分为单一事件新闻和盘点式新闻报道。单一事件新闻按时间顺序或事件发展顺序进行报道，在文章结尾对行为进行评价。如《人民日报》公众号的新闻《孕妇在火车上突然临产，列车为她多停留29分钟》(如图9-6)，按照孕妇临产、列车员求助、医护工作者接生、转移的事件发生顺序报道，结尾呼吁大家"为温暖的人们点赞"，并与读者互动。

盘点式新闻则是将每日的新闻进行汇总，分为要闻、社会、服务等板块，分别提供读者想要获得的信息。在文章结尾，会邀请用户参与互动，如抽奖、留言等。

图9-6　《人民日报》公众号截图

2.活用视频、动图等多元化表达方式

微信公众号在保持新闻客观、真实的基础上，在同一文章内利用微视频、配音、微访谈、海报、长图、漫画等多元化表达方式，增加趣味性，让新闻内容更加立体，拉近受众与新闻报道的距离。

例如，关于神舟十二号返回地球的报道，新华社根据不同平台进行了不同的内容创作。2021年9月17日，新华网发布《层层接力护归途——揭秘神舟十二号载人飞船回家路》的系列报道，全文仅用文字描述了神舟十二号返回地球的各个流程，解释各环节的科学原理，用语严谨科学。在微博平台中，新华社官方账号的相关报道多为直观的快讯和视频，单条微博仅用一种媒体元素。相较而言，新华社微信公众号发布的新闻则显得生动且不失深刻内涵，《欢迎回家！揭秘航天员背后的一群神秘人》中用手绘长图漫画，结合文字解释，生动通俗地展现了神舟十二号返回地球需要付出的努力。

3.深度内容的通俗化、情感化表达

公众号新闻风格多样，既可以保持新闻的严肃性，凸显新闻的权威性，也可以采用通俗化的表达风格；既有适应新媒体风格的简短文字，也有注重深度的长篇解读。例如，《人民日报》公众号的文章《抗美援朝老兵的“凡尔赛”，太高级了！》，运用网络语言，迎合网民语言使用习惯，语言风格鲜活有温度，文章内容简短精练，每一短句成行居中，全文不超过200字。又如，《南方周末》公众号《认亲之后，追责“养父母”：困于追诉时效，陷于人情伦理》保持报道的深度解读，文章篇幅较长，语言使用规范流畅。

4.增加与读者的互动内容

微信公众号新闻还需要分析用户需求、习惯等方面的信息，加强互动，深挖反馈信息，有计划地策划主题和内容。[①]微信公众号新闻会增加互动内容，如“客官！请留步！点个赞再走呗！”，能够显著提升互动亲密度，增强微信公众号的传播效果。精选留言的功能将话语权传递给用户，更容易了解用户的阅读偏好，向用户推送更有价值的内容。通过组织一些好玩又应景的活动，比如“投票点赞”、有奖竞猜、刮刮卡等，既能激发用户的参与热情，又可以由此构思生产相关的互动文章，形成良性循环。例如，公众号“剥洋葱people”发起了关于姐姐的故事征集互动，并根据参与者的反馈，整理形成了文章《姐姐那些事|刚上初一，我知道自己以后都打不赢弟弟了》，这一活动引发了受众情感共鸣，

① 高超前.探析微信公众号在新闻宣传工作中的应用[J].传媒论坛，2021，4(13)：29-30.

吸引了大量用户分享互动，得到广泛支持和传播。

（五）紧跟技术发展的微信新闻编辑手段

技术手段的创新支持微信新闻不断丰富呈现方式。用户不但能阅读主体内容，还可以通过超链接延伸阅读。微信公众号的呈现方式从基础排版向H5页面展示和3D动画等新形式发展，显性化程度日渐提高，可以更加直观地表达情感，从而更加容易感染受众。

1.微信公众号新闻的图文排版原则

微信公众号内容排版为微信新闻提供了丰富的内容布局，让文章段落结构层次分明，帮助读者更轻松愉悦地阅读新闻。微信公众号新闻排版应该遵循以下四个原则：

（1）内容划分明确

微信公众号新闻排版应注意分区，彼此相关的内容应该互相靠近，形成视觉单元，减少内容混乱。留白和分段便能起这个作用，例如图9-7，标题和正文是两个独立的板块，可以采用空行、插入头图或分隔符等方式。有小标题时，标题与下一段的间距应该比距离上一段小。正文各段落之间的间隔应该小于正文与标题，一般采用段落间空行的方式进行分割。

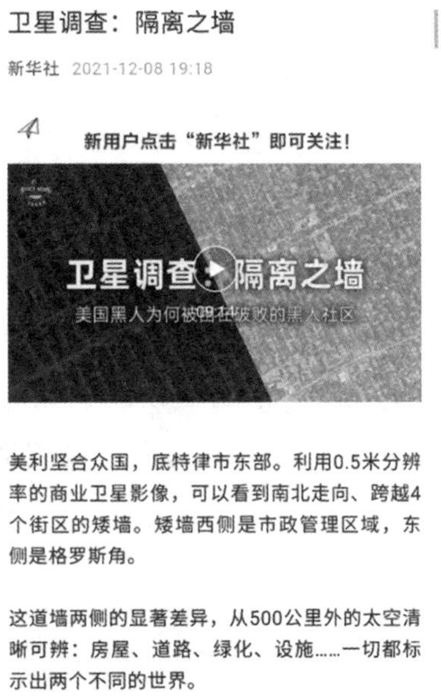

图9-7　公众号新闻的图文排版间距

（2）排版整齐划一

整齐划一是排版最基本的原则。公众号新闻要根据文章内容、长度选择文字对齐方式，包括居中对齐（如图9-8）、左对齐（如图9-9）、右对齐和两端对齐。内容较少、短句较多的新闻内容，可以使用居中对齐，让读者的视线集中在屏幕中间，便于阅读。而在对长文字内容进行排版时，则使用左对齐和两端对齐的方式，两者效果类似，但两端对齐的方式左右两边更加整齐。此外，公众号新闻的风格也应该统一，具体表现为字体、字号、颜色和样式的重复。图片的尺寸和位置也应该统一。

12月10日
湖北武汉江汉区某小区一3楼居民家中
出现火情
大量乌黑浓烟向阳台外飘出

此时
快递小哥张裕
正在该小区揽件
恰好看到这一幕的他
徒手爬上了2楼的阳台，救下一家三口

图9-8　居中对齐

外交部发言人就美国举办“领导人民主峰会”发表谈话

近日，美国举办所谓“领导人民主峰会”，以意识形态划线，把民主工具化、武器化，假民主之名行反民主之实，煽动分裂对抗，转移国内矛盾，维护美国世界独霸地位，破坏以联合国为核心的国际体系和以国际法为基础的国际秩序。美方行为逆历史潮流而动，遭到国际社会普遍反对。

图9-9　左对齐

(3)重点突出,对比强调

编辑可以利用对比突出重点,增强视觉效果,包括运用括号、竖线、着重号等符号,对重点词语加以突出。对于新闻当中的重要文字,可以采用加粗、放大、增加底色、修改颜色、添加下划线和倾斜文字等方式进行突出表现。图片、动画等元素与文字的对比,也能够抓住读者的眼球。

2.公众号排版编辑器的使用技巧

为了给读者提供良好的阅读体验,公众号新闻编辑应该掌握常用编辑器的基本使用技巧,运用网站提供的精美卡片和布局模板,让新闻内容的排版更加丰富生动。

例如秀米编辑器,图文排版工具的使用可以分为素材区与编辑区(如图9-10)。编辑区分为封面信息编辑区和辅助编辑区。

图9-10　界面分区

封面信息编辑区可以放入任何大小的图片。一般来说，封面图片最好是900像素×383像素（首条封面比例为2.35∶1），或者383像素×383像素（二条之后的封面比例为1∶1）。

添加图文内容或模板时，可以用点击或者拖动的方式，将左边素材区中的内容添加到正文编辑区。可以添加图片及文字展示、动态化的分割线与标题样式等（如图9-11），为微信新闻增添缤纷的元素。

图9-11 添加元素

选定样式后，便可以进入图库。上传图片后，点击正文区域的样式图片进行替换（如图9-12），点击文字样式后，会出现工具栏。点击“动作”图标，可以插入超链接（如图9-13）。

图9-12 编辑内容和图片

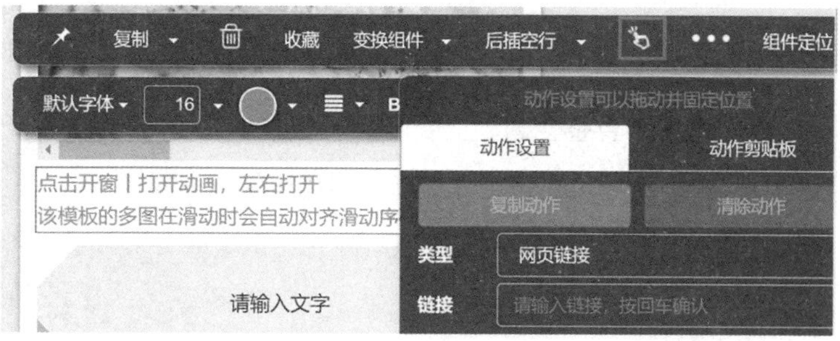

图9-13 插入超链接

编辑完成后，点击页面上方的"预览"，可扫码查看排版效果；点击"导出"则会自动复制全部内容，将内容粘贴到微信公众号平台发布；在"更多选择"中可以将排版好的文章发送到其他账号保存，或导入Excel、Word等文档。

3.H5、3D动画等动态公众号新闻内容

微信新闻编辑还可以运用H5页面设计与制作新闻，让微信新闻具有更强的互动性。H5的动态页面和丰富的媒体元素，提高了微信新闻的可读性。用户可以针对新闻内容发表自己的观点，在朋友圈等社交平台分享，从而扩大公众号新闻的二次传播。

随着现代科技的发展，3D动画、AR、VR等新技术手段拓展了内容张力，使得新闻内容的呈现更加立体化。各类主流媒体新闻公众平台纷纷结合自身的属性和资源优势，借助新技术对内容进行包装，丰富了内容的表现力，提升了内容的传播力。

知识回顾

在当今的网络世界里，自媒体已成为公众生活的重要部分。对于传统媒体而言，面对自媒体的冲击，利用自己的优势和自媒体竞争是正确的选择。自媒体带来了传播方式的革新。作为网络自媒体信息传播方式的博客、播客等技术平台的开发与应用，使得大众媒介传播在时间和空间范围内做了更加广泛的延伸。传统媒体不但可以充分利用自媒体平台扩展传播渠道，而且可以吸纳、整合来自公众的自媒体作品。总体来说，传统媒体可通过各种自媒体技术平台，实现传播的速度更快、传播的途径更多、传播的范围更广、传播频率更高、传播的形式更加多样化。

思考题

1. 如何有效地将博客平台整合到专业新闻的采写环节?

2.《赫芬顿邮报》的发展经历对我国专业新闻媒体有何启发?

3. 请谈谈自媒体对新闻传播格局带来的影响。

第十章　移动终端新闻编辑

知识目标

1. 移动用户阅读行为特征。
2. 移动终端新闻的特点。

能力目标

1. 掌握手机报的图文编辑策略。
2. 了解新闻客户端呈现的特点。

思维导图

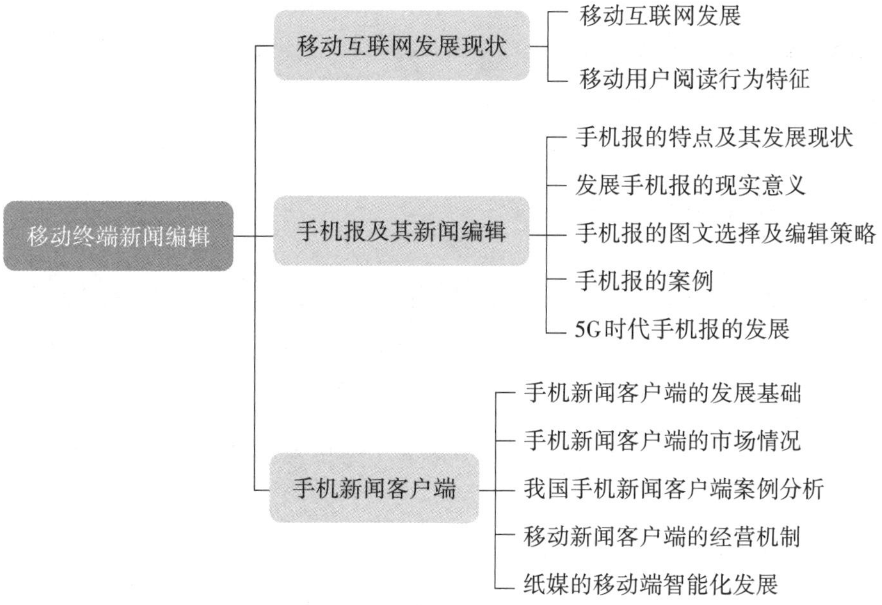

@ 案例导入

移动阅读是当下人们获取信息的主流形式。2021年，中国新闻出版研究院组织实施的第十八次全国国民阅读调查结果在线发布。此次调查发现，数字化阅读是成年人主要的阅读方式，比例高达79.4%，远超25.5%的报纸阅读率，主要包括四种形式：第一种是手机阅读，占76.7%；第二种是在线阅读，占71.5%；第三种是Pad阅读，占21.8%；最后一种是电子阅读器阅读，占27.2%。按照使用时长，手机占据主要地位，为100.75分钟，超过了互联网接触时长（67.82分钟）、电子阅读器阅读时长（11.44分钟）和平板电脑接触时长（9.73分钟）的总和。因为手机的普遍使用，手机阅读成为获取信息的重要途径，人们在获取信息时对移动互联网的依赖也越来越重。

第一节　移动互联网发展现状

随着移动互联网的飞速发展，人们获取资讯的方式也发生了翻天覆地的变化。人们的信息渠道从报纸、杂志、广播、电视到电脑，再到如今几乎人手一部的智能手机，这种演进背后与移动互联网的发展密不可分。

一、移动互联网发展

移动互联网是在PC互联网基础上发展起来的。通俗地说，它就是一种将移动无线通信与互联网结合起来的新兴业务。移动互联网可以划分为三层。一是终端层，指的是移动端设备，如智能手机、平板电脑、Kindle电子书等。二是软件层，包括数据库、操作系统和安全软件等。三是应用层，指的是各类应用App，如社交通讯类、新闻资讯类、休闲娱乐类、工作效率类等。

第48次《中国互联网络发展状况统计报告》指出，我国的网民规模已经突破10亿大关。智能手机已经成为最常用的上网终端。2021年上半年，我国移动互联网接入流量达1033亿GB，同比增长38.7%。可见，我国移动互联网发展迅猛，用户规模不断扩大。

当前，手机愈发智能化，能够帮助人们完成多种碎片化任务，媒体在手机端供给的内容也与愈加丰富，可以满足人们的多样需求。有近65.5%的网民选择智能手机终端进行新闻、游戏、直播、音视频、动漫、电子书等方面的内容消费，远远高于电脑终端。随着技术革新，移动化趋势将会越来越明显。

二、移动用户阅读行为特征

用户在移动阅读中，主要有以下三种特征。

1.碎片化

碎片化是我们这个时代重要的行为特征，无论是渠道多样化，还是媒介自身内容的精简与碎片化生产，或是用户自身碎片化地使用媒介内容，接受碎片化信息符号。碎片化阅读成为我们做移动媒体的重要参考形式。

2.情景化

情景营销是一种重要的广告营销手段，通过唤起用户以往记忆中的相似体验而刺激他们接受品牌价值。这种手段随着大数据的辅助，已经变得越来越精细。同样，移动阅读也需要考虑各种情景因素，比如白天上班或等待地铁的时候，必然不会进行深度集中阅读，因而在阅读内容的制作与分发上，必然有所选择。新闻内容推广的情景化考虑，也是用户体验的优化。

3.个性化

与情景化相对应的必然是个性化。互联网思维主导了未来产业的分工与聚合，个性化是其中一个重要因素。在手机阅读行为中，个性化的体验源于两方面运营设定：一个是前台设置，也就是定制化，通过标签行为来订阅相关内容；另一个是后台数据分析，通过搜索以及终端互通技术，大数据已然可以分析出用户的阅读偏好。

第二节 手机报及其新闻编辑

在报刊、广播电台、电视之外，互联网被称作“第四媒体”。而依托移动无线通信技术发展起来的手机报，则被誉为“第五媒体”。手机报指的就是将报刊的新闻内容电子化，通过短信或彩信的方式传送至用户的手机上。借助手机报，用户能够更方便地利用碎片化时间阅读报刊上的新闻内容，而不需要购买纸质报刊。当前，我国已有几百家手机报，既有《人民日报》《参考消息》等国家级媒体，也有《楚天都市报》《广州日报》《南方都市报》等地方级媒体。

一、手机报的特点及其发展现状

手机报是以多媒体信息形式（内含文本、图像、音视频等多种媒体文件）将新闻发送到手机终端供用户离线收看的一种新闻信息服务，内容多为传统报纸信息的缩编或者摘要。网民可以通过以下几种方式来订阅：编辑相应的短信并发送到指定的号码、拨打热线电话、直接在媒体的网站或App上开通。手机报的传播内容是新闻、资讯等信息；表现形式是汉字、图片、音视频等；传播渠道是移动通信平台；传播对象是用户；传播终端是手机。与传统媒体相比，手机报具有信息传递和接收同步、交互性强、多媒体等传播优势。

在发展初期，手机报凭借个性化的传播特色和对媒体利润链条的延伸，备受各大报业集团的青睐，因而数量剧增。我国首份手机报可以追溯到2004年，《中国妇女报》（彩信版）出现在市场上，引发了极大的关注。同年12月，《重庆热报》也与重庆联通合作，推出《重庆热报手机报》的WAP版。此后，各报业集团或地方报纸也开始开拓手机报领域。数据显示，2005年就有30多份新的手机报面世，反映出报业集团对手机报市场十分重视。举例来说，2005年8月，新华社广东分社、南方日报社等八大广东报业媒体分别与广东移动和广东联通合作，开通了包括短信版、彩信版、WAP版等多个版本的手机报。全国性的媒体也纷纷整合旗下的优势资源，利用自身的品牌效应抢滩手机报领域，如新华社在2006年11月推出手机报服务；《中国青年报》在2007年2月也开始提供手机报服务。

在传播领域移动化、社交化、可视化的趋势下，用户获取新闻资讯的渠道不可避免地趋向分散多元。凭借内容生产“短平快”、传播渠道“精准稳”，手机报在各类互联网新闻资讯类App及自媒体的围堵下存活下来,并且在防疫、抗汛等重大新闻事件中展现出了不可替代的优越性。做大做强手机报是对移动优先策略的积极响应,也是报业集体在移动互联网快速发展环境下的一种转型手段。在5G时代,5G消息应运而生,这也促使手机报向5G融媒体手机报升级。随着5G技术与经济社会各个领域深度融合,5G融媒体手机报在宣传报道的阵地上大有可为。

二、发展手机报的现实意义

发展手机报主要有三方面的重要意义。

(1)是适应互联网发展新趋势、新挑战的需要。互联网时代,信息已经实现即时传播。纸质媒体隔天印刷发行的周期,在时效性上有着天然劣势。手机报可以对重大突发新闻即时推送,省掉了印刷、运输、发行等许多环节,信息处理和发布方式更为便捷,契合了时代发展新趋势,能有效应对时代新挑战。

(2)是围绕中心、服务大局,传播党和政府声音、做大做强主流舆论、抢占网上舆论制高点的需要。党报是党和政府的“喉舌”,党报集团肩负着舆论引导的重大政治责任。手机报全面“触网”,能够以网络话语体系占领巨大的互联网舆论阵地,强化互联网正面舆论引导力度。以短信、彩信为主的手机报,在阵地建设上优势明显,这得益于手机报接收的便利性和强制性。只要手机接入了移动网络服务,就能够接收手机报,而且手机报虽然体量小,但是能力大,仍然使用功能机的老年人、手机信号不稳定地区的用户,都是手机报能够覆盖到的人群。①

(3)是当好“信息管家”,更好地满足公众信息需求的需要。网上资讯浩如烟海,虚假信息层出不穷,针对性、个性化不足。手机报对各类信息严格把关,即时准确发布公共信息,并细分受众市场,针对不同人群、不同地域推送个性化资讯服务,能很好地担负起“信息管家”的职能,寓引导于服务之中。

三、手机报的图文选择及编辑策略

与传统的报纸不同,手机报在主题选择、新闻内容篇幅、报道形态、版面设置、标题

① 辛然,王锦川.山东手机报在重大公共突发事件中的责任担当[J].全媒体探索,2021(05):95-96.

和导读的制作等方面都有自身独特的编辑策略。

1.文字内容要做到简明扼要

在快节奏的现代社会中，用户在阅读手机报时大多采用快速浏览的方式，以实现在短时间内获取更多的碎片化信息。换言之，用户可能没有耐心阅读像报刊上那样长篇大论的新闻。如果手机报的文字不够精练，很容易使用户失去阅读的兴趣。基于用户的阅读心理，手机报的文章应该尽可能使用短小的篇幅，多用短句而非长句，以便于用户在短时间内理解。同时，手机报的文章还应采用通俗化、生活化的语言以及生动有趣的词语来吸引读者的注意。由此可见，手机报并非简单地将报纸上的文章篇幅缩短后便能完成，而是需要编辑依据手机报的特色和移动端用户的心理，对报纸原文进行推敲和改编。①

2.新闻图片的选择和使用

为了激发用户的阅读兴趣，手机报文章应该图文并茂，适当地选用一些新闻图片，便于用户理解。有研究发现，刻画细节的特写图片或近景图片具有极佳的视觉冲击力，更能引发用户的情绪共鸣。由于手机屏幕大小有限，远景图片可能会被用户忽略，那些展现新闻事实细节的特写图片更可以在短时间内抓住用户的眼球。因此，在选择图片时可以关注那些特写和近景图片。

要注重图文结合，增强二者的联系，便于用户理解。通过后期制作，在图片中嵌入相应的文字信息，使二者得以同时呈现。除了真实的新闻图片外，编辑还可以在手机报文章中插入漫画，从而提升文章的趣味性和生动性。②

3.标题、导读的制作

新闻标题的制作是手机报编辑过程中的一个重要环节。标题是否醒目，是否吸引人，是决定读者阅读兴趣的关键。标题也发挥着导读作用。因此，编辑必须重视手机报的标题制作。不同主题类型的手机报文章，应采用不同的标题制作技巧。比如娱乐类、生活类的手机报新闻，标题应采用通俗易懂的语言，也可以适当地使用一些时髦的流行用语，激发读者继续阅读的兴趣。大多数用户浏览手机报的速度非常快，因此文章需要开门见山，为用户快速理解新闻的要义提供便利。

---

① 王崇刚.手机报编辑技巧初探[J].采写编，2008(03)：62-63.

② 周菁，钟秀清.手机报的图文编辑策略[J].青年记者，2013(11)：81-82.

4.版面编排的创新

手机报版面的编排受制于有限的手机屏幕。为了在狭小的手机屏幕中尽可能呈现更多、更全面的新闻资讯,同时又不会使屏幕充斥着密密麻麻的文字信息,应采用轻松活泼的版面编排,从而提升用户的阅读体验。要达到这一目标,编辑就要跳出传统报刊版面编排的桎梏,进行创新。

5.加强手机报内容的管理

在当下愈发强调个性化、精准化推送的时代,手机报也必须在内容设置和管理上做出改变,以适应新形势,尽可能满足用户的个性化需求,同时保证内容的时效性。

(1)内容的个性化。编辑需要在内容上进行分众化管理,针对某一群体、某一类别的用户推送相关的新闻报道,甚至为单个用户推送定制化短信。手机报有一个与生俱来的优势,那就是能够基于手机信号确定用户所在的地区。可以发挥这一优势,根据用户的地理位置,有针对性地推送一些地域性比较强的新闻。

(2)新闻的时效性。手机报能摆脱传统媒体的时空限制,对重大事件进行实时跟踪,使信息第一时间到达用户终端。编辑要将传播重大突发事件当作手机报的重要功能。在进行手机报的内容编辑时,一方面给用户以内容更新提示,用短信的形式加以展现;另一方面,可以拓展手机报的内容深度,提供内容背景和详细报道的链接,实现对新闻事实全方位的了解。

四、5G时代手机报的发展

5G时代,网络具备大带宽、高容量、低功耗、低延迟等特性,使信息传输方式变得丰富多样。基于GSMA统一标准的5G消息,是5G商用最快落地的生态应用之一。2021年2月,新华网牵头,联合全球移动通信系统协会、中国移动、中国电信、中国联通及工信部中国信息通信研究院等权威机构发布了《传媒行业应用5G消息业务总体技术要求》,其中提到,5G消息是5G时代的运营商消息服务,支持丰富的媒体格式,具有标准化、多媒体化和轻量化等特点。

5G消息是对以往手机短信和彩信的升级,打破了传统短信对信息长度的限制,内容方面也突破了传统彩信的局限,实现了文字、图片、音频、视频等信息的有效融合,给用户带来了更好、更多元化的阅读体验。目前国内已有华为、小米、OPPO、VIVO等14家手机厂商支持5G消息业务。这为手机报的转型升级提供了条件。

2020年,由浙江移动和浙江日报报业集团联合推出的手机报《浙江快讯》迎来了全新升级改版,正式上线《浙江快讯》5G融媒体手机报(图10–1),在原先仅支持图文推送的基础上,创新竖版新闻资讯体验,提高了内容的可读性。升级后的《浙江快讯》手机报以融媒体的崭新形式,给用户带来更好、更多元化的沉浸式阅读体验。除了视频外,还有语音读报、社交互动等更加场景化的融媒体资讯,实现了资讯的"可看、可听、可读"。

图10–1 《浙江快讯》5G融媒体手机报截屏

有学者认为,5G融媒体手机报的优势主要表现在以下方面。

1.接收方便,提升用户体验

目前,新闻类App的大部分功能可以在5G消息中实现,用户不需要下载安装软件,5G消息可做到即收即用。用户通过手机短信,就能收看时下热门的短视频,并分享至微博、微信等平台,还能方便快捷地进行信息搜索、交互、订购、分享等,阅读体验和资讯获取效率得到极大提升。中国移动多次试点的数据显示,5G消息点击率是传统短信的14~40倍,是微信公众号点击率的11倍。只要有一部5G手机,5G融媒体手机报就可以充分发挥5G消息的优势,实现一键触达,减轻用户负担,降低阅读成本,提升用户体验。

2.听、看、读沉浸式体验

传统手机报以文字为主,辅以图片、链接,形式较为单调。手机报向5G转型升级后,并不是仅仅把过去的图文手机报视频化，而是向多形态内容展现转型，媒体形式包括文本、语音、图片、视频、动画、表情、位置等。在展现形式上，手机报不再是白底黑字，而是以卡片的方式将多种媒体内容呈现给终端用户。这些卡片可以左右滑动阅读，在产品配套的H5页面中，读者可以看视频，听语音读报，“富媒体”特征更加明显。

3. 社交化互动体验

5G融媒体手机报与现有手机报相比，最为显著的升级或许是聊天机器人。现有的手机报产品在信息传播方面是单向的，用户只能被动地接收资讯。而在5G融媒体手机报中，基于“富媒体”消息业务下的聊天机器人，系统可以通过语音识别、语义分析、识别二维码等新技术，随时响应用户并提供发送、接收、解析、处理等消息服务，改变以往新闻资讯传播“收到即终止”的模式。这种集成程度更高、可代替App的全新人机交互服务模式，可以助力手机报实现从单纯新闻资讯下发向“新闻资讯+服务”一体化模式转型。

4. 为主流媒体占据制高点提供更为多元的实现路径

主流媒体传播着主流意识和价值观，受众关注度高，传播影响力大，具有很强的权威性和公信力。主流媒体在巩固发展传统业务的基础上，可以充分利用5G融媒体手机报顺应分众化、碎片化、对象化的趋势，及时回应社会关切，加强与用户的交流与互动，牢牢占据舆论引导、思想引领、文化传承、服务人民的传播制高点。

第三节 手机新闻客户端

2010年前后，手机新闻客户端在我国逐步发展起来。手机作为App应用的物质载体和接收终端而存在，手机新闻客户端即属于App应用中的一类。通过手机新闻客户端，用户能够接收到实时新闻，搜索自己感兴趣的新闻。在手机新闻客户端中，文字、图画、音频、视频等传播形式涵盖了越来越多的信息内容。因此，手机新闻客户端承担起了更多的传播新闻的任务。手机新闻客户端愈发受到用户的青睐，是手机媒体的重要组成部分。

一、手机新闻客户端的发展基础

随着智能手机的普及化、移动网络基础设施的完善，手机新闻客户端呈现出繁荣景象。

1.智能手机销量持续增长

新闻客户端的安装依靠手机自带的操作系统。要想使用新闻客户端，必须使用带有合适操作系统的智能手机。智能手机的使用率和发展状况决定了新闻客户端的使用率。如今，中国经济迅速发展，人民生活水平提高，越来越多的人使用智能手机。同时，由于科技的迅速发展，智能手机的价格也在不断降低，大众不仅能够使用智能手机，并且能够很快更换新型的智能手机。

2.移动网络建设

5G技术的发展，也推动了移动网络的迅速发展。相较于2G、3G和4G，5G具有高速率、低延时、大容量等明显特征。5G基础设施的建设和商业应用的实现，不仅能促进智慧便捷生活的出现，也能带动产业的智能转型升级。通过与生产、生活的融合，5G能够创造出一个“万物互联”的全新时代。因此，各国对于发展5G的热情都非常高。我国在2019年6月启动5G商用，成为5G发展的先行者之一。2020年的政府工作报告中，将5G发展上升到国家战略层面。与此同时，工信部等部门发布了关于加快推进5G发展的诸多文件，释放出政策红利。截至2021年12月，我国累计建成并开通的5G基站总数为142.5万个，基本覆盖全国所有的地级以上城市，5G移动电话用户达3.55亿户。

综合以上分析，5G将会逐步提高商用程度。民众的阅读习惯将会改变，可以根据自己的个人需求，利用零碎的业余时间阅读自己感兴趣的内容。由于网速的加快，民众读取新闻的速度将会更快，有效时间将会增多，从而得到更好的阅读体验。

二、手机新闻客户端的市场情况

随着移动互联网的不断发展，手机新闻客户端也逐渐成熟。我国网民获取热点新闻资讯的主要途径，已经由传统媒体、PC端转变为手机新闻客户端。依托于庞大的手机用户群体和互联网用户群体，手机媒体的发展推动手机新闻客户端成为媒介融合的新增长点。

为了抢占手机端的用户市场，传统纸媒、大型门户网站和互联网企业等都已纷纷在新闻移动客户端市场进行布局。根据易观千帆在2021年发布的数据，截至2021年2月，中国新闻客户端月活跃人数最高的是今日头条（30131.45万），紧随其后的是腾讯新闻（28382.28万）、网易新闻（8225.76万）、搜狐新闻（6012.73万）、新浪新闻（5853.22万）。

三、我国手机新闻客户端案例分析

在行业内，新闻客户端一般被分为三大类：第一类是门户类客户端，这是在Web1.0时代诞生的门户网站所推出的新闻客户端，比如网易新闻、腾讯新闻等，都属于这类客户端；第二类是传统媒体类客户端，由传统媒体依托本身强大的新闻底蕴开发创办，是传统媒体积极适应媒体发展、维护自身影响力的重要举措，如今最引人注目的是《人民日报》客户端、央视新闻客户端、澎湃新闻客户端等；第三类是算法分发类客户端，是近年来随着算法技术的普及而发展起来的新闻类客户端，是新兴的新闻客户端类型，发展势头相当迅猛，比如字节跳动旗下的今日头条客户端，占据了大量的市场份额。

1.今日头条客户端

2012年，北京字节跳动科技有限公司推出的今日头条，是一款主打算法推荐、专注内容分发的综合新闻客户端。与传统新闻客户端不一样，今日头条自身并不进行新闻的采编业务，而是负责信息的分发，通过对用户的阅读偏好进行分析，向用户推荐更具个性化的新闻资讯。

在创立之初，今日头条以“你关心的，才是头条”为口号，突出了自身超强的算法技术，可以向用户推荐更精准、更符合其喜好的资讯内容。2016年12月，今日头条客户端的创始人张一鸣在接受《财经》杂志专访时表示：“我们不是一个媒体公司，是因为我们不创造内容，我们不发表观点。我们是一家科技公司，我们是为了解决问题（信息分发问题）而创办的。”

2018年，今日头条又将口号改为“信息创造价值”，从中可以看出，今日头条是将信息技术作为自己的核心战略支撑，将自己定位为聚合类新闻客户端。提供信息的整合推送服务，就是该平台最重要的战略定位。依托目前拥有的推荐引擎、搜索引擎、关注订阅和内容运营等多种分发方式，今日头条平台内的板块包括文章、短/中/小视频、微头条、音频、知识问答、付费专栏以及直播和小程序等，涵盖科技、体育、健康、美食、教育、农业、国风等100多个领域。

头条搜索是今日头条推出的搜索引擎服务，支持全网公开内容的检索，为用户提供精准、专业、快捷的搜索结果。用户可以在今日头条客户端内体验，除了默认的综合搜索频道外，还有视频、资讯、小视频、图片、音乐、影视等多个垂直搜索，全方位满足搜索需求。

头条号是今日头条旗下开放的内容创作与分发平台，实现了政府部门、媒体、企业、个人等内容创作者与用户之间的智能连接。截至2019年12月，头条号账号总数已超过180万，平均每天发布60万条内容。

2.腾讯新闻客户端

2010年，腾讯新闻客户端首次登陆苹果商店。在新闻资讯服务上，一直以快速、客观、公正等优势打造品牌。从上线开始，腾讯新闻客户端就以推送快速、界面友好、内容专业原创、视频图片引人入胜等特点，获得了用户普遍的认可。在同类客户端软件中，腾讯新闻客户端的日活用户、注册数、平台口碑都排在前列。从应用市场的数据来看，在苹果商店的新闻资讯类客户端下载排行中，腾讯新闻排在前三位。

从特色上来说，腾讯新闻客户端将新闻、视频、微博有机结合起来，为用户提供多形式、多精华内容聚合的快速阅读体验。腾讯本身有大量的人才储备，有优秀的运营和开发团队，同时还有海量的品牌用户、良好的口碑以及强大的推广资源等优势，在布局新闻客户端市场方面，可谓底蕴深厚。现在几乎所有人都离不开的一个通讯平台——微信，其内置的官方新闻推送服务就是腾讯新闻。腾讯新闻以新闻、通讯、视频号、本地生活等形式，将客户留在微信客户端，甚至引回腾讯新闻客户端，这是许多客户端不具备的条件。

腾讯新闻更注重自身新闻内容对客户的引导和传播。腾讯新闻客户端的网络信息传播融合了传统媒体和大数据个性化推荐机制方面的优势，有其自身的独特性。腾讯新闻有着庞大的专业新闻采编团队，助推移动客户端的内容资源整合和内容生态的构建，留存了大量的用户。如今的腾讯已经成为移动端的“流量王”，“腾讯棱镜”成为腾讯新闻的标志。

腾讯新闻之所以十多年来屹立不倒，除了自身庞大的资源以外，还与腾讯的全媒体战略是分不开的。2016年，腾讯成立了专属的媒体平台——企鹅号，吸引了大量优质创作者以及主流媒体入驻。截至2018年12月，企鹅号的注册数量已超过20万，资讯分类增长至2000个，客户端内的自制新闻视频每日播放量高达5.4亿，日均视频上传数量高达4.4万条。如今，企鹅号成为国内四大自媒体图文资讯创作平台之一。

3.澎湃新闻客户端

澎湃新闻是上海报业集团改革后公布的第一个成果，是专注于时政与思想的媒体开放平台。它继承了纸媒的发展优势，依靠新的展现形式拓展目标用户，提高用户黏性。

澎湃新闻脱胎于《东方早报》，但在转型过程中并未沿用《东方早报》原有的品牌。如今，许多用户谈起澎湃新闻，都不知道它和《东方早报》的联系。可以看出，澎湃新闻有意跳出纸媒环境，淡化背景，专注于打造互联网媒体。2014年7月，澎湃新闻正式上线，以移动新闻客户端“澎湃新闻”为主体，同时也运营同名新闻网站以及“两微”账号。

澎湃新闻自身拥有高度发达的采编渠道和高效的采编团队，许多资深采编人员都来自《东方早报》的团队，这保证了澎湃新闻的内容质量。为了满足用户的个性化需求，澎湃新闻在成立之初就对内容进行了细分，包括六个栏目：视频、时事、财经、思想、生活、订阅。在各主栏目之下，又设有丰富的子栏目。有关注科学与技术的“科技湃”栏目，有专注反腐报道的“打虎记”栏目，还有“思想湃”“翻书党”“文化课”等思想文化交流类栏目。澎湃新闻对全媒体的内容生产方式也高度重视，强调形式上的创新。新闻的呈现形式不仅有文字和图片，还有H5、直播、视频、动画、VR等形式，以及专业的可视化数据新闻。

澎湃新闻客户端在内容的选取上采用了差异性策略，专注于打造时政思想类互联网平台，内容的严肃性和专业性突出，为用户提供更有针对性的内容。

四、移动新闻客户端的经营机制

移动新闻客户端的运营机制以内容运营和商业运营为主，具体如下。

（一）内容运营

移动新闻客户端的内容渠道可以分为三类。

第一类是自身所产出的内容。这些内容大部分与本平台所属企业所生产的新闻资讯有关，如腾讯新闻客户端、新浪新闻客户端等。目前，新浪与腾讯依旧是我国互联网产业的引领者，在资讯内容、受众基础方面已经实现了海量储备。手机新闻客户端的开发，能够帮助它们更好地满足受众的信息诉求，丰富资讯推广渠道。

第二类是对其他媒体内容的整合。以新闻为载体的移动新闻客户端渠道，一方面为自身输出的内容提供平台，另一方面还有助于对其他媒体资源的同步推广和整合。这就是所谓的“新闻+订阅”模式。当用户打开新闻客户端时，不仅能够看到客户端平台自身所采编的新闻、制作的内容产品，也能看到其他媒体机构或自媒体所产出的内容。

第三类是通过算法而形成的内容，在全网抓取新闻之后，再利用算法来进行个性化推荐，今日头条走的就是这条路线。此外，百度新闻的代表性也很强。该客户端是百度自己打造的专属新闻客户端，其中除了百度自有的海量信息之外，还会对其他平台的新闻内容进行提取，从而丰富视觉效果，满足用户对内容的多元化诉求。

在业界，也有人根据其来源，将内容分为以下三种：(1)用户生产内容(英文缩写为UGC)，客户端平台提供阅读集成工具，由用户自己去收集与整合，比如鲜果联播、抓虾等；(2)专业人士产生内容(英文缩写为PGC)，这是传统的新闻专业人士生产的内容，比如新浪新闻、搜狐新闻等；(3)算法产生内容(英文缩写为AAC)，就是通过搜索引擎抓取用户喜爱的新闻内容，比如今日头条、百度新闻等。

(二)商业运营

一般而言，针对互联网阅读类产品，普遍的商业盈利模式为付费订阅模式、移动广告模式和O2O模式。[①]

1.付费订阅模式

现阶段，大部分新闻客户端都为受众提供免费的信息服务，尽管个别客户端会制定一些付费制度来获取收益，最终效果都不理想。各大媒体客户端在已有优势资源的加持下，依旧探寻各种可行的盈利模式，期望能够在内容运营方面更加高效，获取一定的收益。比如，今日头条在2018年就推出过针对特定内容的付费阅读服务。然而，由于新闻客户端是以免费为主，而且用户已经习惯了免费新闻信息服务模式，为新闻付费的意愿不高，所以新闻客户端要想大范围地推广付费订阅模式，并以此作为盈利的重要支撑，恐怕不是一件易事。

2.移动广告模式

很多新闻客户端开设了移动广告渠道，这种模式成为平台运作的主要收益来源之

① 马睿.中新网客户端盈利模式优化研究[D].北京：北京化工大学，2019.

一，比如开机广告、文章中间的超链接旗帜广告、信息流原生广告等。作为移动端的战略结合点，新闻客户端还可以作为线上和传统媒体整合营销的一个重要支持点，因而广告的平台分发自然也会流入移动端。

值得注意的是，原生广告是营销市场的一块大蛋糕。除了社交媒体外，新闻客户端也是一个绝佳的原生广告场所。原生内容营销不是一般的植入性广告，它要求与植入的内容和情境相互融合，成为统一的内容生态圈。这种服务模式，在微信营销建构圈中已经实现，新闻客户端想要吸取其商业性内容，又要确保阅读体验，必须做得更为隐秘。

3.O2O模式

在海量的用户数据下，利用线上线下相结合的方式，将这些用户流量向其他渠道延伸，在此过程中，可以通过与交易服务的衔接来实现创收，比如在交易中心产生的佣金等。腾讯新闻客户端的积分商城在用户引流、用户转化以及用户交易方面起到了重要作用，如果发生了真实交易，那么平台就可以从中获得一定比例的收益。今日头条不仅在广告领域有所涉足，还开设了“特卖”频道。这些互联网新闻客户端都在逐渐向O2O模式转型，期望能够在线上资源的支撑下，覆盖到更多线下用户，从而为自身争取更多收益和发展空间。有学者认为，新闻客户端也可以利用大数据，通过分析数据实现变现。例如，新闻客户端可以利用技术手段，为政府、企业等提供专业的数据收集、分析和处理等增值服务。

总体来说，新闻客户端平台呈现出同质化问题，获利渠道较少，盈利水平不高，整个产业的生态仍未健全。移动新闻客户端需要寻找更多的利润增长点，这对于其后续的持续性发展以及媒体产业的扩张有重要的奠基和推动作用。

五、纸媒的移动端智能化发展

随着互联网技术的发展，数字和移动通信技术的进步，以网络、手机等为代表的互联网媒体发展势头强劲，传统媒体的受众和广告市场被重新分流。传统报业在这一过程中遭遇了前所未有的冲击。为迎战传播业的激烈竞争，将挑战转化为机遇，传统纸媒逐渐意识到跨平台、跨行业发展的重要性，也感受到了媒体融合发展的力量与趋势，开始走上转型之路。传统纸媒不断延伸其布局，由传统的报纸生产商逐步转变为综合型内容信息服务商，努力应对移动媒体、智能媒体的冲击。[①]

(一)纸媒移动化的必要性与可行性

互联网技术的强势发展带来的是新兴媒体的崛起，以报纸为首的传统媒体运营状况陷入困境。纸媒向移动化转型，有其必要性和可行性。

1.必要性

传统纸媒面临着来自互联网媒体的巨大挑战。受众逐渐倾向于从新闻客户端获取新闻信息，尤其是“双微”平台，对传统纸媒造成了极大的冲击，将传统纸媒的市场迅速蚕食。

从广告收入来看，互联网媒体收入剧增，而传统纸媒则迅速下滑。互联网媒体强劲的传播速度和效果，为其市场化发展提供了诸多条件。在定向精准广告技术的加持下，很多企业倾向于选择高投资高回报的互联网媒体广告，而不愿意在传统纸媒上投放广告。互联网媒体的获利水平和市场规模迅速扩张，传统纸刊的市场已经所剩无几。[②]

从内容生产来看，互联网媒体开辟了独特的内容生产方式和风格，对传统媒体的内容依赖逐渐减弱。互联网媒体兴起之初，其内容几乎都是通过提炼、转载甚至一字不差地复制传统纸媒的信息。传统纸媒愿意为其提供内容，也是意识到互联网媒体的潜在市场价值，并希望以此来扩大自己的影响力。如今，互联网媒体不断升级信息技术，开拓新的发展渠道，在庞大用户资源的支撑下，市场化模式下的交互信息生成能力不断增强，将自身定位为制作、发布各类信息的强大的开放式资讯平台，在实现独立运作的同时，降低了对传统纸媒的依赖。

传统纸媒必须积极拥抱互联网媒体，才能在竞争激烈的媒体市场中维护自身影响力。移动端作为目前互联网用户数量第一的终端，更是传统纸媒转型的必要阵地。

2.可行性

移动媒体让人们可以随时随地获取信息。移动技术在时空上解放了阅读者，人们获取信息的时机变得零散且随机。人们既可以自主地向内容提供方订制信息，也可以在内容提供商了解其偏好的基础上，坐享个性化的内容。[③]

近几年，智能媒体不断普及，传播技术也逐渐完善，使得很多传统媒体纷纷向智能

① 高丽华，徐天霖.都市报全媒体转型思路探析[J].中国出版，2013(02):23-26.

② 冉华，张金海，程明，李小曼.报业数字化生存与转型研究——基于产业发展的视角[M].武汉:武汉大学出版社，2010:89-103.

③ 陈昌凤，仇筠茜.移动化:媒介融合的新战略[J].新闻与写作，2012(03):30-33.

化融媒体转型，期望通过在5G、大数据、云计算、人工智能技术的协助下，获得更多市场资源，强化优质内容的多元化输出，实现融媒体矩阵的规划与建设。

（二）实践案例

5G和其他新兴技术的不断成熟，持续推动着传统纸媒的融合发展。传统纸媒与互联网企业合作，基于“算据+算法+算力+网络”的框架，持续推进人工智能技术在媒体全链路、全环节的融合应用探索。比如，《广州日报》创新了传播路径和思路，通过5G技术和人工智能技术等新兴技术的全产业链赋能，打造智能化融媒体传播格局。①

1.以移动端为先，创新融媒体传播体系

随着媒体融合进入3.0时代，《广州日报》在5G等新兴技术的驱动下，将移动端作为载体，积极布局融媒体矩阵，创设全媒体传播平台，尽可能确保多渠道输出内容的个性化与信息化，增强公信力和影响力。

《广州日报》凭借自身的融合媒体平台和人工智能技术，始终围绕做强做大移动端这一目标，持续构建了“报＋网＋端＋微+数据院+智库”的新型融媒体矩阵。在《广州日报》的融媒体传播矩阵中，新一代数字报系统接入广州日报报业集团旗下的《广州日报》《广州参考》《广州汇》等多个App和微信公众号。所有内容都可以通过《广州日报》全媒体采编系统的“一键发布”，同步到《广州日报数字报》《广州参考》和大洋网、微博、微信等“1+N”全媒体产品集群，用最短的时间、最快的速度以及最高的质量将内容传递给受众。《广州日报》新闻客户端4.0版，借助H5、动画、直播、VR等新媒体手段实现了融媒体传播。有资料显示，2020年9月，该平台客户端的用户数量突破5000万；旗下开设的今日头条账号的粉丝也突破了168万，累计获得1802万的点赞数；微信公众号的粉丝也高达140万，全年阅读数1.1亿次。

2.以大数据为核心，探索传统纸媒“云传播”机制

2019年，《广州日报》基于前沿的智能传播技术，构建了专属的融媒体矩阵，实现了融媒体平台的搭建，而且在集中指挥、资源共享等方面也都创造了相应的环境和条件，让各个细分业务的流程都格外精简与高效。最关键的是融媒体平台的建成，为《广州日报》带来了统一的工作平台。在这个过程中，大数据和数据分析技术体现出了不可替代

① 姜翼飞，辛拓.传统纸媒的智能化融媒体传播格局探析——以《广州日报》为例[J].出版广角，2020(21)：49-51.

的重要作用。简单地说,在数据分析模块的作用下,相关数据和字节信息可以实时展示在屏幕中,而且会不断更新屏幕信息,保持与控制中心调整内容的一致性。此时就可以通过便捷高效的可视化管理,来对稿件以及整个媒体内容予以分析,对各渠道数据予以研究,对各个采编人员的采编情况予以定位,等等。例如,该平台实现了春运报道模式的系统化创新。2019年,《广州日报》依托5G信息技术和人工智能技术成立了“报+网+端”立体化平台,为旅客提供一站式出行信息服务,将各地、各个频道的内容实施转播,在各个渠道上都能看到相同的内容。最后,在数据处理与分析技术的支持下,其客户端和“春运广州”微博实现了24小时滚动播报春运相关信息,从而在信息传播的时效性与专业性方面都得到了极大的提升。

3. 符合用户特点的资讯推荐,提高信息传播的有效性

《广州日报》融媒体采编指挥中心的数据分析模块采用数字算法可视化跟进传播力度,就是基于《广州日报》的各个端口和平台,以阅读喜好、用户标签等作为画像指标,在海量的数据中对受众进行细分,然后有针对性地为其推荐感兴趣的内容。不仅如此,用户也可以自行设置,根据自己的喜好来选择对应的模块和内容推送栏目。还可以将用户感兴趣的各个渠道信息绑定,在同一个页面下接收不同平台的多元化信息,一方面丰富了用户的阅读内容,另一方面也实现了新闻内容的精准推送,久而久之,用户黏性会得到提高。

知识回顾

我国移动互联网发展已进入全民时代。新闻客户端成为移动用户继“双微”平台后的又一大应用需求。目前,移动新闻阅读和网络门户网站资讯一样,成为一种基础性服务。手机报凭借内容生产“短平快”、传播渠道“精准稳”,在各类互联网新闻资讯类App及自媒体的围堵下存活下来,并且在防疫、抗汛等重大新闻事件中展现出了不可替代的优越性。在5G时代,5G消息应运而生,这也促使手机报向5G融媒体手机报升级。随着各项新技术的应用以及跨产业的协同,5G融媒体手机报在宣传报道的阵地上大有可为。

思考题

1. 分析当前我国手机报的发展前景。

2. 随着技术的发展,移动端新闻将会呈现怎样的发展趋势?

第十一章　短视频新闻

知识目标

1. 短视频新闻的传播优势。
2. 短视频新闻存在的问题。

能力目标

1. 了解短视频新闻的特点,恰当选择新闻报道形式。
2. 了解短视频新闻的制作原则。
3. 掌握短视频生产的内容选择要求,并能灵活运用。

思维导图

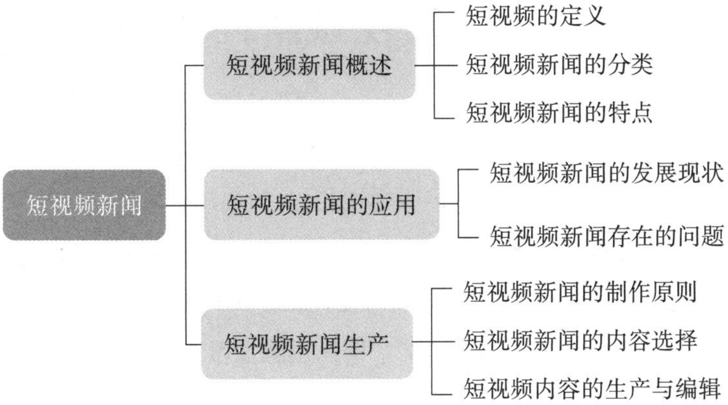

案例导入

短视频浪潮下，最具影响力的新闻栏目《新闻联播》也需要用更加创新的手段来吸引年轻用户，扩大主流舆论影响力圈层。2019年7月29日，中央广播电视台推出短视频栏目《主播说联播》。栏目采用竖屏拍摄，视频画面以主播为主题，由主播带领用户从“看现场”到“说现场”甚至“唱新闻”，并利用评论打造与观众实时对话交流的效果，添加字体特效、图片、音乐等符号，让严肃新闻变得活力十足。2021年服贸会期间，《主播说联播》让刚强、海霞两位主播同台，用“三句半”顺口溜，创新式地解说服贸会：

“中小企业要扶持，北京上新交易所；

服务精专有特色，改革！

合作空间迎巨变，质量效益双兑现；

发展潜力皆可见，实干！

‘一带一路’群英会，沿线企业排好队；

项目越来越完备，on the way！”

第一节　短视频新闻概述

移动互联网的迅速普及，让主题鲜明、篇幅短小的短视频快速崛起并日益繁荣，也催生了抖音、快手等超级应用平台。如今的短视频平台已不单单是用户上传或浏览视频的载体，还将陌生人社交、直播卖货等新的业务融合在其中。短视频平台的功能越来越强大，在网络用户中的渗透率不断提高。网民也愈发习惯在短视频平台中获取新闻资讯。短视频新闻的呈现方式，满足了用户的新鲜感需求和信息需求，成为新闻传播的重要形态和媒体深度融合的切入点，为传统媒体转型升级提供了新的驱动力。

一、短视频的定义

短视频作为一种新的传播方式,尚无统一的定义。其关键词是“短”,但具体时长标准并未确定。优酷、易观智库等机构认为,短视频是时长不超过20分钟的视频,能够通过媒介平台进行拍摄、编辑、上传、播放、分享、互动等。《2016年中国短视频市场现状分析及发展趋势预测》对短视频做了如下界定:视频长度不超过20分钟,通过短视频平台拍摄、编辑、播放等,视频形态多样,涵盖纪录短片、视频剪辑、广告片段等。

在智能手机愈发普及的当下,再加上5G技术的发展,社交属性成为定义短视频的另一个关键词。各个领域对于短视频的定义都强调了它对社交平台的依赖性。短视频进一步发展为时长以秒来计算、可在社交平台上实时分享的视频形式。新浪微博数据中心和艾瑞咨询将短视频定义为:一种长度以秒计数,一般在5分钟之内,主要依托于移动智能终端实现快速拍摄和美化编辑,可在社交媒体平台上实时分享和无缝对接的新型视频形式。而短视频平台快手则基于人工智能系统对每天6000万用户的数据分析,认为“竖屏、57秒”是短视频行业的工业标准。

短视频的有限时长和社交属性,促使短视频内容形成差异化特点。短视频制作者需要思考如何在较短的时间内,结合文字、图片、动画等多媒体形态,尽可能呈现出立体化的丰富内容。视频类型包括新闻资讯、幽默搞笑、情景短剧、生活技能、工作技能等,涉及的题材范围十分广泛,形式十分灵活多样。

综合各方观点,本书采用常江、杨嘉嵋等学者的界定。他们认为,短视频通常以秒计算时长,总时长一般控制在5分钟以内,能够直接利用移动智能终端进行及时记录、编辑,并可无缝对接到社交平台实现实时分享,具有快速发布、形式灵活、内容广泛、互动性强等特点的新型视频形式。这是目前被广泛接受的短视频定义。

二、短视频新闻的分类

根据短视频新闻的来源,可以分为PGC短视频新闻和UGC短视频新闻两类。

1.PGC短视频新闻

PGC即专业生产内容,是指经过专业新闻组织、新闻媒体等机构生产、剪辑或精选的新闻资讯类短视频。例如,《人民日报》同时在各大媒体的客户端中同步更新短视频新闻。

PGC短视频新闻的叙事视角多为观察者角度，以“外视角”居多。拍摄视角完全处在新闻事件以外，通过旁观者的视角进行记录。旁观者视角让PGC短视频保留了新闻的客观性特点。在叙事时序上，PGC短视频新闻往往根据事件发生的顺序进行叙事。符合事情经过的叙事顺序，让新闻事件更加真实可信。

短视频的碎片化形式，让新闻媒体在视频场景的选择上偏好特写和细节场景。例如，央视新闻2021年9月4日发布的退伍军人在重庆机场求婚的短视频新闻，从退伍军人与女子在机场相遇开始，在镜头多视角切换与拼接中，呈现女子手捧玫瑰花的感人情景，记录退伍军人的真情告白。短短几十秒的时间，记录下了机场中的一个感人细节，给人留下深刻印象，获得观看者的喜爱。

2.UGC短视频新闻

UGC即用户生产内容。移动互联网的发展，让人人都可以对突发事件的现场进行记录与传播。UGC短视频新闻强调自媒体用户对新闻事件的实时记录与发布。生产者在拍摄、发布视频新闻和回复等过程中，能够获得心理和情感需求的满足，并在参与事件的过程中提高社会责任意识。

UGC短视频新闻的发布者置身于新闻事件的现场，是事件的直接参与者或目击者，因此大多以第一人称视角来录制。这些短视频可能会比较简陋，没有丰富的镜头语言，优点在于真实和及时。新冠肺炎疫情期间，各地的自媒体用户创作了无数短视频新闻，为大众深入了解疫情信息提供了素材，如医护人员拍摄的一线情况、平凡人的居家生活等。这些短视频持续集中地提供相关新闻事件信息，具有很好的传播效果，缓解了大众的信息焦虑。

在叙事内容上，UGC短视频新闻关注社会民生，贴近大众生活，注重用户体验和情感共鸣。2021年，今日头条发布的一条短视频新闻获得了27.5万点赞数，内容为一个小女孩和小狗的可爱互动，小女孩对偷跑进店的小狗商量，能不能摸小狗一下，但不要咬她。这一类短视频新闻具有很强的趣味性、人情味和公共性，但受限于时长和能力，存在内容片面化、选题个人化、叙事情感化等问题，新闻内容的深度和广度往往不够。

UGC短视频新闻丰富了新闻报道的主体，不仅为专业媒体提供了素材，还让下沉式的细节话题进入公众视野。但UGC短视频新闻由于缺乏把关和专业素养，主观情绪色彩浓厚，具有潜在伦理问题，虚假新闻、低俗化信息更难管控。

三、短视频新闻的特点

具体而言，短视频新闻具有以下特点。

1. 高时效性

短视频新闻的内容创作更加自由，传播迅速，因此具有较高时效性。传统新闻视频采编过程较为烦琐，具有固定流程，发布时间存在一定的滞后性。智能手机等移动设备的升级换代，让每一个人都具备拍摄能力，每时每刻都能为新闻事件提供最新素材，拓宽了新闻资讯的边界。各类智能编辑软件的应用，简化了短视频新闻制作的流程，节省了视频编辑的时间。视频上传流程的优化和智能推荐，进一步提高了视频传播的时效性，让突发新闻事件能够快速传播到用户面前。

2. 内容采集去中心化

人人都是传播者的时代，短视频新闻的内容采集也呈现出去中心化的特点，新闻信息来源以用户生产内容和智能软件采集为主。智能设备降低了拍摄短视频新闻的门槛，内容采集成本几乎为零，每一位智能设备的使用者都可以生产短视频新闻。同时，因为短视频新闻获取简单、生产快速和分享便捷，越来越多的用户热衷于发布自己拍摄的短视频新闻，捕捉生活中的细节，为媒体提供更多的新闻素材。遍布各处的传感器，如监控、无人机等也为短视频新闻提供了无数新闻素材。用户生产内容与专业媒体加工相结合，可以创作出更高质量的作品。例如，《人民日报》发布的短视频新闻中就存在大量车载监控和用户自发拍摄的短视频，配上解说和简短的关键词，组成了要点明晰的短视频新闻。

3. 内容场景化

短视频新闻的碎片化、浅显化和时长要求，造就了其场景化的特色。短视频新闻善于抓取事件的关键部分，通过细节以小见大，塑造场景氛围，引发情感共鸣，适应受众碎片化的阅读习惯，提供适配智能移动终端的阅读体验。短视频新闻往往直接进入现场，以最快的速度将事件高潮和矛盾核心呈现给受众。例如，《人民日报》发布的军犬“违抗命令”冲出大门挽留退伍老兵的新闻，便是通过旁观者的视角，直接记录送别场景，渲染离别氛围，突出事件的重点和情感高潮，为广大受众节约时间和精力，深受大众喜爱。

4.传播社交化

短视频新闻的社交化特点逐渐凸显。用户可以将短视频新闻在不同的社交平台间进行转发,同时附上自己的评论,扩大短视频新闻的影响范围。短视频新闻要建立多元化的内容分发机制,不仅通过自身渠道进行传播,还要通过微博、微信、抖音等社交平台拓宽传播渠道,使优质内容分发到更多受众手里。

由于短视频平台具有社交化属性,短视频新闻的传播也开始具备人际传播和网络社群传播的特点。社交化传播要求短视频新闻能够激发社群的兴趣和转发动力,否则只会淹没在海量的新闻信息中。短视频平台也可以对用户的社群关系网络加以运用,例如根据用户间的社交紧密程度、互动频率,或者社群的共同主题偏好,预测用户的喜好,向用户推送个性化更强的短视频新闻。

第二节　短视频新闻的应用

短视频新闻已经成为用户表达和内容消费的基础形式。《中国互联网络发展状况统计报告》显示,2021年每人每天使用短视频应用的平均时长为125分钟。

一、短视频新闻的发展现状

截至2021年6月,中国的短视频用户规模达到8.88亿,占网民整体的87.8%。短视频用户规模持续增长,带动了对内容的需求迅速上升。

移动短视频的起源是2011年于美国发布的移动短视频社交应用Viddy。这一应用旨在通过30秒的短视频,帮助用户及时获得、生产和分享生活的细节。它与Facebook、Twitter、Youtube等社交媒体平台实时对接,用户可以通过这些平台进行实时互动。此后,移动短视频应用大量涌现。Twitter于2013年1月发布了旗下短视频分享软件Vine,用户可以拍摄并实时同步分享时长为6秒的短视频。该应用不到5个月的时间就积累了近1300万用户。图片社交应用平台Instagram也于2013年6月推出了短视频分享功能,支持用户拍摄分享3~15秒的短视频,并利用一项名为Cinema的防抖技术来保证视频的稳定性。同时,Instagram将其引以为豪的滤镜效果加入视频的后期处理中。另外,比较知名的短视频应用还有Yahoo收购的Qwiki、Line推出的微片、加拿大的Keek等。

在我国,2013年由新浪投资的10秒短视频应用秒拍正式上线。秒拍借鉴国外短视频的发展路线,通过用户数量众多的微博这一社交平台分发和传播短视频。腾讯的8秒短视频微视、爱奇艺的7秒短视频应用啪啪奇、Youtube的6秒短视频应用玩拍等一系列短视频应用相继诞生。这些短视频应用最初主要通过娱乐化的内容来吸引网民的关注,不过当时技术还不成熟,用户也没有养成观看短视频的习惯,所以参与度较低。

对于个体来说,短视频为他们提供了分享日常生活的新渠道,方便人们在网络上进行自我表达和交流。对于专业新闻媒体而言,短视频为它们提供了一种分发、传播新闻的新方式。这就要求媒体积极调整新闻形式,将其发布在相应的短视频平台上,从而更好地与用户进行沟通,提升自己的影响力。例如,2014年2月,BBC借助Instagram平台正式推出视频新闻服务Instafax。BBC每日通过账号bbcnews上传2~3个被压缩至15秒的视频新闻,为用户提供重要新闻的摘要,如果用户想了解详细内容,可以跳转到BBC官网。Instafax的成功推出,标志着BBC已摆脱以往偏向电视的新闻服务,朝移动化、社交化方向进行革新。

我国的短视频新闻报道也获得了显著的成效。2014年的两会报道中,央视首次运用短视频报道重要新闻。秒拍、微视等也成为记者的必要配置。记者通过秒拍、微视等平台,第一时间报道两会动态,生产了数万条视频信息,也从用户上传的短视频中获取素材。2016年以来,美拍、快手等平台加速发展,短视频呈现出井喷式的发展态势,开始向专业化、垂直化的方向发展。国内各大新闻媒体都开始积极探索短视频新闻的发展空间,专业的短视频制作者进入短视频新闻的制作行列。梨视频、我们视频、新华视频、澎湃新闻等一大批短视频App面世,使用短视频进行新闻报道已经是大势所趋。

2018年,在国家文化政策的支持和网络视听内容监管体系的完善下,我国的短视频格局初步形成。移动互联网的升级与人工智能技术的发展,为短视频新闻的发展提供了技术保障,加速了智能终端的发展和普及,打破了短视频消费的时间和空间限制。在借鉴国外短视频行业发展经验的基础上,快手、抖音等短视频平台摸索出我国短视频行业的发展路径,进入吸引用户的黄金时期。短视频与新闻报道的结合作为一种内容承载方式,成为新闻传播的重要发展方向。

二、短视频新闻存在的问题

短视频新闻的野蛮生长，引发了一系列后续发展问题。媒体和个体用户在创作短视频新闻的过程中，普遍面临内容同质化、侵权纠纷频发和分发模式不匹配等问题。短视频新闻需要克服以下问题，为大众提供更完善的内容。

1.优质内容缺乏，同质化现象严重

短视频新闻的创作门槛不高，只要会用手机拍摄视频，并进行简单的拼接剪辑，配上平台自带的背景音乐，即可完成一条短视频。但问题在于，创作出高质量的原创短视频新闻并不是那么容易的。目前，有很大一部分创作者只是在做新闻内容的搬运工，将长新闻分为时长较短的片段，几乎未对视频素材进行二次加工，更不用说推出原创内容。此外，每当热点新闻事件发生后，出于节约成本或不能及时到达现场等原因，很多媒体会互相转载，使用相同的短视频。这种流水线式的生产方式，导致新闻重点模糊，缺乏吸引力，丧失了新闻的专业性和价值性，同质化问题极为突出。很多短视频新闻的题材范围比较狭隘，多是关于娱乐资讯和社会民生，包括奇闻轶事、交通违规、家长里短等。

在用户追求个性化和差异化的时代，短视频新闻内容应该结合用户需求。媒体应坚持“内容为王”和“用户为王”并重，打造有特色的原创优质短视频。例如，对不同的新闻事件或社会议题，进行差异化的分析评述。短视频新闻不应该只满足于对拍摄素材的简单拼接和字幕解说，VR等交互技术的升级为短视频新闻提供了更多可能。例如，新京报就采用3D类视频直观地再现事件现场，提升了短视频新闻的感染力。

2.时长与内容完整性难以平衡

短视频新闻普遍面临信息缺失的问题。有研究表明，短视频最具吸引力的是“黄金15秒”，过长的短视频新闻重点不突出，浪费了视频开头的15秒，造成用户流失。为了满足用户实时关注事件的需求，短视频新闻的时长不断缩减，变得更加分散和琐碎，难以呈现新闻事件全貌，遗漏了事件背后的深层原因。连续跟踪报道可以弥补这一缺陷，但短视频平台中的新闻都是按照时间顺序呈现，缺乏专题式报道，内容的碎片化导致报道内容的逻辑连贯性受损，带给用户片面化的印象，进而影响了受众阅读新闻的兴趣。

如何平衡短视频新闻的时长限制与内容完整性之间的关系呢？新闻专题或许是个

不错的解决方法。媒体不应该放弃对新闻事件背后的原因、社会背景的深挖，对于具有重大社会意义的事件还是应该进行深入挖掘，通过多个短视频的连续跟踪报道来呈现事件的全貌，澄清社会上的谣言，对用户进行正确的舆论引导。可以将关于某个事件的短视频放入合集中，方便用户按照逻辑线索查找和观看。

3.新闻内容存在侵权风险

一是个人隐私安全风险。UGC短视频新闻的拍摄主体是个人用户，他们没有受过严格的新闻训练，不具备新闻道德规范意识，法律意识也比较淡薄，意识不到自己的短视频拍摄和上传行为存在侵犯他人隐私的风险。即便他们拍摄的目的是记录下自己的生活，但同时也可能会在无意中把其他人拍摄下来，在上传时也没有作打码处理，造成对他人隐私的侵犯。

二是新闻素材版权风险。一旦用户或者媒体将拍摄的短视频新闻上传到网络平台后，这些短视频就向所有人公开。某些居心不良的个人或者机构，在未征得原创者同意的情况下，就能够轻易地下载该短视频，挑选出其中的关键画面重新剪辑，通过隐去来源图标或重新包装的形式再次发布。当原创者发现自己的短视频被盗用后，往往因为维权意识和能力不足，或受制于过高的维权费用、过长的诉讼周期、侵权线索不容易定位等原因，放弃了维权。这也在无形中纵容了侵权问题。

2017年，国家互联网信息办公室发布了《互联网新闻信息服务管理规定》，进一步加强了监管，有效地阻止了未能取得相关经营资质的新闻类短视频企业擅自运营，消除短视频新闻传播中的不良现象。在法律法规的支持下，行业也应该加大监管力度，媒体和用户自身也要树立版权意识和维权意识，提升媒介素养和道德意识，有保护当事人隐私的意识，不过分渲染负面新闻。

4.内容分发模式不成熟

媒体分发模式不成熟导致的重复刷屏现象，容易让用户产生视觉疲劳。各类媒体自有平台主要依靠专业的短视频分发平台发布短视频，有沦为内容提供商的风险。同时，短视频平台有不同的媒体属性，不同平台上的用户也有各自的兴趣偏好。媒体很容易将不同短视频平台的用户混为一谈，没有进行精准区分和定位，导致短视频新闻的分发效果不好。

缺乏针对性的视频内容无法与用户形成长期连接和深度互动，用户互动率普遍较低，短视频新闻用户黏性小。即使是抖音粉丝数量超过4000万的新华社，其短视频内容也会出现评论数仅有几条的情况。用户互动评论是短视频新闻传播的重要环节。媒体接收不到用户有效的评论和反馈，就难以形成用户互动反馈机制，无法调整对用户喜好的定位。短视频新闻应该深入了解和分析不同平台的特性，匹配用户需求，调整视频内容，对短视频新闻进行差异化定制和个性化分发，从而激发用户的兴趣。

第三节　短视频新闻生产

短视频新闻作为最受大众喜爱的信息传播形式，吸引了各类媒体入场。短视频新闻的形式不断丰富，生产过程得到优化，逐渐形成了普遍认可的生产机制。

一、短视频新闻的制作原则

1.开门见山，去粗取精

短视频要适应当下快节奏的生活，用户可能没有耐心观看冗长的开头铺垫。因此，新闻类短视频最好在一开始就呈现新闻事件的5W要素，将事件的重点直接告知用户。在业界，有一种说法叫作“5秒原则”，也就是在短视频的最初5秒呈现最震撼的画面。这种方法在媒体报道突发灾难事件时最为常见。洪水决堤、地震废墟和紧急救援等触目惊心的场景，能够瞬间吸引受众的注意力，甚至带来一定的情感触动。

短视频新闻极大地压缩了新闻报道的时长，这也要求编辑人员挑选出重点、能吸引用户注意力以及能反映更多精华信息的新闻素材，将这些素材放入短视频中，而舍去那些不重要的内容。

2.视角独特，挖掘事实

短视频新闻要在有限的时长内传播丰富的信息，必须选取独特的报道角度，准确抓住与主题有关的核心信息，用更紧凑、更简洁、更精练的方式呈现新闻内容。在短视频内容同质化严重的情况下，哪怕只有短短几秒独家画面和视角的视频都能够脱颖而出。

短视频新闻需要有效聚合各类平台上的内容，在碎片化的信息洪流中，靠敏锐的嗅觉挖掘有价值的内容，经过重新编辑和加工，发挥其最大的价值。对于有故事情节的新闻短视频来说，素材选择要主次分明，寻找引发受众情感共鸣的画面。例如2021年9月25日孟晚舟回国，《四川日报》选择了记录其航空轨迹来报道孟晚舟回到中国空域，在缺少孟晚舟回国画面的情况下，用独特的视角占据了时效性的优势，也引发了受众的兴趣。“四川观察”则拍摄了机场里迎接孟晚舟回国的人群，对他们手中“欢迎孟晚舟回国”的横幅进行特写。央视网别出心裁，记录下深圳塔台的欢迎话语，一句“祖国永远是你最强大的依靠”，感动了无数网友。

3.重视价值观引导

娱乐化短视频和智能分发带来的“信息茧房”和“回音室效应”，让多数人只关注娱乐化的内容。当商品化趋势和精神消费功能逐渐凸显时，短视频新闻逐步沦为人们学习和工作之余追求短时间视觉、听觉和心理刺激的工具。青少年的理性思维容易被大量的低俗价值观影响，从而动摇占主导地位的社会主义核心价值观。大量政务机构和主流媒体开始重视短视频的价值观引导作用，央视视频以《央视新闻》为基础，推出了《主播说联播》栏目，选择当天新闻中最具话题性的重点内容进行评论，浓缩为短视频，用年轻用户喜闻乐见的方式传达社会主义核心价值观。

二、短视频新闻的内容选择

短视频新闻的内容生产者在新闻内容与题材的选择方面，受到用户需求、平台特性和媒体资源等影响，容易出现盲目迎合受众需求，将低俗、暴力、色情等不良元素放大，从而获得更多关注和流量的情况，严重影响了社会风气。真正有价值、有深度、有内涵的新闻报道越来越稀缺，不利于健康的网络新闻传播环境的形成。因此，短视频新闻的内容选择应突出以下方面：

1.实时监测社会热点

传递信息是新闻媒体的基本功能，短视频新闻传播也要满足用户获取信息的使用需求。优秀的短视频新闻往往从社会群体最关心的热点话题角度进行挖掘，既可以借助社会对事件的极高关注度激发受众广泛参与讨论，扩大自身的影响力，又能够凭借自身的专业性为受众还原事件真相，引导舆论的正向发展。

社会类新闻主要包括社会矛盾、突发事件、事故灾害等，如李文亮医生逝世、南方洪涝灾害等社会事件，只需要简单的内容和表现形式便可获得大量关注。例如，央视新闻报道李文亮医生逝世的短视频仅由几张图片和不到20字的字幕组成，长度只有7秒钟，却获得了714万网友的点赞，评论高达94万，被超过10万网友分享到各个社交平台。因此，新闻内容生产者要随时关注热点事件，时刻保持对热点的敏感度，对微博等具有视频分享功能的社交平台、新闻资讯平台进行即时监控，抓取最新、最具热点潜质或已成为热点的视频进行深入挖掘，找到可以利用的地方。①

大多数正面或中性的热点素材，都可以从不同角度进行内容创新，比如教育、医疗健康、社会保障、住房、环境问题等。例如，“双减”政策发布后，短视频新闻既有详细解读政策内容的，也有记录“双减”后孩子们压抑不住的喜悦之情的。其中一条新闻，拍摄了放学后背着书包空翻的小学生，用武术吸引了大众，既体现“双减”让学生的书包变“轻”了，又展现了学生的轻松心情。

2.时事政治类新闻

新闻媒体肩负着传播政府方针政策的责任，主流媒体在时事政治的报道上有着独特的优势。各大主流媒体积极尝试短视频新闻的制作，通过抖音账号发布大量独家新闻。政府官员及领导人的讲话及活动成为点赞量最高的视频。其中，国家领导人和外交部发言人是最受关注的人物，深受公众的欢迎，成为短视频新闻的流量保障。例如，《光明日报》2020年5月24日发布了一条短视频，呈现了外交部发言人回应外界质疑的场面，展现中国的犀利回应。这条短视频获得476.8万点赞量，激发了网友们在评论区发表爱国言论。

时政短视频新闻还具有构建领导人形象的作用。各大媒体通过抖音账号发布领导人考察走访、出席重要场合、发表重要讲话、与民众亲切互动等现场视频，来构建领导人形象。如《人民日报》2020年3月10日发布的一条短视频，记录了习近平总书记与隔离在家的武汉民众的亲切互动，居民们热情招手对总书记说“您辛苦了”，总书记回复“你们辛苦了”，仅仅11秒的视频，获得了925万的点赞量。短视频表现了总书记温暖、亲切的形象，增强了亲和力，构建了温暖亲切、平易近人的形象，获得了受众的广泛关注和喜爱。

3.弘扬正能量的报道

通过舆论引导的方式进行思想引领，是媒体的重要职责。社会主义核心价值观提

① 尹佳.融媒体环境下新闻短视频的内容生产与传播——以南方都市报“原声视频”为例[J].视听，2017(12)：122-124.

出了个人层面的价值准则:爱国、敬业、诚信、友善。短视频新闻日趋生活化、娱乐化的同时,主要通过宣传正能量事件和揭露社会不良现象,以轻松的表现形式进行思想引导,向公众传递社会主义核心价值观。

正能量宣传类内容通常报道好人好事、先进事迹或社会榜样人物,包括军人、警察、医护人员和志愿者等,激励人们积极向善,营造良好的社会氛围。例如,2021年8月26日发布的一条关于排爆兵的视频,宣扬了武警官兵舍生忘死的英雄精神和敬业精神,塑造了正面的人物形象,突出其奉献与无私的品质,获得1337万网友的点赞,在宣传榜样人物的同时,潜移默化地向观众传递了社会主义核心价值观,弘扬了正能量。

批评揭露类内容则公开报道损害他人利益和公共利益的不良行为,代表社会公共利益发表意见,对有关部门进行监督批评。如《主播说联播》中就"熟蛋孵小鸡"的论文事件发表了评论,揭露并批评了学术不端行为。

4. 普通人的温情故事

从普通民众生活切入的短视频新闻,注重个体话语的表达,充分表现人性的复杂,用简单的场景增强现场体验感,既传递了温暖人心的力量,也拓宽了新闻选题的宽度,在情感传播中传递正确的价值取向,引发共鸣,获得大众的关注和认同,实现传播效果最大化。

媒体通过放大细节的方式,从日常生活中挖掘饱含温情与感动的画面,增强短视频的感染力和吸引力。如《人民日报》2021年9月4日发布的一条短视频,记录了老兵离家八年后回到家乡与父母初见的情景,母亲初见时的惊讶、奔向儿子的激动和相拥时的眼泪,都通过放大细节的方式展现出来,触动了远在他乡的游子们的内心,激发了思念家人的情感。这条短视频获得了762.3万的点赞量,8.6万条评论,互动量远超同期其他短视频新闻。情感共鸣式传播最能激发受众的参与积极性,用户会更加主动地参与互动,提升传播效果。

三、短视频内容的生产与编辑

随着技术的发展和制作的成熟,为了将短视频的传播优势充分发挥出来,在内容生产和编辑的具体操作过程中,要关注以下要点。

(一)短视频生产的前期准备流程

短视频制作离不开周全的前期准备。在每一个环节中,新闻生产者都应该注意细节,为之后的拍摄奠定良好的基础。

1.内容选题规划的调整

短视频新闻的内容选题要紧跟时事的变化进行调整,在制定内容选题规划时,创作者需要具备以下四个方面的能力:

(1)素材积累能力。受众快节奏的观看需求,要求创作者定时、定量、质量稳定地输出内容。因此,创作者需要积累大量的社会时事和公共事件素材,收集大众关注的话题素材,形成素材库和标题库,从而创作出时事热点和深度挖掘等新闻短视频。素材库还能帮助创作者整理观看者的反馈,调整选题规划。

(2)新闻价值的判断能力。新闻价值是选题的最终标准。新闻价值高的新闻,能够为受众提供有效信息,通过用户参与讨论实现广泛传播。例如,新京报社"我们视频"团队看重内容选题的叙事潜力,重点关注社会突发事件的报道,包括争议性主题和代入性主题。争议性主题带来观点碰撞和可观流量,代入性主题引导倾诉、激发强烈的情感共鸣,都能取得较好的传播效果。2020年5月5日,虎门大桥抖动事件发生后,"我们视频"考察信息来源,确认选题紧贴社会生活,因此进行了追踪报道。

(3)深度挖掘内容的能力。绝大多数短视频新闻时长在1分钟以内,垂直化的深度内容仍存在市场空白。我国正处于社会转型期,一些社会问题不容忽视,创作者应挖掘突发性事件、群体性事件背后的深层次原因。2017年5月,"我们视频"推出人物类深度报道栏目《局面》,结合短视频的传播形式,与舆论热点人物进行深度对话,多角度还原事件真相,每一段都制作一个几分钟的短视频,避免了冗长访谈带给受众的疲惫感与厌倦感。而这些短视频又能整合成一期完整的节目,全面地交代了新闻信息。这种"化整为零"的方式让优质深度报道能够在社交媒体上完整呈现。

(4)融合新闻内容与社交元素的能力。新媒体时代,短视频新闻需要增加社交元素,引发受众的激烈讨论和积极分享,扩大传播效果。例如,孟晚舟回国的短视频在各个社交平台和短视频平台都获得了极高的点赞量。《人民日报》发布的抖音短视频点赞量达到1564万,用户评论互动量达到56万。短视频新闻还可以增添"路人访谈"的内容形式,设置启发受众思考的问题、粉丝留言、回答问题等措施,鼓励受众参与讨论,最大限度地激发受众交互、参与的体验,扩大传播影响力。[①]

2.合理使用不同来源的视频素材

在短视频新闻中,PUGC(“专业用户生产内容”的英文首字母缩写)内容生产模式集合了专业生产内容和用户生产内容的优势,推动创作者生产出优质的短视频新闻。

PGC短视频新闻的拍摄往往需要记者、摄像师、剪辑师及运营人员等组成专业团队。PGC的优势是挖掘新闻背后的故事、反映事件的本质,且新闻来源更为权威、可信。但面对具有紧急性、突发性和偶然性的事件时,PGC的生产能力严重不足。

新媒介技术的发展,使得绝大多数普通用户都可以通过智能设备完成短视频新闻的拍摄、剪辑和上传。UGC短视频新闻成为突发事件的重要素材来源,其制作速度快,现场感强,为短视频新闻创作者提供了丰富的新闻线索。但是,UGC素材的真实性和拍摄质量缺乏保障,使用时需要对其严格把关和重新加工,为受众提供更有价值的新闻信息,保证新闻生产制作的专业性,扩大传播的广度、深度和高度。

3.短视频标题创作的技巧

短视频的重点是视频内容,而文字是吸引受众继续观看的重要因素。尤其是视频标题,需要深思熟虑,以激发受众观看的兴趣。创作者应该建立自己的标题库,不仅包括自己创作过的爆款内容的标题,也包括内容相似的视频标题,方便后期进行复盘,提供灵感。在标题创作过程中,应该考虑以下几个细节:

(1)标题凝练且注重用户体验。创作者要确认不同平台对标题字数的要求,保证在多个平台展示时能够完整展示,注重用户体验。标题应该体现足够的信息量,包括关键人物、事件内容等,能够概括视频内容。撰写标题时,可以采取用动词代替形容词、短句代替长难句等方法,简化标题结构。

(2)调动大众情感。标题要最大限度地引起受众共鸣、强化情绪,因此在构思标题时,创作者可以多使用第一、二人称。标题要设置大众生活场景,强化受众的情感认同。还可以把握热点,提炼冲突和矛盾,如生活与梦想、温暖与责任等,如“出生6个月就住爸爸外卖箱的女孩长大了,笑容依然治愈”。标题还可以设置悬念,人们会被未知的东西所吸引,从而激起观看的欲望,如“情感打击真的会让心脏受伤吗?”。

(3)参考网络热点。用贴标签和使用网络热词的方式,抓住受众从众和好奇的心

① 刘倩.传统媒体短视频新闻发展探析[J].视听,2017(10):13-14.

理，会让视频更有机会被某类特定的受众看到。如果内容与热点有关，可以在标题中融入热点。热点的来源可以参考微博热搜排行和百度指数，常见的热点标题包含涉事人的名字、事件的名称、品牌等。

(4)运用标点符号和数字。数字能够提升新闻的深度，吸引人们点击观看，如“曾经近70万一针的罕见救命药纳入医保，患者家属喜极而泣”。此外，标题中可以利用标点强化语气和逻辑，如“为什么要把昂贵的罕见药进入医保？是因为每一个小群体都不应该被放弃！”。

4.拍摄短视频的前期准备

正式创作短视频之前，创作者要先撰写一个拍摄脚本，包括拍摄提纲、文学脚本、分镜头脚本等，明确短视频的中心、主体、场景并提出对画面风格、音乐和镜头的建议。随后，要确定拍摄设备、拍摄道具和场景的安排，可以从清晰度、变焦模式、防抖性能和便携性等方面综合考虑。专业新闻拍摄往往会用到摄像机、单反、录音笔、话筒和反光板等设备，其画质更清晰、颜色更准确、声音还原度更高，方便后期进行调整。

短视频新闻记录的多是突发事件，无法进行过多的前期准备。随着竖屏视频的发展，智能手机的性能优化，支架等配套设施的齐全，手机也成为短视频新闻拍摄的重要工具。大众生产的短视频新闻为新闻生产者提供了更多后期创作的素材。

(二)短视频拍摄的注意事项

短视频新闻画面的比例灵活多样，但多为16:9的横屏和9:16的竖屏，分辨率多为1080P。拍摄者要综合运用各种基础技法，从而获得最佳的拍摄效果。可以关注以下三点：

1.画面主体突出

短视频新闻用场景代替故事，画面是最直观的元素。视频构图是表达主题和抒发感情的重要途径，能够介绍环境、交代人物关系，同时提升视觉感受和视觉冲击力。短视频新闻拍摄的基本要求是：主次分明、突出主题、简洁美观，注意动态性、时限性和多视点性。根据表达需求的不同，常用的构图包括表现平稳和谐的水平线、对称式、三角形、均衡式、垂直式构图，引导视觉注意力的中心构图、对角线构图、向心式构图、放射式构图，突出主体的三分构图、九宫格构图、框架式构图、紧凑式构图，以及充满延伸感的延伸式构图和S形构图。

2.合理选择镜头视角和控制镜头运动节奏

拍摄短视频新闻时，要注意镜头运动方式和速度。短视频新闻由于时长有限，镜头的推、拉、摇、移、跟应注意速度，既要保证视频的观看体验，增加视觉冲击力，又要在尽量短的时间内展示信息，让短视频更有节奏感。速度须配合事件氛围，例如抒情类的视频中，镜头运动较慢；紧张、兴奋的视频中，镜头运动速度可以加快。

拍摄还应注意根据新闻场景选择不同的镜头视角。报道时尽量选择水平视角，展示客观的观察视角。这种视角接近大众日常生活，更容易被人们信任，如图11-1见证边防战士路程的艰辛。在报道庄严场景和紧张场合时，可以采用仰视视角，从下往上拍摄，给观众带来紧张感、压迫感，突显场景的严肃和紧张，如图11-2展现电力工人工作的危险程度。在大型活动的报道中，俯视视角的使用较多，从上往下拍摄，能够让观众产生居高临下的视觉感受，展示开阔场景全貌，如图11-3带来纵览活动的视觉体验。

图11-1　水平视角

图11-2　仰视视角

图11-3　俯视视角

3.抖音等平台拍摄短视频新闻的常用功能

目前，短视频新闻的主要发布平台是抖音、快手等，大量的短视频是出自大众之手。这些短视频多数是使用手机自带的相机拍摄，或是使用抖音等软件直接拍摄。专业记者在紧急场合也会使用手机临时拍摄与发布。接下来主要介绍使用抖音拍摄的部分技巧。

(1)分段拍摄。采用分段拍摄可以节省后期剪辑的时间。在拍摄时就组接好不同的画面，但需要提前构思好镜头转换和拍摄角度（如图11-4）。点击界面下方的“+”号按钮，在拍摄模式中选择“分段拍”，长按红色按钮开始拍摄，松开按钮即完成第一段视频拍摄。再次操作可以获得下一段视频，点击一旁的删除符号可以删除上一段视频。完成拍摄后，点击“√”按钮就进入发布页面。

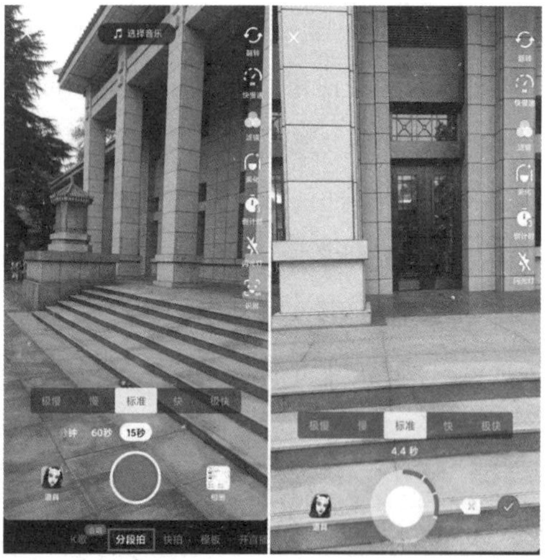

图11-4　分段拍摄

图11-5　变速拍摄

（2）变速拍摄。为了在短视频新闻中突出某一时刻的动作或渲染氛围，抖音还提供了变速拍摄的功能。如图11-5，在拍摄界面右侧点击“快慢速”按钮，可以选择不同速度。其中，快速拍摄的模式适合延时拍摄，多用于表现交通情况、时光流逝等；慢速拍摄多用于拍摄运动物体，放大动作细节，在赛事报道、事故报道中比较常见。

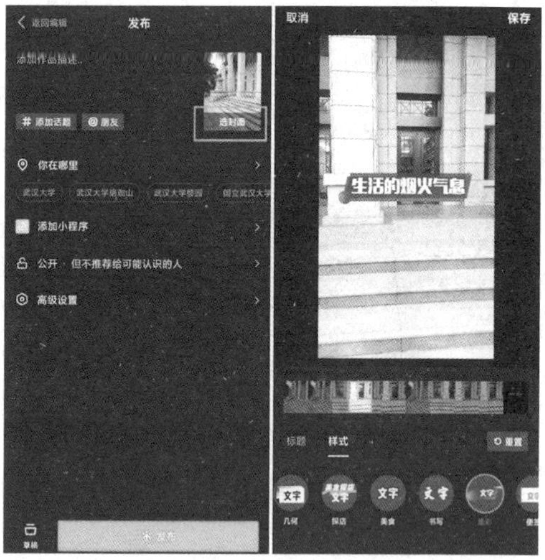

图11-6　封面设计和发布

（3）封面设计与发布。抖音短视频的封面是在发布时设定的，在发布界面点击右上方视频缩略图上的“选封面”，进入封面选择界面（如图11-6），拖拽下方的红色选取框就能确定封面。在文字和样式选项中，可以对封面进行设计与调整。选择标题后，点击“文字”修改文字内容、字体和颜色，在“样式”中选择合适的样式，最后点击“保存”，便可以编辑文案进行发布。发布时可以添加热门标签、定位，增强新闻的时效性和地域性。

（三）短视频新闻后期制作的注意事项

短视频新闻后期制作中，也有一些提升短视频新闻效果的注意事项。

1.镜头组接遵循事件发展节奏

短视频新闻的素材来源多样，在后期剪辑时，应尽量保持对素材的直接呈现，力求还原新闻的真实性。

对于复杂事件，后期制作要根据表达内容的复杂程度、观众对画面的接受能力等划分镜头时间。一般而言，远景、全景等包含信息较多的镜头，时间应长于近景、特写等镜头，让观众能看清镜头中的信息。在镜头组接上，按照景别可以分为两类：逐步式组接和跳跃式组接。逐步式组接又可分为：由远及近式组接，即按照远景、全景、中景、近景、特写的顺序，逐渐接近新闻事件的主体；由近及远式组接，视角由事件主体逐步扩大到大环境。跳跃式组接不拘泥于景别顺序，各个景别可以直接组接，按照新闻事件的表达需求，呈现出不同的视频节奏，使用更加灵活多变。

2.渲染氛围的声音元素

快节奏的短视频依靠音乐渲染氛围、带动情绪。人声能够快速交代信息，吸引观众的注意力。特殊音效则发挥着强调、突出的作用，在吸引观众注意力方面显得更加重要。

短视频的背景音乐直接关系到作品的热门程度，能起到推进叙事、烘托气氛、带动情绪、引起共鸣等作用。背景音乐的选择需要依据题材内容和视频节奏，保持情感调性、风格的一致。制作者可以使用纯音乐，避免喧宾夺主；节奏感较强的配乐可以加强视频冲击力；相对热门的音乐便于扩大传播影响力。

3.精练、多元的视频字幕

短视频新闻的字幕要经过仔细推敲，信息含量高，能够更全面、更真实、更具体、更生动地反映新闻事件。字幕呈现要简洁明了，不要遮盖主要信息，大小要适中。

此外，字幕还发挥着补充说明的作用，可以解释画面中没有表达出来的信息，如人物姓名、身份、时间等，其形式多样，可以具备一定的装饰性。在字幕与背景冲突或需要突出强调信息的时候，可以放大字号或选取与背景形成反差的颜色，用于突出文字信息。

4.亮点突出的封面设置

封面制作可以从画面入手，总结内容、提炼亮点，同时保持神秘感，引起受众的好奇心。揭秘类、暗访类可圈出亮点；需要突出人物、物品和情绪时，可以放大人物的表情、肢体语言或添加效果等，快速调动观众情绪。

封面中可以添加文字进行补充说明，但要注意以下三点：(1)封面文字的字号要大且居中，字体造型优美、清晰；(2)核心内容可以用颜色加以区分；(3)短小精练。

5.熟练使用剪辑软件

移动互联网时代，每个人不仅可以用手机等移动设备拍摄视频，还可以利用剪映、快剪辑、VUE等应用，在手机上完成剪辑。这些应用一般都自带视频模板、特效、美化和智能字幕等功能，能够将视频和图片快速编辑成完整的短视频，是制作短视频新闻的重要工具。下面以剪映为例进行简要说明。

剪映提供了一键成片、创作脚本和提词器等方便拍摄与后期制作的功能，进入首页(如图11-7)后点击“开始创作”即进入编辑界面(如图11-8)。

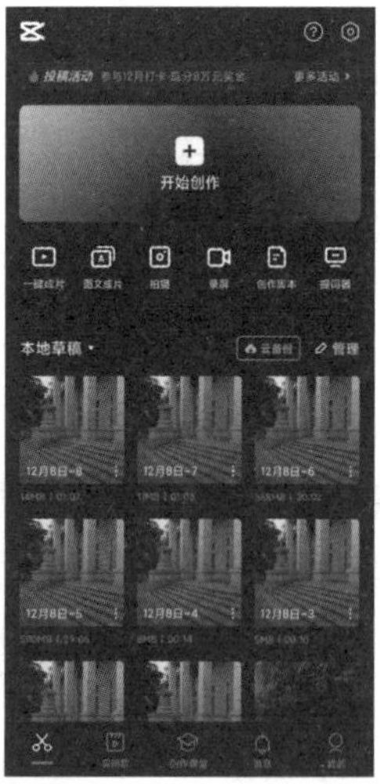

图11-7　首页界面

图11-8　编辑界面

在剪映的编辑界面，可以进行转场（如图11-9）、分割、变速、添加滤镜、调节画面色调、添加音效等基础操作，同时提供了配音、音频编辑、添加马赛克和指示性元素等功能。剪映还提供了素材包、特效和智能配音等功能，能够满足短视频新闻剪辑的需求。

在镜头组接方面，在编辑面板中可以拖动素材调整顺序。点击每段视频中间的连接符号，便可以选择适合的转场效果，创作更加流畅自然的短视频新闻。

在字幕制作上，手机软件更加便捷，点击“文字”选项后，选择“新建文本”便可以编辑字幕文本和样式（如图11-10），还可以使用已有的字幕模板，之后拖动视频画面中的文字调整字幕位置。此外，剪映的“识别字幕”功能，还能自动识别语音添加字幕。

图11-9　转场效果

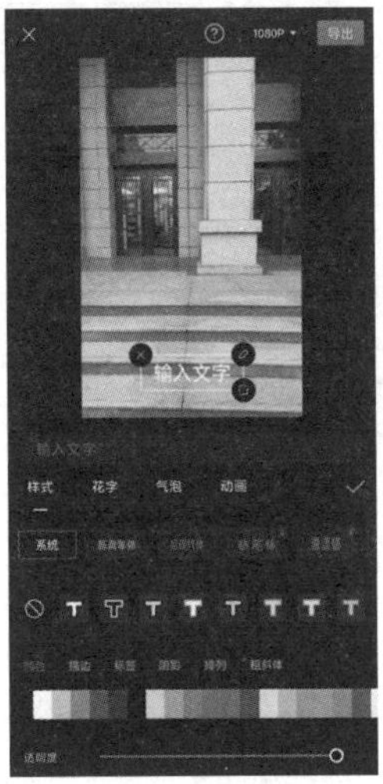

图11-10　字幕效果

完成视频制作后，点击右上方的“导出”按钮，可以选择分享到抖音和西瓜视频进行发布设置，也可以直接保存在手机内。

6.掌握必要的电脑剪辑软件

虽然目前的手机剪辑软件已经能够完成大部分的剪辑工作，但其操作不够精细。对于一些视频质量要求较高的短视频，仍需要利用PR、FinalCut等视频编辑软件进行精细编辑。这里以PRpro2020为例进行简要说明。

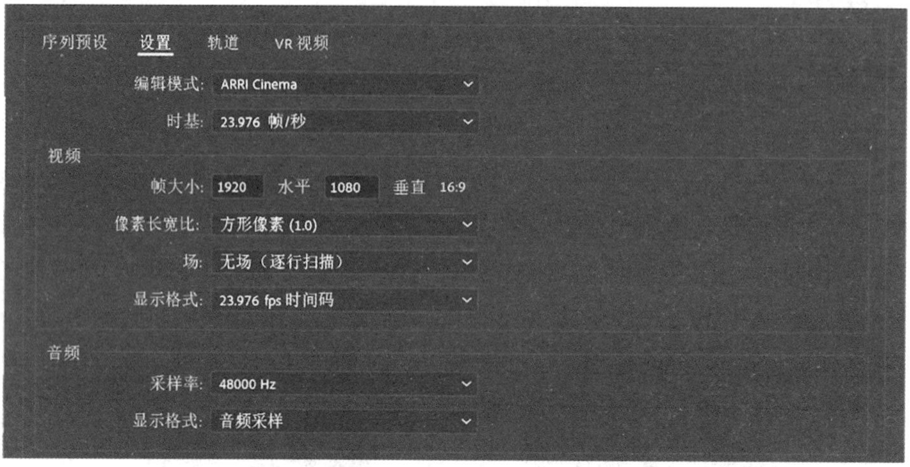

图11-11　新建视频序列

(1)新建视频序列(如图11-11)。在PR中新建项目后,导入素材,将素材拖到“时间轴”面板新建序列,或点击“文件”中的“新建”,选择“新建序列”,设置序列的画面比例。目前,竖屏短视频一般设置为水平1920像素、垂直1080像素,横屏视频则为水平1080像素、垂直1920像素。

(2)时间轴面板上的视频编辑工具。新建序列后,可以在左侧的工具栏中(如图11-12),利用选择工具选中素材进行编辑。当鼠标在视频片段首尾显示红色箭头时,可以拖拽调整视频时间;剃刀工具可以用于分割视频;钢笔工具用于添加蒙版和遮罩路径;文字工具用于添加字幕和标题,选中后直接在合适位置输入文字内容即可,右键点击“T”按钮可以选择垂直字幕工具,同时可以拖拽字幕素材调整出现时间。批量添加字幕文件时,可以使用Arctime等字幕处理工具将字幕文本处理为字幕文件,也可以使用PS制作字幕图像文件组后,导入PR中进行字幕调整。

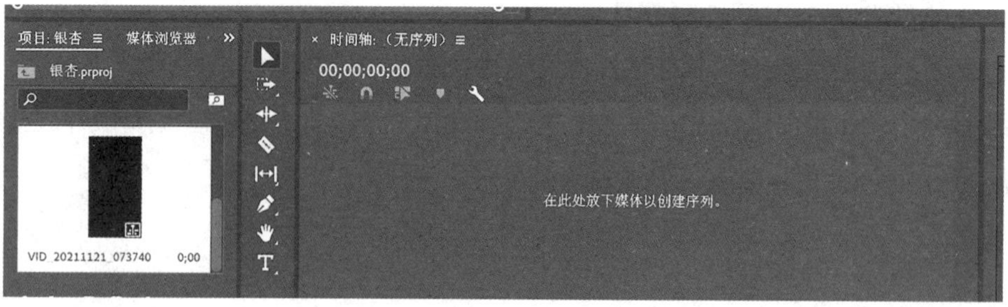

图11-12　工具栏

选中视频片段后，点击右键即弹出更多编辑功能选项（如图 11-13），其中“速度/持续时间”可以精细化修改视频播放速度，设置倒放。

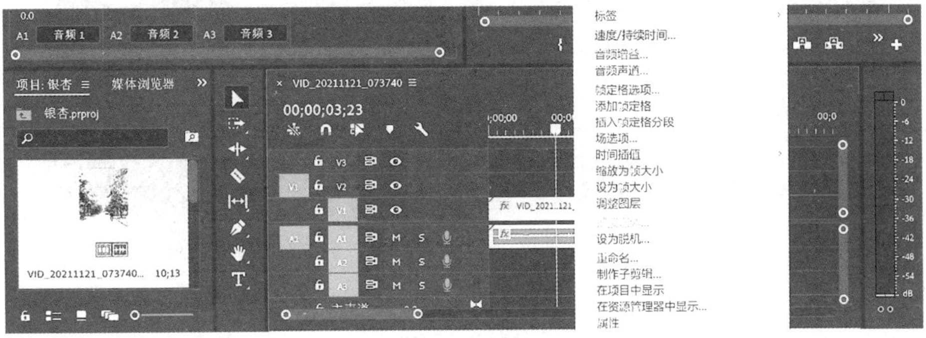

图 11-13　编辑功能选项

（3）选择 PR 自带的视频编辑效果。PR 提供了多种不同的视频效果和过渡效果（如图 11-14），满足了调色、缩放等编辑需求。在效果面板中找到“视频效果”，将相应效果拖拽到视频片段上，便可以在效果控件面板调整参数，实现理想的视频效果。

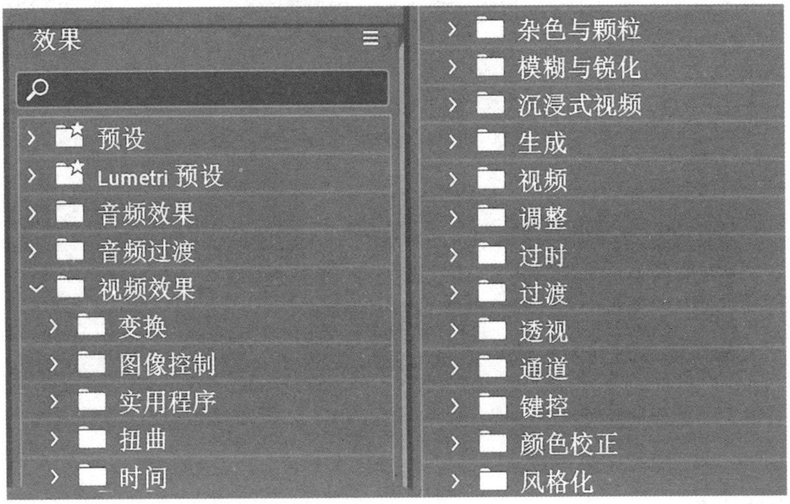

图 11-14　效果调整

（4）根据需求使用音频编辑效果。为了提供最佳的视听体验，PR 还提供了完备的音频效果控件（如图 11-15），将音频文件拖入时间轴面板下方轨道后，就可以在时间轴拖动关键帧连接线，调节音量大小。

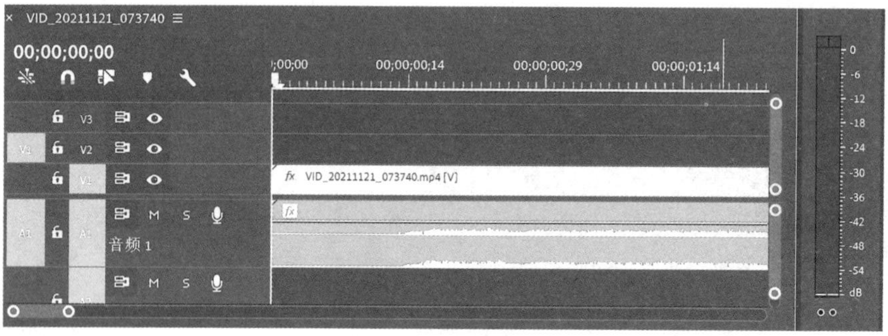

图11-15　音频编辑

(5)视频的格式设置与导出。在“文件”中的“导出”一项中选择“媒体”(如图11-16),确定好文件的导出路径和格式后导出视频,就完成了短视频新闻的制作。

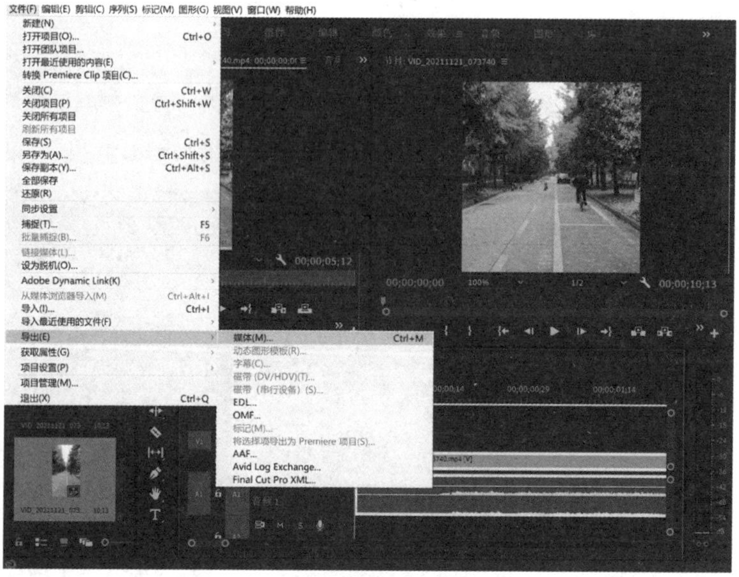

图11-16　设置格式和导出

知识回顾

短视频新闻的时效性、场景化和社交化,适应当下快速的生活节奏与扁平化的思维方式,成为新闻传播的重要方向。PGC和UGC结合的短视频新闻,扩大了新闻的传播范围,随之而来的内容同质化、版权纠纷和“信息茧房”等问题,对短视频新闻的生产提出了更高要求。短视频新闻制作需要在凝练要点的基础上,掌握创作要点,挖掘新闻事件的独特价值,并注重弘扬社会主义核心价值观。

思考题

1.请谈谈短视频新闻对新闻传播的影响。

2.短视频新闻具有哪些特点？为何会形成这些特点？

3.短视频新闻对新闻从业人员提出了哪些新要求？

4.短视频新闻制作中有哪些注意事项？

第十二章　智能化新闻

知识目标

1. 智能化新闻对网络新闻的影响。
2. 智能化新闻的优势与风险。

能力目标

1. 了解传感器技术、大数据技术等智能化新闻采集形式。
2. 掌握自动化新闻、沉浸式新闻的特点，灵活选择各种智能化新闻形式。

思维导图

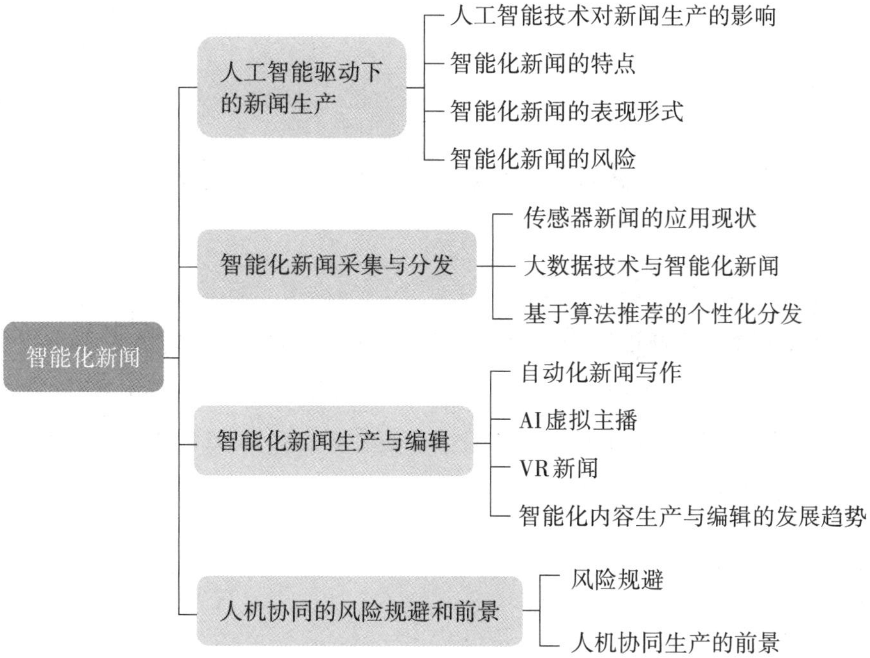

@ 案例导入

通过算法实现自动生产新闻的机器写作,近年来成功完成了数次新闻报道实践。2015年,美联社机器人记者Wordsmith实现每秒量产超过200条新闻报道。中国的智能化新闻也在不断发展。里约奥运会期间,今日头条推出新闻机器人“张小明”,对接奥组委的数据库信息,针对乒乓球、网球、羽毛球和女足的比赛实时撰写新闻稿件,与电视直播同步发表,在6天的比赛中生成了200多篇资讯。以下摘选了其中一则新闻:

奥运会乒乓球女子单打四分之一决赛 丁宁(中国)4:0轻松晋级下一轮

奥运AI小记者张小明 2016-08-10 00:51

简讯:北京时间8月10日00:00,现世界排名第二的丁宁在奥运会乒乓球女子单打四分之一决赛中胜出,确保进入下一轮。丁宁本轮的对手是现世界排名第七的韩英,实力不俗。但经过四场大战的激烈较量,最终,丁宁还是以总比分4:0战胜对手,笑到了最后,为中国延续了在这个系列赛事中最终夺冠的机会。

新华社也通过“快笔小新”开启了央媒机器新闻的先河,并在2018年推出全球首个AI合成主播,发布MAGIC智能生产平台,实现视频新闻的自动剪辑。而新闻的智能分发更是被广泛应用于人们获取信息的主要平台,从今日头条的智能推荐到抖音的视频推荐,无一不是算法技术的产物。

第一节　人工智能驱动下的新闻生产

人工智能技术的不断进步,使得新闻传播行业获得了快速发展的机遇,掀起全新的范式革命。随着人工智能在新闻传播领域嵌入程度的逐渐深入以及应用范围的愈加广泛,信息扩张和发展速度不断加快,数字化场景更加丰富多元,智能化新闻逐渐获得大众青睐,成为信息消费的重要方式。

一、人工智能技术对新闻生产的影响

如今，智能技术在国内外新闻行业中的应用愈发普遍。在新闻采编环节，机器写作、视觉信息处理、语音处理、自然语言处理、智能算法和机器学习等人工智能技术的应用，解放了新闻行业的生产力，提升了新闻采编环节的智能化水平。

将人工智能技术应用于新闻行业，能够简化生产环节，提高内容生产效率。无人机等传感器终端延伸了人类拍摄的视角，扩展了新闻报道的场景。依托大数据技术，智能算法技术能够挖掘更多数据价值，保持新闻的客观性。智能化自动写作、智能视频生产和智能语音技术提高了报道的时效性和内容质量，节约了新闻生产者的时间和精力。

人工智能技术促使新闻产品形态走向多样化。智能化新闻将智能技术与传统新闻行业进行结合，是对以往新闻生产方式的一种重组，新闻传播的主体从专业化、大众化走向了机器化。[①]传感器新闻、VR新闻、自动化新闻、AI虚拟主持人和智能推荐系统等产品的出现，丰富了受众的新闻选择和体验。今日头条等信息平台采用智能分发，满足了用户对信息的个性化需求，减少了人工操作带来的误差。

人工智能技术推动媒体融合，催生媒体新业态。在新媒体发展背景下，媒介产业迭代升级成为行业共识。在人工智能技术的推动下，全媒体平台能够更高效、合理地实现媒体资源的分配，打造共建、共享的泛内容生态平台，促进媒体融合。一些互联网内容平台如今日头条、快手等，通过算法推荐实现智能分发，积极搭建内容生态平台，逐渐具备了媒体行业的特性。

二、智能化新闻的特点

智能化新闻是一个综合性概念，包含人工智能技术、大数据、云计算等信息技术，体现的是这些技术与传统新闻行业的融合，推动新闻生产从网络化、数字化走向智能化，重构了新闻生产的理念和方式，引发更广范围的跨界融合。总体而言，智能化新闻具有以下特点。

1.数据驱动，高效生产

近年来，随着大数据受到广泛关注，云计算和深度学习算法技术也逐渐成形，最终

① 金洪旭.论人工智能对新闻传媒业的变革[J].传播与版权，2021(07)：62-64.

促进了人工智能技术的诞生。智能化新闻生产的发展离不开数据挖掘与分析，超强计算力的支持大大提高了新闻生产的效率。由机器完成操作的智能化新闻，可以快速生产出具有新闻价值的报道，永不停歇地工作，降低了使用成本，提高新闻生产效率。数据化的新闻产品推动着智能化新闻的升级优化。

2.信息多样化

智媒时代让“媒介即人的延伸”成为现实。无处不在的传感器延伸了人类的视觉和听觉，扩展了信息采集场景，提高了线索的采集速度，丰富了信息来源。遥感系统提供海洋大气等生态数据；穿戴式设备反馈人的生理数据；智能芯片和物联网收集线上数据。这些传感器大大拓宽了信息来源渠道，因此，智能化新闻的消息来源更加多元化。

3.新闻精准化、个性化

与传统新闻生产相比，智能化新闻生产准确度更高，满足了用户的个性化需求。机器处理数据更为精确，避免了人为操作容易出现的误差。人工智能和深度学习算法，带来了全新的算法革命。自动化新闻写作系统会根据受众的不同特征和兴趣爱好，经由对信息的采集、分析，选择不同的新闻事件、算法模型，为受众提供个性化的新闻内容。[①]

4.角度客观，创造力不足

智能化新闻由机器根据数据和既定程序完成，只提供基本事实信息，具有极强的客观性。人工生产难免受外界干扰，从而影响其客观性。但是，机器完成的智能化新闻始终缺乏人类的创造力和主动性，由新闻工作者指定选题进行标准化生产，普遍存在共情力不足、调查力不足、创造力不足、思想力不足等问题。过度依赖数据和模型，使智能化新闻呈现出写作模式单调、内容枯燥等缺陷。

三、智能化新闻的表现形式

传感器、机器写作、大数据、VR、AR、智能算法等人工智能技术被应用于新闻生产的全流程，包括新闻采集、新闻生产、新闻报道和新闻传播等环节。

1.新闻采集

新闻采集是新闻传播的重要组成部分。新闻工作者使用无人机等传感器，能够深

① 周葆华，骆陶陶.人工智能重塑新闻业：进展、问题与价值[J].南京政治学院学报，2018，34(06)：83-89.

入恶劣环境完成新闻信息采集,避免潜在危险,快速获取全面、准确、真实的新闻现场记录。另外,通过引入人工智能和大数据技术,自动收集相关信息,记者从中能够挑选有价值的新闻素材并深入挖掘事件真相,信息的价值和准确性都能得到明显提升。①

2.新闻生产

自动化新闻、"媒体大脑"和智能校编机器人等在新闻内容生成与编辑领域被广泛应用。新华社的"快笔小新"、今日头条的"张小明"等机器人记者以其快速的编辑和集成能力,提高了新闻写作效率。"媒体大脑"实现了音视频内容生产的自动化,增强了新闻信息的表现力,进一步简化了生产流程。智能校编机器人则保证了新闻的准确率。这些技术将新闻工作者从重复性高且枯燥的日常任务中解放出来,从而专注于需要创意、思考和判断力的深度报道领域,提升了新闻生产者的工作效率。

3.新闻报道

VR新闻和AI虚拟主播的出现丰富了新闻报道的形式,增强了新闻交互性,提高了用户的参与感。VR新闻模拟场景,让用户有身临其境的沉浸感,增强了受众与新闻传播的互动性和情感共鸣,冲破了传统新闻报道形式上的局限性。AI虚拟主播赋能新闻播报,提高了新闻生产和传播的智能化水平。

4.新闻传播

智能算法推荐是人们获取信息的新方式。在数据的海洋中,人们获取有效信息的效率极低。智能化推送满足受众的差异化需求,将算法和人工智能结合,可以提升新闻分发的有效性和精准化,吸引了大量用户,促进新闻媒体可持续发展。

四、智能化新闻的风险

人工智能技术与新闻传播的融合,展现了智能化新闻的无限魅力。同时,也出现了新闻内容泛娱乐化、"信息茧房"、虚假新闻泛滥、隐私安全隐患、知识产权纠纷和算法黑箱等风险,需要新闻工作者正确把握智能化新闻的使用场合,承担起新闻人的责任。

① 新华社"人工智能时代媒体变革与发展"课题组,庞晓华.人工智能在新闻传播全链条中的具体应用[J].中国记者,2020(02):19-22.

1.智能化新闻内容泛娱乐化

算法只会根据数据分析内容是否受用户喜爱，容易形成错误的价值导向，无法判断新闻质量的优劣。因为人性天然存在猎奇、审丑、惰性、窥私、逃避压力等弱点，导致低俗、媚俗的信息会得到更多推荐，有价值的新闻和深度文章被边缘化。[①]平台迎合用户便能增加经济收益，导致内容生产者传播大量的低俗内容，娱乐化新闻泛滥，优质内容缺乏推广。

2.用户沉溺于“信息茧房”

美国学者凯斯·桑斯坦认为，在互联网环境中，公众会根据自己的偏好选择与自身兴趣相贴近的信息，将自己置身于“茧房”中，达到“看我想看，听我想听”的目的。随着用户使用互联网平台次数的增多，平台能够更加精准地描绘用户画像，并推送迎合用户喜好的内容。用户能够接收到的信息领域越来越狭窄，信息获取渠道单一，陷入“信息茧房”的桎梏。同时，智能化新闻过于迎合受众的阅读口味，还会分化社会共识，加速群体极化的形成。社会缺乏应当关心的共同议题，舆论更加两极化、碎片化，人们很难形成统一意见，加剧了群体对立乃至社会冲突的风险。

3.虚假新闻泛滥

人工智能技术的滥用和误用，让新闻生产和传播进入低成本、低技术知识阶段，谣言的流通渠道得以拓宽，使其与真相更加难以分辨。大量虚假文本及音视频涌现，“眼见为实”也不再可靠。智能换脸、语音合成和视频生成等技术的使用，让大量难辨真伪的音视频出现并广泛传播。

基于大数据的智能推荐削弱了新闻审查的力度，让虚假新闻以更加隐蔽的方式得到更广泛的传播。虚假新闻往往通过耸人听闻的标题和数据吸引人，以求获得更高关注度，从而得到经济利益，因此会获得更多的点击和浏览数据，在算法推荐机制下被推荐给更多受众，从而导致谣言扩散、误解产生、冲突加剧。

4.用户隐私安全隐患

基于大数据的人工智能技术提升了新闻信息的可利用性，提高了内容生产与传播的便捷性，数据成为网络时代的重要资源。同时，人工智能技术的介入，增加了公民隐私受侵犯的风险。平台收集和使用个人信息的过程中，涉及大量隐私问题，如收入、财

---

① 张帆.智媒时代对新闻生产中算法新闻伦理的思考[J].海南大学学报(人文社会科学版)，2019，37(02)：70-78..

产、年龄甚至衣食住行等行为信息。平台对数据来源缺乏安全有效的保护,容易造成隐私泄露。甚至还有很多平台为了获得更多的数据资源,非法采集个人信息并进行交易。

5.知识产权纠纷

网络新闻平台通过大量采集网络新闻作品或相关资讯,利用算法进行拆解和组合,最后精准推送给受众。新闻在经过多次的内容拆解和组合后,其来源变得不明确,容易出现内容剽窃等侵犯版权的情况。2014年,今日头条被《广州日报》《新京报》等多家媒体告上法庭,最终被裁定侵权。

通过学习大量素材后,人工智能独立完成的新闻文本和视频作品,也引发了人工智能平台自动生成的内容是否侵犯著作权的讨论。微软小冰所创作的诗歌作品《阳光失了玻璃窗》一经发表便被盗用,但我国著作权法中缺乏关于人工智能创作物的条文。人工智能技术的使用让新闻生产秩序出现混乱,知识产权纠纷更加复杂。

6.未知的算法黑箱

智能平台生成的新闻稿件受到系统算法设计者的直接影响。由于设计者一定会存在主观偏见,所以会形成算法偏见。①而未来人工智能将转向更智能的深度学习,不再设置固定的输入与输出模板,一旦数据输入与结果输出的中间过程无法被人们理解,即新闻编辑、记者对智能平台的新闻稿件生产原理不完全理解,不知道新闻内容的素材从何而来,那么,新闻生产过程是不透明的。这一问题也没有明确的法律对其做出规定。算法黑箱造成的内容问题和偏差难以解决,为智能化新闻的发展埋下隐患。

第二节　智能化新闻采集与分发

在物联网时代,所有的设备、平台和设施都能够成为媒介。云计算和大数据技术让智能分发更为精准,人工智能技术开启了新闻生产的智慧革命。在快速变化的信息场景下,智能技术在新闻采集与分发中发挥着重要作用。

---

① 卢雪尧.新闻“偏见”:人工智能技术对新闻生产的不透明影响[J].东南传播,2020(09):5-8.

一、传感器新闻的应用现状

如今，传感器无处不在，从遥感卫星、智能穿戴设备、无人机，到手机中的相机、麦克风等，都能够收集个人和环境的实时信息。大数据时代对数据信息的需求大大增加，技术实力的增强使得传感器设备的制造成本不断下降。在新闻传播领域，出现了传感器新闻并逐步普及。传感器与新闻生产的结合方式主要有三种。

1.借助公共设施及政府部门收集传感数据

2015年10月，中央电视台报道了物流信息平台通过GPS（全球卫星定位系统）获得国际大型货船运行轨迹数据，从而对"一带一路"的海上运输发展进行了精准估算，货运量提升了14.6%，远超全球航运总量的平均增速。

有学者认为，传感器可以在环境新闻中发挥重要作用，例如遥感传感器能够提供更频繁、覆盖面广的数据信息，监测范围包括海平面的变化、森林覆盖面积的消减、清除二氧化碳的碳汇情况等。[①]发生灾难时，地面传感器也可以监测空气质量、温度变化，检测到辐射或气体泄漏等情况，实现提前预警，解决水质变化、水位上升和下降等问题。

2.以"众包"方式收集传感数据

移动互联网和人工智能的发展，让每一位用户都能参与到信息采集中。在墨迹天气App中，用户可以对天气变化进行观测。当用户所在地出现恶劣天气时，用户可上传实时天气图片。在该平台上，实景图片平均上传率达到了每天30万张。该平台与国家气象预测机构合作构建了智能识别模型，能够及时提供气象灾害预警。

3.运用无人机收集传感数据

无人机航拍技术的成熟，为大型突发事件的报道提供了更好的拍摄视角，同时保证了现场报道记者的安全。无人机航拍的视角更加广阔、全面。无人机拍摄的题材多种多样，例如爆炸、洪灾、地震、犯罪现场等。2020年河南洪灾发生后，天眼新闻用无人机深入被洪水围困的卫辉市，在最短时间内将受灾地区的情况展示给外界。

在传感器新闻模式中，新闻信息的来源从人转变为机器。这对新闻采集的影响主要包含以下四个方面：

---

① (澳)弗格斯·皮特.传感器与新闻[M].章于炎，等译.北京：北京大学出版社，2017：7-9.

1.信息采集视角的全景化

传统的信息获取以人的感觉器官为途径,带有明显的局限性。传感器信息采集技术则大大突破了人的感官的局限性,其信息感知能力比人类强得多,信息收集的深度、广度和精准性都更好,能够对事物进行精准预测。

2.突发信息采集的优化

在发生灾难性事件,记者不便深入现场时,智能飞行设备可以搭载传感器收集各类信息,如图像、视频等。将传感器技术与机器写作相结合的地震播报机器人,提高了突发信息采集的效率,在传感器感知到地震波的一刻,便能获取地震震级、震中等信息,并实时发布。传感器和智能语音识别与转换的配合,提高了新闻采写的策略性、准确性和时效性。

3.新闻信息源的扩张

传感器成为收集用户反馈的工具。人类穿戴安装了传感器的设备后,这些设备通过与系统连接,能够将人体数据输入系统。系统会对人的生理状态数据进行实时分析,对于媒体报道而言,有了这些信息作为支撑,新闻素材将更加丰富,也大大提升了新闻的真实性。

4.社会现象的量化记录

传感器记录的具体数据,能够将观察现象量化,方便新闻生产者进行比较,从而发现问题。现在传感器渗透到更多的应用场景中,因此,记者在报道新闻事件时,也将传感器作为信息收集工具。

二、大数据技术与智能化新闻

阿米尔·拉斯金认为,在漫漫历史长河中,只有大数据技术能与历史记载和印刷术比肩。大数据技术是新闻工作者的福音,它改变了数据采集和呈现方式,驱动着媒体行业不断进行优化。大数据一词最早由麦肯锡全球研究所提出,作为一种数据集合,其规模极大地超出了传统数据库软件的获取、存储、管理与分析能力。大数据技术具有以下四个特点。

1. 大规模

在信息化时代，随着云计算、云存储等技术不断升级，人和物的运动都会产生数据。这些数据会被各种设备记录下来，数据量极为庞大，当前任何一款软件都无法实现及时获取、管理和处理。

2. 快速度

相较于传统数据获取技术，大数据技术处理和分析数据的效率更高，速度更快。一是数据的生产速度更快，既有欧洲核子研究中心每秒PB级的爆发式产生数据，也有如GPS、日志等涓涓细流式产生的数据。二是处理速度快。互联网数据中心发布的报告指出，世界数据总量在2022年将达到35.2ZB。面对如此庞大的数据量，处理数据的效率是大数据技术的最大优势。

3. 高价值

大数据具有价值挖掘潜力，但存在价值密度低的问题，大量无效、不相关和低质重复内容充斥着内容市场。因此，需要对未来趋势与模式作可预测分析，利用机器学习、人工智能等技术进行深度分析。

4. 多样性

大数据能够挖掘形态各异、快慢不一的数据流之间的相关性。因此，媒体需要处理文本、视频、图片、音频、地理位置信息等结构化、半结构化和非结构化数据，其中个性化信息占绝大多数。

基于这些特点，大数据技术让信息收集与处理更加便利。在社交网络和物联网的助推下，数据收集变得更加轻松。多次的数据抓取、筛选和重新组合，能够对数据的潜在价值进行有效挖掘，将无效信息删除，最后通过可视化形式直观地展现新闻内容。

将数据汇聚成表格、易于理解的故事时，公众才能获得更多有意义的信息。大数据技术让新闻叙事个性化和定制化成为可能。Hadoop等大数据管理软件为个性化新闻内容提供了技术支撑。News Tracer系统使用Twitter作为全局传感器，记录新闻事件的发生，使用数据挖掘和机器学习来挑选最相关的事件，了解读者喜爱的新闻类型和选题，从而撰写有针对性的标题和摘要。

大数据技术推动了新闻行业的升级和新闻工作者的自我提升。新闻工作者要熟练使用数据语言及工具，充分利用大数据技术，创作符合时代要求的新闻作品。

三、基于算法推荐的个性化分发

新媒体时代的媒体发展更加依赖用户的喜爱和需求。大数据、人工智能和物联网的出现，掀起了分发革命，打破了传统大众传播中心式分发模式，实现了非中心式的信息分发模式，个性化分发和精准推荐渗透进大众生活。

(一)算法推荐的技术前提

1.大数据技术的发展

算法推荐系统依赖海量数据。来自网站、公司应用、社交媒体、移动设备和物联网的数据为系统挖掘和分析用户特点提供了条件。大数据可以用于用户行为分析、用户消费心理分析、社交网络分析，也可以帮助系统实现对内容的特征提取、对比分析和预测分析，实现“千人千面”的个性化内容分发。

2.机器学习算法的进步

机器学习算法和理论，是以计算机学习人类行为为目的而研究出的一整套方法论。大量的机器学习算法被应用于分析和计算爆炸式增长的数据，挖掘数据规律和有价值的内容。大部分新闻平台便是从繁杂的用户人口学数据和浩如烟海的用户行为数据中提取出用户特征、兴趣，从而进行有针对性的内容推荐。

3.移动信息传播改变用户习惯

随着生活节奏加快，受众行为随之发生改变。以前是用户主动寻找内容，现在受众逐渐接受了算法推荐的分发。用户对信息的个性化需求也随之诞生。同时，算法分发需要消耗大量流量，网络技术确保了数据的及时更新，构建更精准的用户画像。因此，移动互联网基础设施不断繁荣发展，是算法智能推荐平台持续发展的必要条件。

(二)算法推荐的主要类型

随着用户习惯、接受水平和审美偏好的不断变化，算法推荐系统也不断迭代和完善，各种各样的算法推荐系统层出不穷。目前主要的算法推荐系统可分为三类。

1.协同过滤推荐

协同过滤包含基于记忆的协同过滤和基于模型的协同过滤两类。前者假设两个用户过去的喜好相似，现在喜好依旧相似，利用历史数据在整个用户数据库中寻找相似的内容进行推荐。后者假设单个用户喜好一直相似，根据历史数据构建预测模型并推荐。两者互相结合，可以充分挖掘用户的潜在需求。今日头条便将协同过滤作为推荐系统的核心算法。如果用户A和B都喜爱军事新闻、时事政治新闻，二者以前浏览的新闻内容一致，但A现在开始浏览更多的财经新闻，那么今日头条便会将A浏览过的财经新闻推荐给B。同时，A、B还会持续被推荐不同的军事新闻和时事政治新闻。

2.基于内容的推荐

系统会对用户的浏览记录数据进行分析、过滤，生成模型并推荐相似信息，避免了协同过滤模式在用户数据稀少时，容易出现分发错误的情况。但是，基于内容的推荐模式也存在弊病，长此以往会导致个性化过于显著，容易忽视用户的潜在需求，出现推荐内容同质化现象。这一模式在文字信息提取与分析领域能够取得良好效果，但分析非结构化数据时会不够准确，因此，它多用于网页以及文本类新闻信息的分析。各类平台的新闻推荐中都会结合这一推荐方法，例如用户阅读了“哈利·波特”第1部的相关内容，这一算法便会在数据库中寻找“哈利·波特”第2—5部推荐给用户。这种算法推荐的内容与用户历史浏览内容有很多相同的关键词，具有很大关联性。

3.关联规则推荐

在关联规则推荐模式中，系统会基于对用户历史数据的提取和分析，判断用户有哪些潜在需求，将用户偏好的内容推荐给他，其效果与数据分析的总量和关联性程度有直接关系。从推荐步骤来看，主要有两个：(1)分析用户对哪些内容有偏好，通过规则预测用户可能感兴趣的未读内容；(2)分析与用户偏好信息的关联程度，对内容排序并推送给用户。有研究发现，尽管用户浏览的新闻类型不同，但是必然存在内部关联性。在大数据分析中，阅读时事政治新闻的用户有极大的概率阅读军事新闻，还存在阅读财经新闻的一定可能性，但小于军事新闻。由此，系统会优先推荐更多数量的军事新闻和少量财经新闻给这一用户。

随着社交媒体和内容平台的快速发展，单一算法难以应对庞大的用户和内容数量。在实践中，往往会使用多种算法的组合。快手等短视频社交平台的个性化推送应用更加广泛，通过基于深度学习的人工智能算法，实现了复杂网络环境下对不同用户、多种场景的内容分发。今日头条有两个核心技术：一是大数据分析技术，二是智能算法推荐技术。在算法分发中加入社交分发成分，基于用户搜索浏览数据、地理位置、手机环境、社交网络关系等,形成针对每个用户偏好的个性化信息流。今日头条整体用户偏向一线城市36～40岁男性用户,因此平台内容整体偏好与之对应。

(三)基于算法推荐的内容生产

算法推荐机制为内容生产者解决了内容的分发问题,也帮助用户过滤和选择海量的内容,受到了更多用户的认可。算法推荐促使内容创作与分发分离,方便了内容生产,同时倒逼内容生产进行变革。

1.新闻价值发生改变

算法新闻平台对内容的首要要求是数量,其次才是质量。传统媒体择优选取新闻,而算法平台则是在保证数量的前提下删除劣质新闻,去掉明显违反法律法规、社会秩序或存在明显漏洞的内容。新闻推荐算法在一定程度上放大了个体的新闻偏好,更好地满足了个体的新闻内容需求,但弱化了新闻内容本身的地位,重要性向标签性转变。

2.内容生产主体的多样化

技术发展降低了内容生产的进入门槛,传播主体来自不同社会层级,出现平民化传播主体和专业从业人员竞争的形势。从业者人数和内容生产数量大幅提升,形成市场的充分竞争和良性循环。对于某个突发的新闻事件,现场目睹者发出的照片或视频,无论从时效性上还是现场真实性上,都比事后采访的媒体记者的报道更有优势。

3.生产内容情感化、场景化、碎片化

移动互联网时代,手机成为主要的信息渠道,满足了人们在各种场景下利用碎片时间阅读的需求,对碎片化、个性化、情感化新闻内容的需求也由此增加。算法匹配减少了优质内容与用户匹配的成本,推动了内容生产批量化和规模化。大量内容开始通过场景化、情感化创作进行竞争,以价值、情感、口碑等更加人格化的品质唤起用户的认同。

4.定制化生产

网络平台基本都使用了智能算法推荐技术,通过对用户数据进行精准分析,从而掌握了用户的个性特征、兴趣爱好、登录时间节点等信息。同样的客户端,在不同用户的使用下,变得“千人千面”。新闻生产者需要准确地认识用户画像,合理定位,让选题、文风、编排、互动都围绕着用户的特征来进行,触发精准推送。

第三节 智能化新闻生产与编辑

凭借智能化和自动化的优势，智能化新闻已取得一定成果。目前自动化新闻、AI主播和VR新闻等形式的应用，解放了新闻创作者，极大地提升了新闻交互和沉浸式体验水平，为受众提供更丰富的新闻体验。

一、自动化新闻写作

过去，新闻工作者凭借自己的叙事才能、经验、价值观、创造力和直觉，编写出无数基于事实的精彩新闻故事，而现在机器渐渐分担了他们的工作。自动化新闻伴随人工智能技术的快速发展，在新闻传播领域发挥着越来越重要的作用。

（一）自动化新闻的应用现状

自动化新闻依托于人工智能、海量媒体数据库和数据挖掘与分析技术。机器对数据库进行深度学习，然后算法会根据不同的项目进行调整，最后自动生成新闻稿件。自动化新闻起源于财经新闻写作，2006年，汤姆森金融公司开始使用计算机程序来代替财经记者的重复工作。在此之后，国内外媒体对于自动化新闻的探索逐渐深入，都通过算法实现自主探索、记录新闻和生成文章。

“多、快、好”的自动化新闻越来越受到新闻生产领域的重视，多用于体育、财经和气象气候报道等格式化新闻。2013年2月，《洛杉矶时报》在加州圣西蒙海岸地震8分钟后，利用算法自动生成并发布了带有地图、博客文章和标题的新闻。2015年，腾讯推出的Dreamwriter能够在1分钟内创作1000字的文章。2016年里约奥运会期间，它写作了450条新闻，在比赛结束后就即时发布。

中国地震信息播报机器人也得到了进一步发展，甚至能够根据数据分析地震震级，从而确定稿件篇幅，并向微博、微信等多个平台自动推送。2016年5月29日10时14分，四川绵阳安州区发生4.3级地震，震源深度13千米。地震后仅2分钟，“中国地震台速报”发布信息。10时23分，微信公众号“地震信息播报机器人”自动发布了一篇560字的新闻，在速报信息的基础上增加了地理位置图和信息图，并对周边地区进行介绍，图文并茂、内容翔实。

机器写作技术的升级，将自动化新闻的应用扩展到了内容审查层面。在海量信息中，新闻记者要进行信息的真实性辨别，借助智能校编系统，将不真实信息进行筛除，保留真实新闻信息，从而减轻新闻从业人员的工作量。[①]2019年，新华社引入人工智能、大数据等技术，推出了首款智能校验系统“较真”。该系统具备的功能不仅包括易混淆字、内容规范检验，还能够自动识别人名，具备语义搭配理解、知识辨别、语法运用、日期及稿件格式校验等功能。“较真”还能够自主学习新闻内容，不断提升校验本领。

(二)机器写作与人工写作的区别

学者们普遍认为，机器写作与人工写作之间具有以下不同之处。

1.新闻报道速度的差别

学习是机器的强项之一，通过搜集数据、分析数据、引入模板、自动生成，即可自助完成稿件的撰写，与人类相比，具有速度快、效率高等优势。腾讯Dreamwriter写作一篇财经稿件平均只要0.46秒，每天能生产超过2500篇文章。如果由人类来完成同等的工作量，需要夜以继日地工作至少6天。

2.新闻报道判断准确率的差异

与人类相比，机器在数据和信息处理方面具有显著优势，如灾难、体育等动态信息。对于机器来说，只需采用大数据技术来完成信息的收集并根据模板来对所存储的数据和信息进行加工，即可按照要求精确地生成稿件并发布，不仅效率较高，在降低出错率方面也具有绝对优势。

3.新闻内容的结构和用语差异

机器写作的新闻多为模板式产物，基本结构较为固定，组合材料，用语单一，形成具有标题、导语、主体和结语的新闻，但背景资料较少，叙述简洁。人工写作中，与新闻人物和新闻事件相关联的背景材料更为丰富，报道内容更具体，能起到烘托主题的作用。

(1)标题设定的差异。标题影响着新闻传播的效果。人工写作的新闻标题更具多样性和贴近性。2017年九寨沟地震的报道中，中国新闻网和地震信息播报机器人都进行了快速报道，二者的标题分别为：

---

① 尹卫东.人工智能在新闻媒体中的应用[J].西部广播电视，2021，42(10)：211-213.

四川阿坝州九寨沟县发生7.0级地震(机器新闻)

四川九寨沟发生7.0级地震 当日接待超3.8万游客(中国新闻网)

二者均抓住了地震的核心事实,但机器写作无法对地震带来的后果有深层理解,中国新闻网的标题采用了"复式题"结构,并且将当日游客数量作为补充信息,丰富了标题内容,用7级地震和数万游客的数据直观展示了地震难以估量的影响力,对受众具有更强的吸引力。

人工写作的标题用词更加灵活专业。对2018年俄罗斯世界杯中的同一场比赛,Xiaomingbot和新浪体育的标题如下:

世界杯 第2轮 俄罗斯横扫埃及 豪夺胜果(Xiaomingbot)

世界杯 两将连场破门 萨拉赫点射 俄罗斯3-1埃及(新浪体育)

两个标题都可以反映出俄罗斯获胜的基本事实,但机器写作的新闻标题仅显示了胜负结果,而人工新闻标题还表达出作者对比赛的态度。"两将连场破门"等词,肯定了场上重点球员的精彩表现,同时用球迷熟知的话语,让新闻标题更有贴近性。此外,"点射"这一类竞技体育的专业词语,让报道更加专业化,而机器写作拟定标题时难以做到。

(2)新闻导语的内容要素差异。新闻导语作为文章主体的开头部分,需要简明扼要地阐述新闻核心内容,包括人物、时间、地点、经过等简要的新闻事实。机器写作的导语更加简练,具有很强的概括性;人工写作的导语信息量丰富,描述更具体。例如,对2020年美国职业篮球联赛的一场比赛的报道中,Dreamwriter写作的新闻导语按照固定模板,要素齐全,包括比赛时间、对阵双方、比赛结果、进球队员数据等:

腾讯体育8月5日讯 独行侠客场对阵国王。最终经过加时,独行侠以114:110击败国王。本场比赛中,东契奇贡献34分20篮板12助攻2盖帽,哈达威砍下22分5篮板,波尔津吉斯得到22分7篮板2抢断。国王方面,福克斯斩获28分9助攻2抢断,希尔德入账21分1抢断,贝兹莫尔斩获16分2抢断1盖帽。

网易体育的新闻导语,在保证5W要素的基础上,增加了过往比赛情况的细节语句,而且做到了点面结合,抓住读者的关注点:

网易体育8月5日报道 NBA常规赛继续进行,达拉斯独行侠队(41胜29负)重拾胜利。东契奇送出三双34分、20个篮板和12次助攻,波尔津吉斯得到22分和7个篮板,他们率队第四节成功追平拖入加时赛,加时赛中独行侠队打出10:0的小高潮确立胜局,他们以114:110险胜萨克拉门托国王队(28胜39负)。独行侠队结束2连败,国王队遭遇3连败。

通过对比发现,记者所完成的新闻更人性化,更具有人文关怀,情感更丰富,因此有利于价值观的传达。

(3)新闻材料运用的差异。例如,对2019年西班牙足球甲级联赛一场比赛的报道,Dreamwriter发布的新闻采用了固定的结构安排,没有增添背景材料。新闻部分内容如下:

技术统计

巴萨本场射门23次,射正12次,控球率62.3%,角球6次,任意球10次,传球603次,抢断19次,越位1次,犯规17次。

莱万特本场射门7次,射正2次,控球率37.8%,角球2次,任意球13次,传球353次,抢断16次,犯规12次。

新浪体育的报道中,背景资料显得更为翔实,能够将相关背景材料有效融合在叙事中,例如两队过去交锋史、球员评分和战术统计图等,丰富的细节描述提供了现场带入感,让读者产生共鸣:

巴萨提前3轮第26次夺冠。巴萨近11个赛季8次夺冠。尽管巴萨近2次客战莱万特均落败,但西甲历史上13次主场对阵莱万特取得全胜,莱万特上次在诺坎普进球还是2015年。双方西甲历史交锋27场,巴萨20胜4平3负。拉基蒂奇、阿图尔、朗格莱和阿尔巴轮换出场。

人工写作的新闻中,图片元素出现频繁,增强了可读性。机器人创作的新闻报道鲜有图片出现。人工写作还会制作数据统计图以及对阵双方球员评分图,帮助读者更好地理解比赛情况。

根据上述差异可以发现,机器写作与人工写作各有优劣,但机器写作还无法取代人工写作,并且存在以下局限性。

1.新闻语言同质化

机器写作是以数据库中的数据为基础自动生成新闻,从这一层面来看,其新闻语言组织主要受两大因素的影响,即数据库资源和系统的学习能力。就当前的情况来看,不仅重复率较高,还存在同质化严重的问题。机器写作的新闻语言还存在生硬、晦涩等问题,对读者的阅读体验带来了不良影响。

2.新闻框架模板化

机器写作由事先设定的程序决定内容组成,导致新闻模板化问题严重、缺乏逻辑性。无论是标题、导语还是整体布局，机器写作均存在模板化的问题。标题句式相同，都是对象、数据、结果三大要素的组合，缺乏灵活性。主体部分也存在明显缺陷，段落衔接逻辑刻板，侧重点不明确，缺乏对数据和信息的深层次分析，没有必要的段落总结，无法从情感上引起读者的共鸣。

3.新闻背景应用生硬

背景资料的运用具有一定难度。通常情况下，背景材料具有高度的复杂性，若任意穿插，会使整个文本杂乱无章。机器写作利用大数据技术堆砌背景材料，观点与背景的衔接生硬，难以起到辅助说明的作用。

综上所述，当前的机器写作尚未发展到完备阶段，适用于以事实和数据为主的新闻，对于陈述性的新闻则还有待改进。目前发展得比较成熟的领域是天气预报、体育、交通、财经、地震报道等。

（三）自动化新闻对新闻生产的影响

自动化新闻加快了新闻生产的速度。机器写作能够24小时不间断工作，反应和分析速度极快，进一步保障了新闻的时效性。这在突发性事件的报道中表现得尤为明显。随着技术升级，自动化新闻创作形式更多样、内容更丰富、逻辑更合理，新闻质量得到提升。

自动化新闻降低了新闻生产的成本。就机器写作而言，在发展初期，有必要对程序开发、数据库建设等多个模块进行准备，需要投入较多的资金。[①]建设完成后，能够大批量快速学习并生产新闻，迅速挖掘数据中隐藏的规律，从大量的信息中提取具有新闻价值的数据，有利于新闻报道范围的扩大，降低了新闻生产的边际成本。

人工智能技术的使用节省了人力成本，减轻了新闻生产者的压力，同时也对新闻从业者发起了挑战。学者胡泳认为机器新闻最难取代人类记者的便是人情味。[②]记者无法在速度、准确性上与自动化写作软件抗衡，但逻辑性复杂、叙事性较强的社会、政治、经济、文化报道仍旧是技术难点，还需要新闻工作者进行深度思考后完成。这就要求新闻工作者提升自己的逻辑思维与动手能力，创作出个性化的新闻作品。

未来，机器写作将从低层次生产转向高质量应用，从窄领域专用转向宽领域应用。

① 许志强，汪洋，张森．人工智能时代机器新闻写作的原理、现状与未来[J]．电视研究，2021(01)：66-68.
②胡泳．自动化到来后，新闻人的价值何在？[J]．新闻记者，2018(10)：43-46.

人机协同是机器写作的理想模式。机器写作进一步细分各类新闻的特征,完成数据挖掘、分析、固定模板快讯和内容的初步检校等程序化内容。记者则专注于对情感、人文因素要求更高的创造性生产,如长期的跟踪报道、深度访谈、专业解读等优质内容。人机协同将为受众提供更加多样化的新闻内容。

二、AI虚拟主播

AI虚拟主播是人工智能与3D虚拟形象技术在有声语言领域应用的产物,可以独立承担主持、播报等一系列工作。①相较于真人,新闻AI主播能够适应各类报道的多样化需求。

(一)AI虚拟主播的发展现状

随着5G、AR、VR、物联网等技术的蓬勃发展,人类进入了"万物皆媒""万物互联"的智媒时代。面对文字、图片、音视频等庞大的信息,新闻主播必须高质量地完成全天候、高强度、不间断的播报,传统的新闻主播已无法满足受众需求。人工智能技术支持下的AI虚拟主播逐渐出现在人们视野中。

AI虚拟主播的发展经历了形似、神似、细节逼真三个阶段。技术的更新迭代推动着AI虚拟主播的功能逐渐完善。近年来,国内新闻媒体积极利用人工智能技术,陆续研发和推出形态各异的人工智能主播,如央视的康小辉、新华社的新小微、人民日报社的果果等。2020年的两会报道中,新华社联合搜狗推出全球首位人工智能驱动的3D版AI虚拟主播新小微。新小微通过采集新华社记者赵琬微的海量真人数据,生成3D数字模型,通过算法驱动及渲染,模拟虚拟场景下的自然视觉效果。在知识计算和人工智能的驱动下,新小微拥有与真人主播一样的实时播报能力,实现多样化动态微表情播报,配合不同场景变换发型、服饰,根据新闻播报的内容呈现恰当的肢体语言,并支持多机位景深,可以进行全天候新闻播报。

①王忆希,吴福仲,王峥.人工智能新闻主播何以被接受?新技术与社会行动者的双重视角[J].全球传媒学刊,2021,8(04):86-102.

(二)AI虚拟主播的特征

AI主播从最初的生硬刻板,发展到流畅自然,有了极大的技术突破。当前的AI虚拟主播具备以下特征:

1.高效处理信息,多语种播报

AI虚拟主播大数据处理能力强,有效增强了新闻生产效率。智能语音转写、自动时码对齐、多语种翻译、文本音频联动编辑、多种格式导出等技术,在播报新闻的同时快速生成音视频字幕文件,极大地提升了工作效率,减轻了真人主播的工作压力,满足了受众对信息的需求。高效的信息处理能力,也提高了中国对外传播的影响力。AI虚拟主播能够借助完善的语料库,快速实现多语种传播。2019年两会期间,虚拟主播小晴熟练使用中、日、韩、英等多种语言对两会新闻进行实时报道,增强了会议信息的国际传播力度。

2.突破时空限制

AI虚拟主播实现了全时性工作,能够持续24小时不间断地进行新闻播报,在报道两会等长期新闻活动和需要实时跟进的灾难新闻时,成为最优选择。

算法驱动让AI虚拟主播拥有无数"分身",可以不受场地、空间限制,同时进行多个报道,而不受到现场的光线、声音等条件的影响,满足新闻呈现的多样化需求。虚拟演播室还能够结合VR、AR等技术,为观众提供更具临场感的新闻播报,[①]如通过场景模拟还原洪涝灾害现场等。

3.准确度高

AI虚拟主播是基于数据技术的产物,永不疲倦,可通过数据采集实现自我进化,准确率更高,能够有效避免口误等问题。只要确认输入的文稿没有错误,AI虚拟主播就能够保证播报零失误,不会出现纰漏。

4.缺乏判断力、思想性等创造能力

新闻播报需要新闻主播对语速、语调、表情等进行创造性的加工,真实情感的流露能让受众产生强烈的情感共鸣。目前,AI虚拟主播缺乏对新闻素材的判断力和对新闻信息的理解力,应用情景依然存在局限,视听体验单一,很难与受众产生情感共鸣。

---

①宋国澳,麦梦佳.智媒时代新闻播报的新特征与发展困境——基于新华社AI合成主播家族的研究[J].青年记者,2020(32):67-68.

（三）AI虚拟主播的未来展望

AI虚拟主播拓宽了新闻报道的形式，减轻了真人主播的工作压力，是高效率、低成本的选择。同时，AI虚拟主播让新闻传播的主体开始变得模糊不清，引发新闻伦理问题。AI虚拟主播让真人主播感受到来自体力、技能和心理等多个层面的威胁，但真人主播在观点表达、文化积淀、情感交流、临场应变等方面的优势难以被复制。在未来，AI虚拟主播可以利用技术优势完成数据量大、工作量大的新闻处理，融合新闻内容，进行定制化播报，优化用户体验。

三、VR新闻

拉尼尔在研究中指出，VR实现了数字图像处理、传感器技术等多种先进技术的融合，能够模拟视觉、听觉、触觉等感官，通过计算机生成的、可交互的三维环境为用户带来沉浸感。现在，VR技术已被应用在各行各业，新闻行业也在不断进行尝试与创新。我们可以将VR新闻看作一种沉浸式媒介体验，它能够复制现实环境或者想象空间，用户以数字形象完成身临其境的互动。

（一）VR新闻的发展与应用

随着硬件和人工智能等技术不断优化，VR技术不断升级，并被更多受众所接受。2016年开始，VR技术持续受到关注，国内外众多媒体结合VR技术进行新闻报道。英国《卫报》推出《6×9：单独监禁的虚拟体验》，模拟真实的美国监狱（如图12-1），讲述犯人在单独监禁的情况下可能产生心理伤害的故事。用户亲身体验被单独监禁在牢房中的痛苦，无法与任何人交流，不确定监禁时长。这个过程中，用户还能够听到犯人真实的声音。报道充分利用了VR技术的沉浸性、交互性，让用户身临其境地感受真实的痛苦，加强了新闻的价值表达。

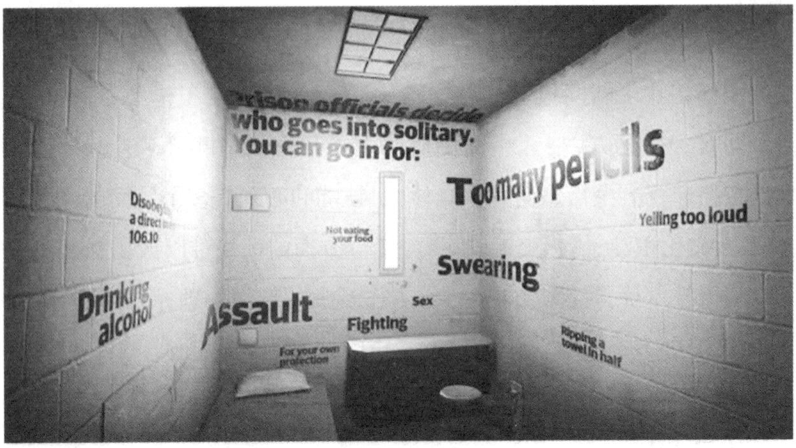

图 12-1 VR场景

资料来源:https://baike.baidu.com/tashuo/browse/content? id=2ad338d3544351cdacfbe9da (2016-12-08)[2022-06-21]

2016年开始,我国多家媒体制作发布了大量优秀VR作品。2016年3月,两会召开之际,主流媒体与新媒体共同发力。《人民日报》客户端制作VR视频,提供360度会场观察视角。新浪推出H5互动产品《人民大会堂全景巡游》,采用了全景照片技术,全方位展示人民大会堂的各个场景,配合知识讲解,让人有身临其境之感。观众可以自由切换观看视角,丰富了参与感,从完全被动接受信息变成了具有自主能动性的现场亲临,真正做到了现场的"沉浸感"。[①]2019年10月1日,央视在报道阅兵活动的过程中,使用了全景VR技术。覆盖现场的5G网络让媒体构建起VR+5G+8K的直播矩阵,确保报道的全面性,同时也为观众带来身临其境的感觉。

(二)VR新闻的实现条件

媒体从业者认为,VR新闻的实现条件主要有以下几个:

1.积极探索受众差异

只有确保内容的生活化和日常化(如图12-2),并从大众化群体入手,才能够真正实现VR新闻。具有生活性和娱乐性的内容更能促进沉浸传播的实现。对受众群体的特征和需求进行深入剖析,并以此为基础来选择合理、科学的传播途径,是提升VR新闻沉浸性的重要路径。

① 何芳,沈伶.VR新闻在我国的发展现状及特点分析[J].青年记者,2020(32):6-7.

图 12-2　央视"VR暖故事"

资料来源：http://news.cctv.com/yuanchuang/VR/index.shtml[2022-08-02]

2.全方位感知新闻事件

VR技术消解了社会现实与媒介现实的边界，让受众能够获得身临其境的感觉，增强感官刺激和情感感染，全方位感知新闻现场的场景。

VR新闻对事件原貌的再现，让受众获取的新闻信息不再是片面化的。最常用的表现形式为360°全景视频，利用立体化的空间增进沉浸感。2016年，Facebook发布十大最受欢迎的VR视频榜单中，有一个通过全景视频展示了维多利亚瀑布顶部"魔鬼池"的美丽景观，观看量达到了700万次。

VR新闻还会包含一些真实的事件细节和过程，让受众进入当事人视角，甚至产生情感的变化。受众的主观代入感受与新闻体验将得到深度融合，对新闻事件的认知更加深入和鲜活。因此，VR新闻也被用于揭露社会问题，深度挖掘事实。例如，财新网发布的《山村里的幼儿园》走进农村，以第一人称的视角让受众参与小孩的生活，感受山村中留守儿童的生活环境、教育环境和他们的心理状态。第二个镜头向观众展示了小女孩在简陋的环境中做饭的场景，还原了留守儿童的生活，激发受众的共情。

3.综合互动

综合互动是沉浸式传播的前提。人们的沉浸式体验受到各种互动的综合反馈影响，包括视觉的交互、听觉的交互、触觉的交互等。因此，VR新闻的互动性就是通过模拟来对情境和场景进行必要的转换。不断地交互会带来注意力的独占,让受众没有精力去判断真假,注意力完全集中在虚构的媒介现实中,进入心无旁骛的沉浸状态。

央视新闻的疫情专题报道中,《逆旅凯旋"桂"人还》这一VR新闻报道,通过图标引导用户伴随医护人员开启归家之路,在用户不同的选择中,形成不同的故事顺序,由此形成了不同的新闻内容。用户在"让我记住你的脸""致敬逆行者"等语句的指引下完成任务,全神贯注于内容场景,沉浸式探索新闻。

4.用户快速适应VR技术

VR设备在沉浸式新闻的形成过程中发挥着中介作用。用户如果在使用设备的过程中未出现晕眩或身体不适等情况,就能够有效提升新闻体验。受传统信息接收模式的影响,用户习惯了裸眼观看局部影像,还没有完全接受戴VR设备。因此,除了从设备和技术方面来进行革新外,还需要降低用户对VR设备的排斥心理。

5.恰当利用CG和声音引导受众的关注点

VR新闻主要通过镜头时长、运动镜头的类型、画面组成以及声音等进行全面展现。在VR新闻中,CG(Computer Graphics,计算机动画)是突出画面信息的主要工具。创作者在画面上添加标注、字幕等标识,提示受众应该关注哪些内容。除了真实场景的多角度记录以外,CG还可以还原缺失的真实资料,重建完整的新闻场景。

VR新闻中,声音在对空间的构建上是占据主导地位的元素。VR新闻可以利用解说词对受众进行引导,直接告知关键信息出现的位置,设置互动任务。渲染氛围也是声音的重要功能。VR新闻模仿真实世界的环境声效,给用户以真实的沉浸式体验。

受制作成本和生产时间等限制,目前VR新闻并没有大规模地使用。但在5G、大数据、云计算等技术的加持下,VR新闻未来的潜力巨大。为了适应这种趋势,新闻从业者需要掌握VR新闻拍摄与制作相关知识,积极推动VR新闻的发展。

(三)VR新闻的策划与制作

在VR新闻快速发展的背景下,新闻从业者要了解和熟悉VR新闻的策划与制作流程,掌握VR新闻的基础知识,提高VR新闻制作能力。

1.VR新闻的策划思路

VR新闻策划是在了解VR技术的基础上,根据沉浸感和交互性等特点,对故事情节进行创意、策划和设计，并完成塑造人物和场景设计的工作。目前的VR策划思路大致包括前期话题选择、中期技术可行性构想和后期传播策划。在这一过程中，需要遵循一些基本原则：前瞻性原则；可操作性原则；思想性、艺术性、技术性并重的原则；社会效益第一的原则；纪实性原则。

VR新闻的前期策划要关注选题的选择。选题要具有思想性、艺术性，适应技术性的要求，才能为技术实现提供坚实基础。选择VR新闻的主题时，应充分考虑其沉浸式体验。

中期策划的重心要转向VR新闻的制作环节。创作者需要思考技术手段、故事内容和艺术形式三者如何达到完美统一，增强用户的沉浸感，借助技术提高作品的思想性和艺术性。但受众使用VR设备时间过长可能会出现不适感，因此VR作品大多以短视频的形式出现。VR新闻拍摄过程中，出现任何失误都需要整体重拍，因此成本极高。这需要新闻从业者在现有的技术基础上，对VR设备、技术人员、团队组成、软硬件使用以及后期编辑进行整体策划，合理安排。

最后是宣传策划。这一环节涉及文案策划、市场推广和平台选择等方面，通过这些宣传推广手段，让用户了解VR新闻与传统新闻的不同，获得更多受众的认可。

中国首部VR航拍纪录片《最美中国》被誉为VR策划与编导的成功之作，其策划流程开创了VR策划的新境界。为了完成这一VR作品，大疆的制作团队进行了前期调研和选题规划，提出130多个选题，完成了300多页的策划方案。作品以二十四节气为线索，提前策划好什么时间节点在哪里拍摄什么样的内容，例如西双版纳的傣历新年和澳门水舞天地等人文地理主题。制订方案的过程中，团队内部进行了多次选题会，由此保证创作者对内容的理解足够深入，从而为观众呈现更好的新闻作品。

在技术上，团队拍摄了二维航拍和VR全景航拍两个版本。在大疆的技术支持下，团队克服了拍摄摇晃的问题，并通过现场设计解决了360°拍摄时的打灯问题。VR技术还增强了云端飞行的沉浸式体验，让观众充分感受到失重感。《最美中国》采用了航拍VR为主，地面VR、水下VR、延时VR为辅，以及长焦航拍、变焦航拍等多种先进的摄影技术并行的方式，立体展现了中国之美。

宣传策划方面，《最美中国》凭借完善的策划方案赢得了优酷平台的支持，通过采访、宣传片等方式，在新浪、优酷、搜狐、《光明日报》等媒体上发布相关新闻报道，并在广电展会上直播，扩大了作品的传播力度。

2.VR新闻的叙事

VR新闻既展现客观事实，又揭示事件内涵。VR新闻较多采取蒙太奇的手法，其中的每一段画面材料不一定非得连贯起来。因此，在结构设计方面，既可以采用以时间变化为依据的纵向结构，也可以采用以空间变化为依据的横向结构，或是建构全新的时间线。例如，央视网报道武汉重启的VR新闻，将解封前和解封后的情况呈现在同一画面中（如图12-3)，表现了疫情期间武汉人民的不易和解封后充满活力的武汉。

VR叙事除了要重视故事情节的开端、发展、高潮、结局、起承转合之外，还要注重全景模式下的多种叙事视角、主客体关系和互动效果。创作者在保证新闻的客观性、记录性前提下，选择合适的视角、运用合适的线索整合素材，充分利用与提升沉浸感、交互性，将VR叙事作为传统叙事的一种提升。

图12-3　央视网VR新闻报道武汉重启

资料来源：http://news.cctv.com/VR/yxvrbdcqdyz/index.html？scene_id=43726178［2022-08-02］

3.VR新闻的拍摄准备

VR新闻的制作多采用实景拍摄与后期制作相结合的方式，拍摄时要注重艺术性和观赏性，呈现场景要符合审美，遵循科学的视觉化布景。

无论是3D建模还是360°摄录的VR作品，对于设备的要求都比较高，一般包括VR内容显示设备、全景相机、单反相机、航拍设备和辅助设备等。在没有专门的360°全景相机的情况下，可以使用相机阵列或者一体机。最轻便的处理方案是将6—12个GoPro

连接在一起进行拍摄，但需要保证所有设备同时开始录像。拍摄人员要做好打板工作，保证声音和画面同步，以便后期剪辑中能够顺利拼接。

随着VR设备的市场化，大众也能消费的VR相机大量投入使用。这些简单易用、价格合适的设备，降低了VR作品的创作门槛。很多便携式VR相机与支架、云台、滑轨等配合使用，就能一键完成VR作品的拍摄。无人机的使用扩大了VR视频的拍摄范围。

这些便携设备可以通过NFC、蓝牙以及内置WiFi连接到智能手机和电脑上，通过应用程序来拍摄照片、视频。在手机上也能实现延时拍摄、调整白平衡、曝光补偿等，拍摄者在手机和电脑等终端上可以看到全景画面。

有了设备支持后，拍摄人员要确定拍摄思路。VR视频是基于场景构建故事及人物的，所以要思考的问题是：我是谁？我在哪里？我为什么在这里？在此基础上进行VR视频脚本的创作，包括场景文字描述、镜头时长、物镜距、附加说明等，同时要思考如何串联场景。

在拟定VR视频脚本之后，有条件的话可以去现场踩点，测试机位，观察拍摄时段的环境光线是否充足，思考怎样将光源融入场景中等问题。

在拍摄过程中，拍摄人员还应该考虑镜头的配合使用。VR新闻的基本准则是把控观众的注意力方向而非单个画面。VR拍摄就是将VR摄影机当作观众，这就需要考虑把观众放在什么位置，要根据观众走位和事件发生的位置来决定机位。沉浸于VR新闻中的观众不会总是回头看背后的东西，所以镜头要引导观众视线，既要用精彩的主线吸引观众注意力，同时又要为之后的情节做铺垫。VR新闻的时空处理比较自由，既可以运用跟拍、抓拍、偷拍、隐拍等镜头表现现在时，也可以利用追述镜头、摆拍镜头、补拍镜头、“扮演”镜头、幻觉镜头、梦境镜头、意识流镜头等表现过去时。制作者应根据事件将多种镜头结合使用。

4.VR新闻拍摄的细节

在拍摄VR新闻的过程中，应注意以下细节：

(1)在使用相机阵列对同组照片进行拍摄时，应该保持焦距、光圈、IOS、分辨率以及其他相关设置一致，避免自动白平衡带来的差异。当进行远景拍摄的时候，要尽可能规避移动的事物恰好位于衔接处。通常情况下，为了确保自动软件能够进行识别，应将具有鲜明特征的位置作为衔接点。结合部应选用易于混合、特征不明显的部位，比如湖水的表面、远处的山脉等，更利于后期拼接。

(2)除了用无人机航拍以外,VR相机的机位高度应该适中。应按照特定的顺序来进行拍摄,有条件时可使用三脚架确保拍摄的稳定性。旋转拍摄时要注意转轴垂直,在平移拍摄时应确保相机的高度和拍摄角度不变。

(3)画面主体尽量不要在画面的两端,应保持在180°视线范围内。VR的景别是由拍摄对象的走位决定的,要减少观众为寻找主体而大幅度转动头部的动作。为了让镜头中的人物或物体成为视觉焦点,安排场景时要注意以下技巧:距离镜头越近越突出;利用台阶、土坡、舞台等的高度;利用空间对比,如拥挤的火车站中只有寥寥几人的空地;利用人物的视线突出焦点。

(4)拍摄时可以运用复合调度技巧,以主镜头为基础来对T形复合进行调度。通常情况下,主镜头不仅能够引导观众的视线,也有利于画面气氛的控制。因此,应对扇形可视范围内的内容进行调整,横向调度指向不同地点,纵向调度指向同一地点的具体场景。例如,将武汉大学正门设置为主镜头,其横向调度可以指向武汉火车站和华中科技大学,而纵向调度则是深入武汉大学内的具体场景。这样就能够提高全景空间的利用程度。

5.VR新闻的后期编辑与制作

在VR新闻的后期编辑中,创作者要根据创作构思和用户心理,将影像要表现的内容分解为若干个镜头,运用艺术技巧进行组接,形成合乎逻辑、流畅自然的有机整体。

(1)后期编辑软件

全景图片的编辑软件包括用于曝光融合的Photomatix,用于拼接的PTGui pro,后期优化的Photoshop,以及实现全景图像转换应用的Pano2VR、Panotour Pro等。目前,Adobe公司的Photoshop CC2017和Premiere Pro CC 2018支持VR全景图片和视频的剪辑和制作,新增了内置的全景图片拼接和视频专用效果与过渡工具,使VR影像的编辑更加便捷。

(2)VR全景图片后期编辑技术与技巧

利用Photoshop处理全景图片,需要将分散的照片进行拼合。可以使用其中的photomerge功能,比较并选择使用自动、透视、圆柱、球面等多种版式。VR全景图片一般会使用球面版式,将多张图片整合为一张全景图像。还可以根据需要,选择混合图像、晕影去除、几何扭曲校正和内容识别填充等功能,优化拼接的全景图像。

拼合完成后,可以对全景图像进行编辑。依次点击3D > 球面全景 > 导入全景图,将球面全景图像从系统载入查看器，通过移动工具查看全景图像的各个方位，使用合适的工具对图像进行编辑与美化，例如调色、在画面上绘画、加入引导标识等。最后依次点击 3D > 球面全景 > 导出全景图，成功导出编辑后的全景图像。

（3）VR视频后期剪辑技术与技巧

VR视频的剪辑除了要考虑叙事功能外，还要考虑视角、沉浸感、交互性等问题。通常会使用蒙太奇手法将素材组合起来，形成连贯、对比、联想、衬托、呼应、悬念等效果和快慢不同的节奏，增强艺术表现力，创造最佳的叙事效果。

利用Premiere进行VR视频的后期制作，是基于现有的VR素材进行一定程度的美化和组接，形成情节完整、叙事流畅的VR作品。

Premiere的编辑中，选择“切换VR视频显示”按钮，便可以拖动鼠标查看VR素材的内容，并通过修改图像下方的角度值进行全方位查看（如图12-4）。之后便可以参照正常的视频剪辑手段，在时间线面板中插入、链接和替换素材，调整剪辑速度。

图12-4　VR视频剪辑界面

VR作品中的字幕、片头、片尾、特效等的作用不可忽视。片头要吸引眼球，要求特效惊艳、亮眼。转场则要达到“时空穿梭”的效果，充满技巧的转场能够让VR视频的画面更加自然流畅。Premiere效果控件中，常用的镜头组接过渡效果除了交叉溶解、叠加溶解、渐隐过渡和胶片溶解以外，还有沉浸式视频的专有转场效果（如图12-5），满足了VR视频对时空转换的需求。

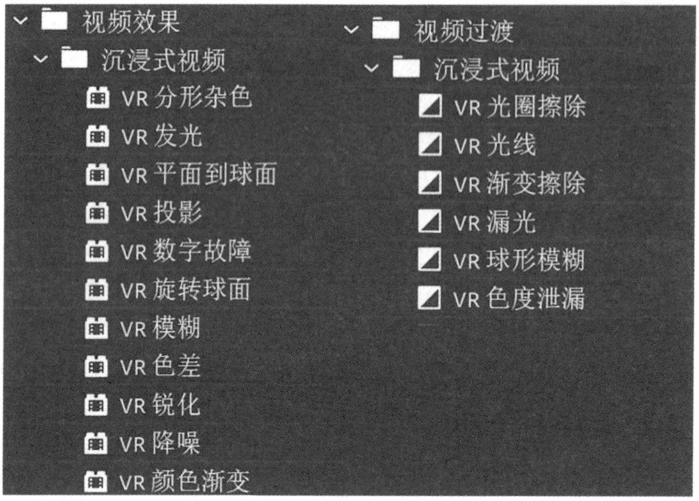

图 12-5　Premiere 专有转场效果

字幕则承担着说明信息的重要作用，具有引导读者的功能。制作 VR 字幕时，要考虑到 360°的全景画面，因此字幕是贴合画面的球形字幕。Premiere 提供的“VR 平面到球面”效果控件，可以实现球形字幕的制作。

四、智能化内容生产与编辑的发展趋势

革新智能技术，优化新闻体验。5G 等新技术的大规模使用，将促使传感器新闻和大数据新闻持续发展，更加深入地渗透到生活的方方面面。随着音视频媒介的崛起和 VR 技术的完善与普及，新闻媒体在进行内容生产时，将更注重革新沉浸形式，打造互动产品，借助短视频易获取、短叙事、场景化、社交化等特点，用“短视频 +虚拟环境”的互动新闻产品延伸用户的触觉，满足用户的参与感。

深化人机融合，推动人机智能。高效的人工智能解放了新闻生产者的身体，也提供了更多线索、角度和创意空间，为新闻工作者创作出具有逻辑性的深度内容创造了条件。

第四节 人机协同的风险规避和前景

如今，新闻生产内容与技术有着密不可分的联系。在技术水平不断提升的背景下，人类难以独自应对更加多样化的传播形式和复杂程度越来越高的传播规则，因此，人机协同的趋势愈加明显，将会推动新闻生产和新闻传播的变革。

所谓人机协同，指的是人与机器的合作、互动和交流。在该模式下，人是所有活动的控制者，居于统摄地位，遵循道德规范，合理、规范地利用技术来调节并监控生产。机器则拓展人的能力，执行体力方面的工作。人与机器发挥各自的专长，遵循工具理性和价值理性的统一，形成和谐的平衡状态。

一、风险规避

在新闻的生产与传播过程中，人工智能的功利性意义被不断放大。人工智能的本质是人类思维的模拟，但它并不具备人类的价值观。因此，我们需要对其保持清醒认识，降低其带来风险的可能性。

1.明确人机协同中新闻工作者的主体地位

要深刻地认识到，人工智能仅可作为活动开展的手段，而并非新闻实践的主体。在强调工具理性的同时，还应对价值理性给予高度关注和重视。

在促进新闻生产向自动化发展的过程中，编辑应不断提高自身的专业水平和自主决策能力，以人工智能技术为辅助开展新闻实践，充分发挥自身的主观能动性开展深度报道。在对新闻内容进行审核时，应充分利用人工智能技术对所有数据和信息进行分析、比对和解读，为受众提供正确、客观的引导，并对系统的运行过程进行监督和管控。在新闻发布后，编辑应该密切关注群众的反馈和舆论的发展趋势。

2.完善相关法律法规，确保人工智能可管可控

机器写作出现后，版权、隐私权等问题日益突出。为了促进此类问题的解决，有必要对相关的法律进行完善。具体来说，应对传播主体做出明确界定，明确自媒体、技术媒体、新闻采集编辑等多方主体的权责，建立追责机制。改进相应的人工智能内容生产

安全规则,对著作权保护条例进行修订和完善。同时,在人工智能技术的应用中明确算法设计的具体规则,不断提高数据提取、程序设计等环节的透明度,使机器写作的新闻能够追溯源头素材,确保所有工作都能够合理、合规且合法地开展。

3.规范职业道德素养,回归新闻专业主义

为了适应人工智能技术的迅速发展,新闻工作者应该通过新闻专业素质与人工智能技术的协同创新来提高职业素养,强调价值理性的调节作用。

新闻工作者应回归新闻专业主义,强化内容审核机制,对信息和内容进行严格的过滤,守住新闻工作者的底线。在深化对人工智能认识的过程中,新闻工作者应把握算法透明原则,避免算法设计中出现个人偏见等问题。这一过程中,新闻工作者也需要提高数据管理和保护意识,注重对数据的筛选和受众的隐私保护等。

为了强化职业道德建设,媒体可以积极引导第三方评估机构进入新闻技术领域,对媒体公信力、技术人员的职业能力、新闻推送方式等进行专业评估,定期公开发布评估报告,督促新闻工作者提高自身的道德素养。

二、人机协同生产的前景

近年来,媒体与智能技术的融合程度越来越高,但就国内当前的实际情况来看,人工智能技术在媒体中的运用尚处于"弱人工智能"时期,无法实现高级任务。[①]以色列学者诺姆认为,人工智能目前的局限性为人类记者提供了重大机遇。人机协同已成为新闻行业发展的主流趋势。

1.媒体人主动转型

为顺应智能化发展趋势,媒体从业人员应该转变观念,深化对技术创新的认知,不断推动行业向智能化方向发展,积极主动转型,以提升自身的竞争优势。

数据新闻、算法新闻、机器新闻等沉浸式新闻占据人们内容消费的重要位置,由此激发了传媒业对数据处理、算法推荐、虚拟现实等人工智能技术方面的人才需求。打造复合型技术人才和团队,"全媒体编辑记者+人工智能工程师"成为未来趋势。专业教育上,人文艺术与统计学、计算机科学、神经科学等相结合的跨专业、复合型特征更为凸

① 新华社"人工智能时代媒体变革与发展"课题组,毛伟.人工智能时代新闻媒体创新发展的对策建议[J].中国记者,2020(02):16-18.

显,算法工程师、生物工程师将更深入更广泛地融入传媒业。①

2.深度内容与前沿技术的无缝衔接

传媒业主动适应智能化、移动化、个性化、数据化发展趋势,不仅要注重新技术的使用和内容质量的提升,也要密切关注以内容为基础的人机互补。深度内容通过提供全面的事实,配合对复杂事物多方面、多层次的剖析,引发受众的思考和判断。新媒体的发展让娱乐性图文与短视频大行其道,具有思考性的深度内容却逐渐式微。算法推荐、VR等人工智能技术让人们倾向于个性化的沉浸式阅读体验,为深度内容的崛起提供了机会。媒体从业者应致力于提高智能技术对深度内容的适配性,加快从内容优势向传播优势拓展,使深度内容与前沿技术无缝对接。

人作为把关者,对新闻生产进行引领和监督,提供深度内容。人工智能优化信息采集、辅助新闻生产。人机协同发挥各自的优势,实现将宏观背景与传感器、大数据处理相结合,将复杂事实与场景再现相融合,能够创新深度内容的智能化表达。新闻工作者应充分发挥人工智能技术的作用对信息进行采集和存储,提高对信息的分析能力,从而为受众提供正确的引导。传感器能够进行实时监测,并根据监测结果做出科学的预测,多层次、全方位展现宏观事件背景。人机协同下的VR新闻更加强调作品的价值观,即通过新闻作品来展示人的情感,在营造氛围的同时,对受众的价值观进行必要的引导。

知识回顾

智能化新闻的出现,引发了新闻生产全流程的变革。传感器、VR、机器写作、智能推荐等人工智能技术实现了新闻快速采集、智能新闻生产,使得新闻工作者不用花费太多时间在重复性的工作上面,可以专注于深度内容的创作。新闻报道也有了更丰富的表现形式,为大众带来沉浸式的体验,增加了新闻报道的技术魅力,并通过智能推荐算法更加精准、广泛地渗透进大众生活。人工智能技术的广泛使用对新闻工作人员提出了新的考验,在深化对人工智能技术认知的基础上,保持以人为主导的创造力。同时,要通过完善相关法律法规、提高职业素养等手段,保障受众的隐私和权益。

① 新华社"人工智能时代媒体变革与发展"课题组,李成.人工智能时代传媒业未来展望[J].中国记者,2020(02):13-15.

思考题

1. 请谈谈智能化新闻对新闻传播内容生产的影响。

2. 智能化新闻发展呈现何种趋势？为何会呈现出这些趋势？

3. 使用人工智能辅助新闻生产应该注意哪些问题？

4. 请分析人机协同生产的发展前景。

第十三章　新媒体时代的深度内容生产

知识目标

1. 新媒体时代深度内容生产的创新之处。
2. 新媒体时代深度内容的呈现形态。

能力目标

1. 了解新媒体深度内容生产面临的困境与机遇。
2. 掌握新媒体深度内容生产的选题要求。

思维导图

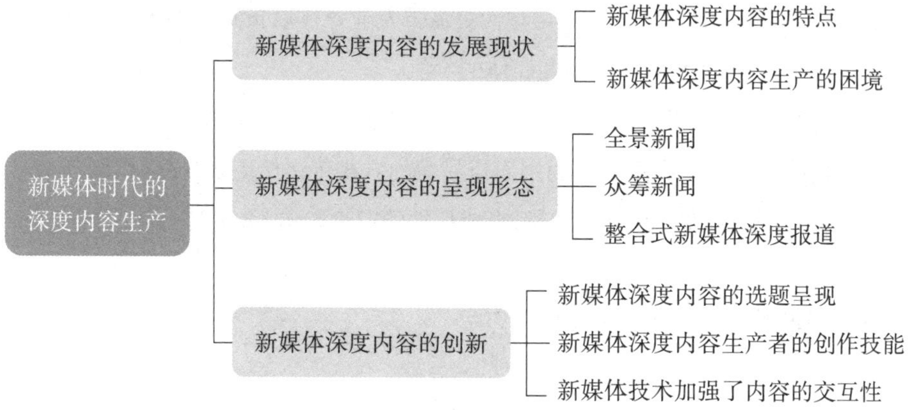

@ 案例导入

新媒体时代的深度内容生产不再是传播形式的简单堆砌，实现了内容叙述逻辑和技术逻辑的统一。《新京报》深度报道部开设的“剥洋葱people”微信公众号，在满足读者浅阅读习惯的同时，引导用户进行深度阅读。2020年8月20日，“剥洋葱people”发表《医院陪诊员：见证痛苦与亲情》，向大众展示了小众职业的工作内容，从旁观却参与其中的视角讲述了发生在医院的不同故事。文章每1500字左右便有一张图片和一个小标题穿插其中，多使用短句、简单句，段落短小，并在结尾设置互动话题“对此事你怎么看？”

第一节　新媒体深度内容的发展现状

内容为王是支撑新闻传播发展的信条，是传媒业的核心竞争力。社会节奏加快，让“短平快”的信息成为新闻报道的主流。深度内容与之相对，是指深入性、专注程度和综合程度更高的新闻内容，满足了受众的好奇心和深入阅读的习惯。碎片化只是信息传播和接收的呈现形式，并不能从根本上改变信息的本质属性和信息质量，更无法取代大众深入了解新闻真相的需求。碎片化时代更需要专业媒体以负责任的态度正视社会真实面貌，关注社会重要议题，体现新闻媒体的价值。①

新媒体深度内容借助技术的力量，讲好时代故事，把视频、图像、语言、文字等多方面信息整合在一起，将社会重要议题用通俗易懂的方式传递给更多受众，以崭新的形式吸引受众的注意力，启发大众进行思考，形成良性的舆论影响。

一、新媒体深度内容的特点

深度报道是通过展示宏观背景，对新闻事实进行分析、解释或预测并达到相当深度的报道。传统意义上的深度报道往往包括解释性新闻、新闻分析、新闻综述等，通常以连续报道、系列报道、组合报道等形式表现出来。新媒体时代的深度内容范围更广，并

①高贵武，薛翔．深入“短”出：短视频时代的新闻深度——基于深度报道短视频化的实践考察[J]．当代传播，2020(06)：51-53+65.

处于不断发展变化中，坚持了新闻报道对深刻性的追求，系统、全面地反映社会问题，深入挖掘事件的来龙去脉、因果关系和关联内容，探索事件的发展趋势和意义。各种利用新媒体技术的深度内容层出不穷，呈现出新媒体深度内容的独特优势。

1.传播精准

吸引用户观看和参与深度内容，是新媒体时代内容创作的关键。传统的深度内容主要依靠采编团队判断内容方向，新媒体环境下用户主动权更强，成为新闻的发现者和报道者。

新媒体时代受众接受新闻的方式，对深度内容提出了新的要求。单一媒体难以打造出新媒体深度内容，需要吸引用户参与新闻的建构。在技术的支持下，媒体可以把握用户所关心的内容和浏览习惯，实现内容定制和传播个性化。新媒体深度内容利用大数据对社会的热点进行追踪和分析，在内容的生产、传播以及效果反馈方面更加准确和科学，能够快速掌握并解决用户提出的问题。

在此基础上，媒体还可以围绕用户的喜好来打造深度新闻，给用户提供清晰的事实和深刻的评论，为用户创建互动社区。在平台打造和新闻写作过程中，将新闻内容制作成“未定的启示性文本”，留下一部分“空白”和“不确定性”，吸引用户共同完善和传播深度内容，满足用户需求。

2.内容丰富

传统的深度内容受到版面限制，而新媒体不需要担心版面问题，因此更加注重呈现丰富的内容。新媒体的开放，让媒体能够获取的资源增多，其多元化的内容也带给读者良好的阅读感受，获取多样化的信息充实自己。①

新闻内容逐渐迎合新媒体市场与群众的需求，关于医疗、教育、交通、工作的公共议题、民生话题和社会道德问题都是公众关注的焦点。在大众需求走向多样化的时代，充满故事性的人物等内容成为新闻内容的主体。2020年，人民日报社新媒体中心策划推出了纪录片《生死金银潭》，深入一线连续跟拍36个日夜，真实记录了武汉市金银潭医院医患之间的日常故事和生死时刻，全景式记录武汉定点医院隔离“红区”，感动了全国观众。

① 李勇强.新常态下媒体深度新闻之我见[J].传媒论坛，2018，1(12)：99+101.

3.全媒体深度报道

新兴技术的升级,让深度内容通过可视化、交互性的方式变得更加生动活泼。在对一些突发事件进行深度解读时,媒体常利用用户喜好的交互性,让用户参与到深度报道中,并为用户提供平台和选题,将用户提供的素材整合为深度报道的一部分。《纽约时报》进行关于飓风的全面报道时,专门为用户提供了一个互动地图,受众将当地飓风来临时的照片分享到社交平台上,报社采编人员收集相关照片,汇集到地图上,实时更新动态,受众便能通过这个地图了解到飓风的整体运行过程。这种方式吸引了大量的用户参与到新闻报道中。

我国的全媒体深度报道最初是"中央厨房"运作模式下的产物,表现为新旧媒介融合,通过共享线索和选题,经过数据库的加工,完成多媒体报道内容的生成,实现针对不同媒体形态的多元发布。2015 年,《人民日报》"中央厨房"首次使用VR技术,全景式展现了大阅兵现场的精彩瞬间。2016年10月,中央电视台利用VR和AR技术直播神舟十一号飞船发射现场,让观众通过电视屏幕体验到发射现场的氛围,深入了解宇宙飞船的内部结构和航天技术的发展,调动了观众的积极性。

二、新媒体深度内容生产的困境

传播技术的升级,不断打破媒体发布信息的垄断权。碎片化信息遍布生活的各个角落,受到大众喜爱。指向核心事实的深度内容被互联网解构,面临着发展危机。

1.选题缺乏创新

尽管热点问题是人们注意力的焦点,但是一而再再而三地报道同一事件,容易受到受众的抵触,削弱受众对深度内容的兴趣,报道效果受到影响。此外,一些深度内容选题陈旧,缺乏新颖的视角,内容解读浅尝辄止,也不利于新媒体深度内容的发展。这些问题消耗了公众对媒体的信任,业界生态不断恶化。

2.受众信息接收习惯的改变

随着生活节奏变快,互联网带来了信息"速食"时代。深度内容注重对复杂事件进行解释、分析和预测,往往需要花费大量时间完成,不适应人们碎片化的阅读习惯,传播力由此降低。

大众从信息接收者变成传播者，随时随地都可以发布信息。传受关系的改变带来了激烈的舆论交锋。大众对一些社会事件在价值认知上会出现巨大的分歧甚至冲突，通过社交平台进行表达。深度内容难以保持均衡性，很难让各方信服，发展面临巨大挑战。

3.创作人才稀少

深度内容面临的最大困境是人才缺失。深度内容制作周期长，耗费精力多，回报却很少。相关人才纷纷转向更轻松的碎片化新闻制作。报社和电视台为了节约成本，选择撤销深度报道部门的比比皆是，在深度内容创作领域形成了恶性循环。

第二节　新媒体深度内容的呈现形态

在激烈的市场竞争中，新媒体深度内容为了适应人们的生活方式和信息获取方式，也发展出了全新的表现形式。

一、全景新闻

深度内容一直试图用文字、图片和影像为人们带来身临其境的体验，引导受众深入新闻事件的现场，探索事件的全貌。人们对信息最直观的感受来自视觉，虽然影像、图片为还原新闻现场提供了极大的帮助，但难以脱离片面化的单调场景。不断升级的技术为深度内容的呈现提供了无限可能性。

全景新闻是综合了文字、全景图片、全景视频、实时直播、H5互动等多个媒体产品的新闻报道形式。有学者提出，全景新闻是摄影技术、全景视频技术、新闻故事内容的结合，具有现场感、第一视角感、交互感的独特新闻报道形式。①还有学者从技术层面将其定义为以图片和视频为主要表现形式，使用虚拟现实的全景摄像技术，呈现全视角影像，并具备一定新闻价值的新闻信息报道。②这些定义都强调了全景新闻依托VR技术、

①于玉彦.数字化背景下的全景新闻探析[J].传播与版权，2020(07)：10-12.

②贺岭，谢雨.VR技术在全景化新闻中的运用与发展[J].出版广角，2018(6).

现场感强、交互感明显等特点。

全景新闻依托的全景技术是一种新的新闻叙事媒介，它丰富了原有的新闻叙事方式。全景新闻提供的现场3D场景，力求再现真实的新闻现场，让新闻报道变得鲜活、生动，从而使受众获得沉浸式新闻体验。

1.技术支撑下的全景新闻

VR技术的使用，让全景新闻的理念得以付诸实践。全景新闻的呈现手段包括文字、图片、声音等，将平面报道转化为立体式的临场体验。例如，对台风利奇马的全景报道便为观众提供了多种场景的720°真实全景图片，在强烈视觉冲击中打造临场感。

全景新闻要素的采集要求在尽量还原事件场景的基础上，对新闻事件发生的现场、主要的新闻人物以及新闻事件的完整过程进行拍摄。同时，现场环境的同期声、音响也需要全方位搜集记录，力求把所有细节完整地呈现出来，全方位捕捉动态信息，从而方便后期的虚拟建模。

全景新闻的呈现主要有全景视频和三维场景两种形式。全景视频采集中，广泛使用的设备主要有Ladybug全景摄像机、Gopro多相机组合等，通过在不同方位定点拍摄视频，利用软件后期制作合成为全景视频，搭建虚拟现实场景弥补新闻拍摄过程中缺乏的素材资料。①三维场景的全景新闻拍摄主要分为两种，一是利用多镜头全景相机的自动化全景拍摄系统，二是利用普通相机拍摄存在重叠的多角度多方位照片，通过软件进行图像拼接和优化，由此生产出多视角的全景图片。②

2016年全国两会期间，光明网便充分运用了VR技术，开设"全景看两会"栏目，包括VR全景视频和360°全景摄影图片等，将会场信息第一时间反馈给受众，多角度呈现现场画面。在全景视频和图片中，观众可以自行选择观看包括天安门广场、人民大会堂、开幕式现场等多个场景，拖动鼠标便能全方位观察新闻中的每一个场景，还可以放大或缩小视频画面观察细节。

全景技术与手机、VR眼镜等设备的结合，让人们通过滑动屏幕或肢体行为便能转换全景视角。手机上的观看角度会随着观看者的移动而转动，突破了平面二维的视角，增加了互动性，带来更为舒适的沉浸式体验。

在此基础上，光明网利用优化后的技术对全景新闻进行持续创新。2019年北京世

---

① 刘懿璇.人工智能时代下VR新闻的全景式传播与融合应用[J].中国传媒科技，2018(09)：105-106+116.

② 于玉彦.数字化背景下的全景新闻探析[J].传播与版权，2020(07)：10-12.

界园艺博览会的相关报道中，VR全景栏目得到全新升级。除了图片和视频的360°观看外，全景图中增加了各个场馆和方向的介绍。新华网则实现了第一个360°全景新闻现场出镜报道，并首次实现了“5G+VR全景高清直播”，让网民在每个角度都能看到开园式的盛况。针对世界园艺博览会的对外报道的VR设备的使用，新华社在海外各个社交平台发布中英双语的360°vlog，引发国内外网友的点赞与互动。

2. 立体多样化的全景新闻

信息传播从纸张扩展到屏幕，从大屏转移到移动手机，融屏共振不断发展，多媒体全景式报道的传播方式更加立体化、多样化。全景新闻通过调动受众的听觉和视觉，将完整的新闻事件呈现在受众面前。为了让新闻报道更有整体性和全局性，全景新闻整合专业媒体与社会媒体的内容资源，集合文字、图片、声音、视频、动画等多种媒介形式，提供新闻现场的虚拟场景和多元观察视角。

在汶川地震十周年之际，四川新闻网精心制作了纪实3D全景新闻《汶川十年蝶变》，回顾了汶川十年来的发展变化，展示四川灾后恢复重建和发展振兴取得的巨大成就。这一新闻由地震、重建、发展振兴三部分组成，创新性地使用了3D交互展示技术。在新闻交互式三维H5中，浓缩了十年来汶川的标志性地点恢复重建和发展振兴的历程。用户只需用手机扫一扫，便能直观地感受灾区的巨大变化，自由点击每一幅画面中的建筑，就能观看该建筑的精彩图集、航拍视频、人物访谈视频等，立体地感受汶川的十年蝶变。各个场景观看结束后，用户还可点击全景VR，360°欣赏城镇新貌。

3. 沉浸互动的全景新闻

全景新闻模式强调沉浸、全息的体验，双向互动成为重要环节。每个人都可以在与媒介空间产生良好的互动循环中，沉浸于自己主导的个性化内容。①

全景新闻的所有新闻素材、影音图片都来自实地拍摄，能够营造真实客观和冲击感强烈的叙事现场。制作者利用360°全景式摄像机进行整体移动拍摄，精确还原客观的新闻现场，呈现立体的影像效果，让受众可以自由移动感受新闻的全景式体验，增强虚拟现实的临场感与体验感。②

在一些突发事件的报道中，如果记者因为种种原因难以及时抵达第一现场，VR技术可以还原事件的新闻场景，重建新闻事件的原貌，满足受众的现场体验感和参与感。

① 丁溪原．新媒体技术下的全景式新闻报道模式[J]．新媒体研究，2018，4(08)：18-19.

② 于玉彦．数字化背景下的全景新闻探析[J]．传播与版权，2020(07)：10-12.

在战地新闻、灾难新闻等报道中,多媒体全景式新闻以其沉浸式体验,在受众心中留下深刻印象。

2020年,《环球时报》与腾讯新闻合作,利用VR重现抗美援朝经典场面,多场景重现空战,包括驾驶舱内部、冒烟坠落的敌机等全景画面,让用户产生亲临战场的感觉。新闻还提供案例介绍,点击相应图案就能查看,在转化场景选择和查看案例的过程中,吸引用户的注意力,让用户逐渐沉浸于这片战场。新闻中的"向英雄致敬"互动环节,能够生成包含人数和飞行员介绍的致敬海报,观看者能够通过社交平台进行分享,从而引发二次传播,获得更好的传播效果。

二、众筹新闻

深度内容承担着反映社会问题的责任。影响新媒体深度内容发展的最直接的原因是资金不足,"众筹新闻"的出现为深度内容的发展提供了新的路径。

"众筹"的概念源于"众包"这一商业理念。众包是指企业利用互联网将工作分配给群体,依靠集体的力量来解决问题。众筹是对资金来源的一种众包,通过互联网面向大众集资,让拥有众多成员的群体自愿代替专业机构成为资金来源,用于支持特定的项目。众包这一理念进入传媒领域后,媒体机构将新闻生产制作的资金、选题和内容各个环节外包给大众,众包新闻便诞生了。众包新闻分为内容型众包新闻和资源整合型众包新闻,其中资源整合型众包新闻即众筹新闻,是指媒体记者、自媒体人通过众筹网站或社交平台面向公众筹集资金,利用资金进行新闻调查和报道,并将生产的内容及时向资助者呈现。[①]众筹模式在新闻生产领域的应用,为新媒体时代的深度内容提供了良好的生存空间,以其独有的创新优势满足人们多样化的需求。

1.公开化众筹新闻生产

众筹新闻的生产方式让新闻生产流程得以公开化,在满足其支持受众需求的条件下,受到社会各界的监督。受众的参与和关注,让众筹新闻的真实性和质量品控有所提高,也让众筹新闻形成了黏性较高的稳定读者群体。众筹新闻的公开化途径包括预付和阅后支付两类。根据众筹方式的不同,可以分为个体众筹新闻和联盟式新闻。

预付众筹中,资助者的资助行为先于媒体的报道开展。媒体人需要先向公众公布

① 赵荣水,舒咏平.众筹新闻生产的现状、特征与趋势展望[J].新闻界,2014(23):22-27.

项目的具体信息，完成资金的筹集后，才会开始执行报道方案并生产内容，并及时用内容回馈项目资助者。未能成功筹集资金的项目便宣告失败。新闻项目准备流程的公开化，实现了根据受众需求进行内容生产，减轻了内容生产者的经济压力，让许多具有社会意义的深度内容得以实施，减少了资源浪费。

阅后支付众筹也需要公开项目内容，资助者对项目内容进行评价和考核，根据考核结果进行资金支持。这一形式能为深度内容的创作者提供更多盈利，也给予受众更多选择权。目前这一形式被广泛应用于新媒体内容传播中，激励生产者进行更多优质内容的持续创作，同时更加重视受众的需求。

众筹新闻往往会选择社交媒体为主要开展平台。媒体人以个人身份完成众筹新闻项目的介绍、筹集和生产的，便是个体众筹新闻，新闻生产者在议题选择、采写角度和发布渠道的选择上有更强的自主性。如果媒体人选择第三方平台完成众筹的各个环节，便是联盟式众筹。第三方平台可以充分发挥集群效应，在短时间内筹集到足够的资金，并对新闻生产者进行监督，能够保障内容的真实性、支付的安全性和内容高质量。这两种方式的预付众筹都提高了受众对新闻生产的参与度，从新闻选题到内容呈现的全流程公开化，保证了资助者的利益，吸引了深度内容的爱好者。

2. 高水平众筹新闻受众

人人都能够成为新闻的生产者和传播者的时代，新闻来源变得更为丰富，受众的新闻生产意识逐步提高。移动网络终端的普及，使信息需求出现长尾效应。人们习惯于按需选择个性化信息，对深度内容的质量有了更高的标准。互联网经济下的信息受众具有很好的付费习惯，在无法获取优质内容时，更愿意选择众筹新闻。加上新闻受众基数庞大，众筹新闻的受众数量不可小觑，为众筹新闻的发展提供了重要的资金来源，成为众筹新闻发展的根本动力。这类受众往往关注社会深层问题，关注具有实际意义的小众话题。

3. 众筹新闻实践案例："新闻记者"网站

荷兰新闻网站"新闻记者"（De Correspondent）于2013年通过众筹方式成功建立，致力于报道非突发性的深度新闻，力求解决问题而不只是反映问题。"新闻记者"依赖会员费进行运作，承诺提供独立、深入、无广告的新闻服务。2018年11月，"新闻记者"在美国发起众筹，30天内便获得了来自130多个国家的45888名读者的支持，筹集资金超过260万美元。

"新闻记者"重视与用户建立持久的关系。学者杨博指出,"新闻记者"的最大创新之处在于积极挖掘会员的专业知识和新闻资源,参考读者评论调整新闻内容,实现了记者与会员读者共同撰写新闻的运营方式。[①]"新闻记者"认为,会员不仅仅是被动的新闻接受者和消费者,而是不同领域专业知识的"输入者"。"新闻记者"平均每周会发表关于政治、气候、心理健康、儿童发展和差异性5个板块的5篇文章。网站将具有专业证书的会员分为不同的专家组,发表的每篇文章都会邀请相关专业的会员进行评论,并分享经验。在这一模式下,记者可以从用户那里获得具有价值的专业反馈,提高了新闻工作水平。"新闻记者"也发表独家的专业深入报道,例如关于伤残人士的触觉感受、控制气候变化的技术和新冠肺炎疫情中经济复苏等。

在与用户对话中,"新闻记者"打造透明的新闻报道流程。自写作报道开始,记者便会将每周的进度分享给会员,内容详尽,包罗万象,从初步假设、数据、来源、灵感和疑问,到自己的立场,都会公开。网站鼓励记者花费30%到50%的工作时间与会员互动,开展读书俱乐部、小组讨论和聊天等方式来促进互动,邀请会员们提出意见和建议,记者采纳合理的部分调整报道的内容和角度。在与用户的交流中,新闻报道变得更加深入、全面。

"新闻记者"力求避免单一化新闻,摆脱了"负面新闻才是新闻"的认知,不仅向受众揭示问题,还试图提出解决方案,形成差异化产品,成功让受众参与到这些解决方案中,提高了新闻的建设性,是新媒体深度内容的成功代表。

三、整合式新媒体深度报道

新媒体时代,用户的需求呈现出深度化、垂直化的特点,整合式报道应运而生。

文字型整合式深度报道的变化,主要表现为写作风格和报道形式的改变。单篇报道的碎片化特征明显,写作风格简洁明了,直观易懂,在保证信息完整的前提下,多采用短句、短段落,减少过于烦琐的描述性语句,尽量避免连篇累牍。内容过于复杂的文章,不得不使用较长篇幅进行报道的,则采用"未完待续"或连载的形式,将一篇深度报道分成多个部分,或围绕同一主题持续报道,每天只刊登其中的一部分,设置悬念,提高深度报道的关注度。例如,GQ报道的"站姐饭圈观察"系列报道,分为四部分,每一期在末尾

① 杨博,露辛达·萨瑟恩.众筹新闻网站:让读者成为作者[J].青年记者,2020(31):81-82.

提示“未完待续”,与受众相约下期再见。GQ报道还设置了GQtalk和GQFocus等系列文章,通过与各界人物的交谈,展示时代与社会的变化。碎片化的文字报道在完整呈现新闻事件经过、保证内容质量的同时,也适应了受众碎片化的阅读方式,有效提高了传播效果。

整合式深度报道短视频是新媒体深度内容的重要形式。由于短视频时间有限,信息传递量单一,对于深度内容的展示存在局限,媒体从业者需要整体把握视频内容,进行信息整合,形成严谨的逻辑构思。内容生产者按照受众的阅读习惯,将深度报道分成若干个短视频,以此提升深度报道的传播效果与播放量。例如,央视《新闻调查》把对新冠肺炎疫情的长视频深度报道处理为多个不到1分钟的短视频,做到了每一期事迹感人,看点突出,内容完整,争取到了更多的年轻观众,也扩大了话题讨论度和深度内容的影响力。

重要新闻事件或热点事件的深度报道短视频,经常以跟踪采访、连续报道的方式完成,例如《新闻延长线》将药家鑫案件的深度调查分为多集短视频,利用碎片化形式讲述案件的发展。这类短视频需要同时发布,才能有效提供新闻事件或主题的全方位信息,减少对观看体验的破坏。

除了传播方式上的改进,深度报道短视频的内容也有所提升。深度报道短视频开始利用一事一主题的方式进行强化,深层次阐释新闻内容。背景梳理和内容解读对新闻事件的前因后果、逻辑演进、冲突发展与变化趋势等进行系统化阐释,融合了图片、视频、音乐等元素,具有更强的新闻描述能力和解析效果,受众获取信息更轻松高效。

深度报道短视频还利用互动性,挖掘深度思考方式。视频发布时,制作者设置互动话题,带动受众参与深度报道的讨论。越来越多的生产者将深度报道短视频发布在社交媒体平台上,逐步形成稳定的受众群体,发挥了文化传播价值,增强了舆论影响力。

第三节　新媒体深度内容的创新

借助新媒体的优势,深度内容坚持追求有价值的新闻作品,在内容选择和传播上也不断进行创新的尝试。

一、新媒体深度内容的选题呈现

新闻选题质量决定报道的深度，也影响着深度内容的传播力度。[①]现在，人们获取信息的渠道愈加丰富，获取的信息数量与日俱增。精彩的新闻选题是吸引受众深入探索新闻事件的第一步，其层次也决定了信息的挖掘价值。选题的质量越高，报道越容易深入，群众的关注度也越高，传播影响力相应增强。新媒体深度内容适应了新兴的报道形式，在内容选题上包容性更强，但仍有集中关注的选题类型。

1. 社会热点事件

社会热点事件是深度内容的主要选题方向。大众对社会热点关注较多，深度内容选择题材时，要根据公众关注度和讨论度的高低进行取舍。

社会热点事件往往会引发大众的激烈讨论，甚至会出现相互对立的意见，出现不良争端。深度内容的职责便是客观呈现事情真相，引导大众进行深度思考，促进良好的社会舆论的形成。因此，深度内容往往会选取社会热点事件中具有正能量的或中性的新闻题材，引导人们理性思考。2021年全运会刚刚结束，《冰点周刊》便在微信公众号中发布《赛场之下》，在图文并茂的报道中，展示了走下赛场和领奖台的运动员们，记录他们的努力与迷茫，也引发了赛场之下观众们的思考。在全运会的热度的带动下，报道获得了较高的阅读量。

2. 社会痛点问题

深度内容不仅关注社会热点事件，也会从时效性不高的选题入手，结合社会背景，对涉及社会公共利益的话题进行深度剖析。

这一类选题关注的是普通群众的生活现状和被掩盖的事件真相，通常是反映人民生活、社会伦理道德、灾难性事件、法律纠纷等贴近社会民生的话题，具有争议性，需要被媒体引导而引发讨论。2020年，《新闻调查》节目以“扫黑拔伞”为主题，在抖音上进行碎片化拆分，揭露涉黑团伙的恶劣行径及其背后的“保护伞”，完整记录了扫黑除恶的历程和结果，引起社会的关注和反思，起到了广泛的警示作用。

3. 关注社会边缘群体

新媒体深度内容的选题还需要体现人性关怀，关注社会边缘群体。大众传媒的目

---

① 汤文慧. 深度报道类新闻选题特点分析[J]. 新闻研究导刊，2020，11(24)：150-151.

的是获取绝大多数受众的注意力,有一部分关注亚文化、小众文化和弱势群体的报道淹没其中,但它们是多元化社会必不可少的一部分,能够反映社会公平,因此成为新媒体深度内容的挖掘对象。

弱势群体、边缘群体在经济能力、社会地位以及各种权益方面处于弱势地位,媒体进行正确的报道,能够让他们进入社会大众的视野。例如,《谷雨实验室》对患癌的直播主播“红毛”进行报道,让这一个小人物的悲剧唤醒人们的思考。

4.专业知识传播

新媒体深度内容还包含为大众解决疑惑、传播科学知识的选题。由于信息来源增多,网络上胡编乱造的“科普”知识层出不穷,误导着受众。因此,深度内容从传播正确的、具有科学性的内容出发,邀请专业人士进行谨慎考证后,传播专业知识,形成良好的社会舆论。例如,“科学旅行号”整理了各类专业纪录片的科学、人文知识,通过多方面的资料和事实,向大众传播专业知识。

二、新媒体深度内容生产者的创作技能

新媒体深度内容的创作者一般应该具备以下技能:

(一)在场景中讲故事

新媒体深度内容的生产者要基于人们的好奇心和探索欲望,在人们手中的屏幕上打造或再现故事场景,让人们看到生活的另一种模样。

新媒体时代是屏读时代。一般而言,新媒体深度内容需要在第一屏完成场景引入,第二屏引出矛盾,激发读者的阅读兴趣,第三、四、五屏对文章主体进行饱满的陈述,第六屏以后完成收尾。在屏幕的切换中,生产者也要完成场景的切换,优化传播场景,做一个会讲故事的人。

(二)准确判断受众的阅读预期

新媒体深度内容生产者要能准确判断受众的阅读预期。

阅读者可以分为多种类型,如围观型阅读者、求证型阅读者、质疑型阅读者、学习型阅读者等。不同类型的阅读者,对内容有不同的阅读预期。在阅读新媒体深度内容时,

受众就像在寻宝，读到期望的内容时，就能获得满足感。因此，优秀的新媒体深度内容生产者会合理安排文章亮点内容出现的频次和间隔，为阅读者提供满足感。

新媒体时代的技术手段能让阅读者的需求变得更加直观。新媒体深度内容传播过程中的每一个环节都会产生数据，这些数据成为内容生产的重要参考因素。生产者可以从两个方面贴近受众需求：一是依据算法推荐进行生产，用户已经习惯通过算法分配获得信息，因此基于关键词进行内容生产，可以提升曝光可能性；二是根据热点问题进行生产，热点是捕捉用户注意力的有效手段，在热搜排行榜、热点新闻推荐等机制下，根据热点问题生产内容将会最大限度地满足用户的阅读需求，让生产者获得短时红利。

（三）利用新媒体工具提升内容创作效率

新媒体内容创作过程中，生产者应掌握实用的创作工具，提升内容创作的效率。常用的工具如下：

1.多人协作文档工具

目前已有多种在线文档工具可以实现多人协作，例如WPS等，可以充分发挥其素材存储、在线写作和团队管理的功能。这类工具的使用，既能帮助内容生产者处理大量的临时图片、音视频素材，减少存储的压力，又能通过共享编辑的功能，对文章数据和团队人员进行管理，在多人协作下选择最优秀的选题。

2.网感提升平台

新媒体深度内容在提升深度报道质量的基础上，还需要顺应网络审美。创作者可以在豆瓣、知乎、微博热门、抖音、快手等平台广泛获取热门内容，把握时代热点，感知网民情绪，学习网络语言，并在新媒体深度内容中灵活使用。

3.图文编辑和管理工具

版面设计是否美观，极大地影响着受众对新媒体深度内容的接受程度。生产者需要掌握一些常用的图文编辑管理工具。

常用的图片处理工具包括Photoshop等，需要创作者进行系统的学习。创客贴等在线快速制作海报的平台，以及美图秀秀、天天玩图等可以在移动端使用的快速编辑软件，让零基础的生产者也能制作出图文并茂的深度内容。

在内容管理上，网盘的出现让图片的存储和查找变得轻松。公众号管理工具则能够一键完成排版、发送和数据分析工作，优化了图文管理的流程。

三、新媒体技术加强了内容的交互性

如今，新媒体深度内容不再只是作者单方面的思想输出，技术赋予内容的交互性，让深度内容焕发生机。受众的多元视角为深度内容多层次审视新闻事件和深入挖掘事件因果关系提供了强大的动力。受众的参与不仅丰富了报道内涵，也扩大了内容的影响力。①

社交媒体时代，深度内容开始进行人格化传播。在“无社交不新闻”的情境下，新媒体深度内容产品采用人格化的策略获取网民的信任，增强用户黏性。由于深度内容相对严肃专业，媒体形象的人格化方向必须值得信任、易于交流，体现出亲民的风格和立场以及专业理性的形象。例如，微信公众号“侠客岛”专注于时政新闻解读，媒介形象IP“岛叔”的形象塑造为一个博学多才、看问题理性持中、风趣幽默又平易近人的大叔。内容风格上，新媒体深度内容侧重发掘新闻人物的故事性元素，例如《新京报》微信公众号“剥洋葱 people”以“剥开人物外壳，记录真实可感的生命”为宣传语。

新媒体深度内容的传播依赖于网民的参与行为。各类平台提供的评论、点赞、弹幕和分享等功能，鼓励了网民对信息的参与式传播。新媒体深度内容也顺应潮流，增加了互动话题，积极回应网友的评论，挑选网友的意见和建议作为选题方向和部分内容。与此同时，网民在社交媒体平台自发形成的口碑传播，推动了深度内容的裂变式扩散，提升了内容传播力。为了抓住用户注意力，互动性问句在深度内容中频繁出现，引发用户思考，激发用户兴趣。在“剥洋葱 people”中，常出现“《红楼梦》里的‘小戏骨’是如何炼成的？”“那些一起吃方便面的人，你们还好吗？”这样的标题。

VR 等技术强调深度内容的沉浸互动。全景互动式新闻实现了受众对于新闻的全景探索，客观真实地展现了新闻现场全貌，深度内容的交互性进一步提高。VR 新闻搭建的虚拟场景不仅仅是现实场景的单纯再现，它还将人与虚拟场景的互动模式加入了算法设计中。深度内容的用户不再是“局外人”，而是新闻事件的见证者，人与虚拟环境的高度融合，让用户的体验更加真实，沉浸感明显增强。VR 眼镜或者 VR 头盔的使用，让人机互动更加多元。

① 李勇强.新常态下媒体深度新闻之我见[J].传媒论坛，2018，1(12)：99+101.

知识回顾

尽管在融媒体时代，深度报道受到了冲击，但从长远来看，深度报道具有不可替代的社会意义，承担着反映社会深层问题的责任。在“内容为王”理念的指导下，新媒体深度内容仍旧是内容生产者持续发力的领域。在技术的支持下，新媒体深度内容呈现形态日趋多元化的趋势，内容创作上也不断创新。新媒体从业者面对这样的发展态势，需要坚守媒体职业道德和责任感，也需要适应新媒体深度内容的创作要求，促进技术与内容的完美融合。

思考题

1. 请谈谈你对新媒体深度内容各类呈现形态的看法。
2. 新媒体深度内容与传统深度内容相比有何优势?
3. 请分析新媒体深度内容的发展前景。

参考文献

[1]王莉."三网融合"下手机报的编辑与发展创新[J].编辑之友,2011(05).

[2]彭兰.网络新闻专题的特点、发展及编辑原则[J].中国编辑,2007(04).

[3]李金慧.中国网络国际新闻报道研究[M].北京:中国传媒大学出版社,2011.

[4]詹新惠.网络新闻写作与编辑实务[M].北京:中国传媒大学出版社,2011.

[5]詹新惠.新媒体编辑[M].北京:中国人民大学出版社,2013.

[6]谭云明.新媒体信息编辑[M].北京:清华大学出版社,2011.

[7]宋文官,王晓红.网络信息编辑实务[M].北京:高等教育出版社,2008.

[8]王炎龙.网络新闻编辑的特性与规律[J].新闻界,2007(05).

[9]卢江莲.新闻网站记者博客研究——基于人民网记者博客频道的观察与分析[J].东南传播,2009(08).

[10]徐锐,万宏蕾.数据新闻:大数据时代新闻生产的核心竞争力[J].编辑之友,2013(12).

[11]陆高峰.新媒体编辑职业道德的失范与防范[J].中国出版,2011(02).

[12]程美华.试论网络图片新闻故事的编辑特色[J].新闻界,2011(03).

[13]郎劲松,杨海.数据新闻:大数据时代新闻可视化传播的创新路径[J].现代传播,2014,36(03).

[14]文卫华,李冰.大数据时代的数据新闻报道——以英国《卫报》为例[J].现代传播,2013,35(05).

[15]赵江峰.可视化"数据新闻":记者角色的新转换[J].新闻知识,2013(10).

[16]颜清华,徐腾飞,彭兰.信息图表:如何更好地讲故事[J].新闻界,2013(24).

[17]谢征.大数据时代新闻编辑观的转型[J].编辑之友,2014(06).

[18]王秋菊.网络编辑对网络舆论形成与传播的影响[J].新闻界,2010(05).

[19]刘昊.从网络受众需求谈网络新闻专题编辑[J].编辑之友,2010(09).

[20]张炯,廖安安.大数据时代新闻编辑能力重构[J].中国出版,2014(02).

[21]陈燕.网络图片新闻报道探析[J].当代传播,2008(02).

[22]蒋晓丽.网络新闻编辑学[M].北京:高等教育出版社,2012.

[23]彭兰.网络新闻编辑教程[M].武汉:武汉大学出版社,2007.

[24]董昕.浅析手机报的媒介特性及发展策略[J].编辑之友,2010(02).

[25]方洁,颜冬.全球视野下的"数据新闻":理念与实践[J].国际新闻界,2013(06).

[26]章戈浩.作为开放新闻的数据新闻——英国《卫报》的数据新闻实践[J].新闻记者,2013(06).

[27]蔡雯,许向东,方洁.新闻编辑学[M].北京:中国人民大学出版社,2014.

[28]唐铮.新媒体新闻写作、编辑与传播[M].北京:人民邮电出版社,2020.

[29]殷乐,高慧敏.传统媒体新闻短视频发展现状与传播态势[J].当代传播,2018(06).

[30]丰瑞,周蕴琦.新闻类短视频对新闻生产机制的创新与变革[J].新闻与写作,2019(12).

[31]晏青,张佳欣.主流媒体短视频新闻特征与对比研究——基于"人民日报""央视新闻""澎湃新闻"官方微博视频内容分析[J].中国出版,2019(24).

[32]胡智峰,刘俊.网络视频节目策划[M].上海:复旦大学出版社,2021.

[33]薄立伟.用户视域下新媒体深度新闻特点探析[J].中国报业,2015(08).

[34]张建中.新闻创新:众筹新闻媒体Tortoise的个案考察[J].现代传播,2019,41(05).

[35]高贵武,薛翔.深入"短"出:短视频时代的新闻深度——基于深度报道短视频化的实践考察[J].当代传播,2020(06).

[36]孟笛,柳静,王雅婧.颠覆与重塑:人工智能时代的新闻生产[J].中国编辑,2021(04).

[37](以色列)诺姆•莱梅尔史萃克•拉塔尔.人工智能时代,新闻人会被取代吗?[M].胡钰,王一凡,译.北京:清华大学出版社,2020.

[38]谢耘耕,李丹珉.传感器新闻的发展与风险规避研究[J].新闻界,2020(12).

[39]许向东.大数据时代新闻生产新模式:传感器新闻的理念、实践与思考[J].国际新闻界,2015,37(10).

[40]陈力丹,李熠祺,娜佳.大数据与新闻报道[J].新闻记者,2015(02).

[41]塔娜,唐铮.算法新闻[M].北京:中国人民大学出版社,2019.

[42]惠东坡.多模态、对话性、智能化:新闻写作话语建构的新走向[J].新闻与写作,2018(08).

[43]彭兰.移动化、智能化技术趋势下新闻生产的再定义[J].新闻记者,2016(01).

[44]李景平.人工智能深度介入文化产业的问题及风险防范[J].深圳大学学报(人文社会科学版),2019,36(05).

[45]王忆希，吴福仲，王峥．人工智能新闻主播何以被接受？新技术与社会行动者的双重视角[J]．全球传媒学刊，2021(08)．

[46]许向东，郭萌萌．智媒时代的新闻生产：自动化新闻的实践与思考[J]．国际新闻界，2017，39(05)．

[47]周勇，付晓雅．基于可信度视角的沉浸式新闻传播效果影响因素研究[J]．当代传播，2021(04)．

[48]傅丕毅，徐常亮，陈毅华．"媒体大脑"提供了怎样的深度融合新模式[J]．新闻与写作，2018(04)．

[49]李欣，许泳佳．再造流程：新闻生产智能化应用现状及前景分析[J]．中国出版，2021(02)．

[50]国秋华，余蕾．消失与重构：智能化新闻生产的场景叙事[J]．中国编辑，2020(04)．

[51]杜娟．从"人机协同"看人工智能时代的新闻伦理构建[J]．社会科学研究，2019(04)．

[52]郭琪．"AI+记者"：智媒时代人机协同写作模式的局限性与可能性[J]．出版广角，2019(24)．

[53]史安斌，刘滢．从"倒金字塔""斜金字塔"到"正金字塔"——基于社交媒体的新闻话语体系和传播模式初探[J]．新闻记者，2014(07)．

后 记

本书可作为普通高等学校新闻传播专业的教材，以及新媒体从业者的参考书，同时也适合对新媒体领域感兴趣的朋友阅读。

从“铅与火”“光与电”走到“数与网”“云与智”，新媒体诞生和发展的过程，就是现代科技加速发展的过程，深刻改变着媒体格局和舆论生态，新闻传播正处于重要的历史节点。这也对新闻从业人员提出了新的要求，需要紧跟时代潮流，及时调整自身的知识结构和培养新媒体实操能力。本书偏重应用，力求简明扼要地介绍新媒体内容层面的生产与编辑方法，且注重时效性，选用传媒业界最新鲜的前沿案例，以方便读者理解，提升实操能力。

由于信息技术仍在不断迭代升级，媒体融合也在加速推进，新媒体传播生态和相应的内容形态必将会愈加丰富。本书的内容难免有不完善的地方，敬请广大读者谅解，并欢迎批评指正。我们也将坚持更新、修订和完善，力图把这本书打造成新媒体内容生产与编辑领域的经典教材，为培养中国新媒体实务人才贡献力量。

此外，温秀妍、李佳锦对本书亦有贡献，在此表示感谢。